U0739340

后工业社会 与

新闻形态的嬗变

News Form Evolution in Post-industrial Society

谢 梅●著

中国社会科学出版社

图书在版编目(CIP)数据

后工业社会与新闻形态的嬗变/谢梅著. —北京：中国
社会科学出版社，2012.10
ISBN 978-7-5161-1371-4

Ⅰ.①后…　Ⅱ.①谢…　Ⅲ.①新闻学—研究—中国
Ⅳ.①G210

中国版本图书馆 CIP 数据核字(2012)第 216590 号

出 版 人	赵剑英
选题策划	郭晓鸿
责任编辑	陈肖静
责任校对	孙　丽
责任印制	戴　宽

出　　　版	中国社会科学出版社
社　　　址	北京鼓楼西大街甲 158 号 (邮编 100720)
网　　　址	http://www.csspw.cn
	中文域名:中国社科网　　010-64070619
发 行 部	010-84083685
门 市 部	010-84029450
经　　　销	新华书店及其他书店

印　　　刷	北京君升印刷有限公司
装　　　订	廊坊市广阳区广增装订厂
版　　　次	2012 年 10 月第 1 版
印　　　次	2012 年 10 月第 1 次印刷

开　　　本	710×1000　1/16
印　　　张	19.5
插　　　页	2
字　　　数	280 千字
定　　　价	48.00 元

凡购买中国社会科学出版社图书,如有质量问题请与本社联系调换
电话:010-64009791
版权所有　侵权必究

序　言

　　近十年来，文学研究与文化研究日益成为相伴相生的结合体，尤其在当下中国，"消费社会"及其语境中的文学研究新走向，成为中国文艺学界最敏感和争论最激烈的话题之一。笔者在《消费社会：文学研究的新语境》一文中曾指出："90 年代以来，面对中国复杂多变的文学现象及其发展状况，西方'文化研究'理论与实践在 80 年代后期到 90 年代被陆续介绍进来，并被运用于当代中国文学与文化研究，成为 90 年代社会—文化批评的主要话语资源之一，对于传统的文学观念与研究方法产生了极大冲击，形成了不同于 80 年代文学研究的新特点。"文学出现了文化的转向，催生着当属日渐强势的大众传媒。一方面是文学的"原味"、"韵味"被商业利润消融殆尽；另一方面是艺术被不断涌现的新媒体扩散到了天涯海角，从纸质媒介到图画影像再到微博多媒体，文化的浪潮在中国大地上弥漫与升腾开来了。

　　先进的科学技术不仅从根本上改变了长期以来以文字传播手段为主的知识传播方式，发展了图像的传播能力，可视化知识传播成为了内容生产的基本手段；更为重要的是，新的生产方式的全部优势都集中在了"媒介"身上，麦克卢汉所谓的"媒介世界观"变成了今天的现实，并主宰了当今人类的所有活动。"媒介"从未如现在这样，以前所未有的力度影响着文化的每一个层面。相应的，新闻和传媒研究再次成为当下的热门领域，研究者众多，研究成果也不计其数，诸如消费环境影响下的新闻本质与新闻真实性、消费环境中的技术与新闻报道的创新，等等。

我热切盼望有人能针对这些学术研究的新景象和聚焦点，从文艺学和文化研究的角度进行更加深入的思考，揭示出新闻研究与文艺学、学术史乃至思想史的关系，并在当下社会语境中提出些有针对性的见解。

令人欣慰的是，谢梅的论著以"消费状态下的新闻形态"为研究对象，从中国新闻的消费语境、消费影响下独特的新闻形态以及消费对新闻带来的推进和冲击等方面，对消费社会中的新闻价值观、新闻形态与消费的关系、消费语境下当代新闻话语建构等问题进行了研究。尤其值得注意的是，谢梅的分析是基于她所勾勒的更为广阔的学术史基础上的展开和探讨。她将新闻本质的研究放在中国社会整体发展的历史语境中展开，与中国政治史、思想史相勾连，进行一种具有纵深度的揭示和探寻。她将新闻视为一种最直观的社会文本，认为它是社会历史变迁的反映，只有将新闻放在社会时空发展的变迁语境中，利用多学科的理论资源进行审视和研究，才能揭示其变化中的内在本质以及存在的合理性。论著主要借鉴布尔迪厄的"新闻场"理论，将新闻与消费中涉及的各种权力因素、权力因素的相互作用以及这种作用所带来的结果，通过文献梳理式和综合评述式相结合的方式进行了辨析；从当今传媒新的历史语境形成以及对新闻传播带来的影响分析入手，通过梳理新闻传播所呈现出的消费性表征，来探究新闻实践背后的博弈真相—新闻与消费的密切关系；进而，她利用各种理论资源推进了对新闻与消费的关系以及理论合法性的认识，并在此基础上探寻中国当代社会主流话语建构中的党性与商品性，精英话语与平民话语，中心话语和边缘话语等重要关系的重构问题。

总体而言，这部论著的最大特点是材料扎实、思辨透彻、学理性很强。

作者对新闻商品性的认识进行了历史的梳理,对新闻的消费形态以及表征等问题进行了个案分析探讨。这为当下新闻传媒的理论提供了一定的一手材料。对传统新闻理论中意识形态观念的"误读"进行的略显简单的辨析,为学界的新闻意识形态研究提供了一种可参考的路径。在此基础上,作者分析出了今天出现的新闻新形态是消费社会新的新闻价值观的体现,指出当下中国新闻发展的困境就是新闻的党性、商品性以及公共性的冲突和对立。作者认为,建构今天消费语境中新闻话语的重要策略就是因势利导,将新闻与消费、商品性与党性、主流话语与消费话语结合起来,用喜闻乐见的新闻,实现三性的结合,塑造消费时代以公共性为核心的新闻话语。这些观点弥补了当下新闻理论研究中单纯的喉舌论或市场决定论的片面性。作者认为,中国的市场经济造就了今天中国的消费环境,新闻在消费的影响下从新闻价值观到新闻形态发生了变异。消费的繁荣对新闻的发展起到了积极的推动作用,也带来了传媒生存的严重危机。只有正确处理好当下语境中新闻的党性、消费性、公共性这三者之间的关系,建构起消费语境中的当代新闻话语,才能建构起主流的新闻话语和话语权,并有效地实现执政党在消费社会的文化领导权。这个结论非常具有启发性,也应该是她以后的进一步研究的理论起点。

这部论著,是谢梅在其博士论文的基础上反复修改后写成的。在我看来,谢梅的探索之所以能有开阔的学术视野,能综合利用多种研究手段作较为周到详尽的描述分析,并得出有一定意义的见解,这完全归功于她的勤奋且严谨的治学态度。在她攻读博士学位期间,她对中西方文论、文化研究、中国经典的研读以及当代新闻学和传播学的学习都很用功,并发表了一系列较有影响力的论文。这些为她的博士论文能站在一个较高的学术平台上思考问题,提供了必要条件。毕业后,在繁忙的教学工作和公务事宜之余,她利用参与一些文化产业项目的研究以及广播电视台的新闻节目阅评的机会,将得之于实践的经验成果充实于自己的研究中,对论文反复修改,使之更加论之有据，坚实可靠。

我相信，作为一个逐渐走向成熟的学者，谢梅在以后的研究生涯中，一定还会不断发扬她的这些优点，进一步拓展学术空间，更上一层楼！

曹顺庆

2012 年 5 月于川大花园寓中

自　序

　　笔者最早确定的题目是"消费时代的新闻叙事"，其意是探讨 1992 年以后中国社会日益明显的消费性特征对新闻报道的影响，比如新闻的娱乐化现象。笔者试图通过对当下新闻报道中的娱乐化现象分析，获得对当代社会深层文化结构的认识，得出类似在社会消费活动的影响下新闻如何构建出中国的"后现代社会的生活景观"的结论。但在研读了大量相关文献，尤其是研读了中国报业改革以及文化体制改革的大量相关文献之后，笔者强烈地感受到：尽管中国的新闻娱乐化或者庸俗化是西方文化全球化影响下的中国的现实反映①，但它却有着中国社会发展自身的必然性。② 今天中国的传媒出现了一系列的问题，不仅是新闻的娱乐化，更有包括党报在内的传媒生存危机、有

---

　　① 林晖撰文认为：近年来，一些英文新词在西方新闻界逐渐流行起来，比如 Infortainment、Glo-calzation、Broadloid、Blogging Journalism、Podcast 等，这些词汇多由传统的媒体词汇重新拼接组合而成，在任何正式出版的英文词典里都找不到，但却正在西方的新闻界流行。参见林晖《从新词流行看全球媒体的新变化》，《新闻记者》2005 年第 11 期。

　　② 朱文丰撰文认为：一是经济原因。20 世纪 80 年代中期，国家分批对新闻"断乳"，实行"独立核算，自负盈亏，照章纳税，财政不给补贴"的新体制，新闻在各种成本上涨、财政补贴骤减的情况下被真正推向了市场，广告收入成为新闻的主要经济收入；二是受众原因。受众的心理本质要求，为新闻娱乐化、低俗化提供了需求；三是文化原因。大众文化的流行为新闻娱乐化的发展提供了温厚的土壤。参见朱文丰《我国大众媒介新闻娱乐化现象探源》，博客中国：《传媒观察》2003 年 6 月 2 日。

偿新闻、虚假新闻以及传媒内容的同质化、低俗化等诸多问题,这一切都与当下中国的社会变革,尤其是市场经济确立以后消费成为社会主导以及产生的影响有密切关系。

如何认识新闻与当下社会的关系、新闻作为意识形态的工具在当代社会中的功能发挥以及新闻的意识形态属性与其他属性的关系等问题就成为笔者想挖掘和追逐的新的问题意识和研究旨趣。笔者认为,它的研究更能深刻地揭示当下社会新闻的本质和新闻发展出现的异化现象。所以笔者决定拓展所研究的问题范围,回到新闻历史的纵深语境中梳理历史;同时跳出常规,借鉴新的社会研究理论,并结合当下中国的现实语境来进行跨学科综合性反思,力图从中国社会转型这一特定的历史变化状态所带来的传媒语境变化以及这种变化对传媒所产生的影响入手,揭示当下中国传媒新闻的"后现代性"特征。本课题的产生正是受中国社会从 1992 年确立市场经济以后开始的新闻改革到 2006 年的文化体制改革;从新闻作为执政党喉舌到提供资讯再到提供公共意见表达话语平台的功能性变迁所昭示的新闻意识形态属性向商品属性变化的新历史语境的影响而成。

显而易见的是,中国的传媒面临着这样的复杂语境:中国加快融入世界体系;网络使知识实现超越时空的极速和无界传播;以高端技术为核心的新媒介成为大众的日用品;信息传播的手段和形式转向以"电视为中心"的图像化传播。这一切都显示今天的传媒行为已经不单纯是一种媒介自身的言语行为,而是在全球跨文化、跨文明传播中携带着数字技术的具有广泛传播主体性的社会信息交流复合系统。西方学者的研究表明,"传播行为的变化程度与同一社会系统中其他行为的变化是相关的"[①],这启发了笔者对今天中国新闻活动研究的全球化、跨文化和信息技术的视界,将新闻与消费问题放在全球性新闻传播

---

① 〔美〕勒纳:《传统社会的消失——中东的现代化》,载《20 世纪传播学经典文本》,复旦大学出版社 2005 年版,第 317 页。

语境中去思考探究，这就使得本书的研究获得了准确的切入点，笔者从以下三个方面获得了本问题的研究启示。

首先，世界新闻学的发展历史告诉我们，19世纪30年代至40年代，西方报纸在内容上迎合社会中下层读者的需要，以价格低廉为手段，进入大量发行时期，使报纸的创办者和经营者获得了巨大的利润。其后，西方的部分理论家逐步认识到新闻是一种商品，把新闻价值的概念与商品价值的概念相互联系了起来。迄今为止，以美国为代表的西方新闻事业的发展历史告诉我们，新闻以及新闻业的产生由于经济贸易频繁和人们对商业信息需求增加而出现，报纸的最大功能就是传播信息；19世纪30年代"一便士"报纸的出现使新闻事业一夜之间完成了由作为"社会精英工具"[①]的使命而成为大众日常消费品的转变；"广告和大城市报纸的发展很快使新闻业成为一种高水平的商业活动"。[②] 随后在300多年的发展中，西方的新闻事业在商业管理思想和经营理念下成长壮大。作为社会生产的重要部分，西方大众新闻一直作为社会生产与消费环节中的重要组成部分，为满足市场需求而发挥着重要作用。进入资本主义时代后，大众新闻就自然成为"文化工业"生产的核心力量，正如法兰克福学派阿多诺指出的一样，文化工业乃是一种商品拜物教的结果，其产品从一开始就是为了交换和销售而生产，并不考虑到真正的精神需要，"文化工业生产什么商品，取决于这些商品能够实现什么市场价值。利润的追逐决定了文化形式的性质。文化工业的过程是一种标准化的过程，其产品就像一切商品那样同出于一个模式"。[③] 尤其是进入后资本主义的消费社会，消费文化的出现"不仅使得社会经济结构和经济形式发生转变，更使西方社会产生了整体性的文化的转变"，[④] 西方社会实现了从传统的"生

---

① ［美］罗伯特·G.皮卡德、杰弗里·H.布罗迪：《美国报纸产业》，中国人民大学出版社2004年版，第73页。

② 同上书，第71页。

③ 陆杨、王毅：《大众文化与传媒》，上海三联书店2001年版，第52页。

④ 罗钢：《消费文化读本》，中国社会科学出版社2003年版，第8页。

产"向"消费"转变；消费行为从商品消费向服务消费转变后，包括教育、健康和信息服务等在内的属于传统上层建筑的内容均成为消费品，"现代广告和新闻形象不再是普通意义上的信息传递工具，而是成为炙手可热的商品"①。1987年麦克马那斯通过对美国自20世纪70年代以来的新闻业的实证研究表明，"受众的需求（市场意义上的）已经成为美国绝大多数新闻发现、选择和报道新闻的唯一标准"。② 随着西方文化对中国影响的日益深入以及中国迈向世界步伐的加快，中国向世界的整体性融入，这样的现实使得我们不得不去关注世界尤其是发达资本主义国家的文化发展情况，研究如何和世界接轨的国家战略发展问题。

第二，在改革开放以来的30多年中，中国新闻史上曾经有过三次关于新闻是否具有商品性的激烈讨论。从20世纪50年代到21世纪之初，横跨半个多世纪，对新闻与商品的关系问题不断被提出，不断被质疑也不断被否定。这启示着笔者思考这样一些问题：论争反映了什么样的新闻实践场景，它与今天的关联在何处？这背后深刻的中国社会政治和思想原因是什么？新闻作为社会的一种客观的社会实践活动的规律性在哪里？尤其是当市场经济确立以后，当市场在社会资源配置中的作用逐步渗透到文化领域之后，社会主义条件下的新闻，既要担负起执政党的政治宣传使命，又要受到社会市场机制的制约，在这样的语境中新闻又该如何适应新的社会需要，继续占领社会舆论的阵地。社会历史的发展现实再一次催促着我们重新认识新闻与消费的关系。

中国正处于转型期，一整套"市场话语体系"正逐渐渗透到社会生活实践中，并纳入了各种理论研究的视野，它和原有的"意识形态话语体系"共同阐释着中国社会的方方面面。同样，中国的大众新闻（包括新闻业）自改革开放

---

① 罗钢：《消费文化读本》，中国社会科学出版社2003年版，第8页。
② ［美］约翰·麦克马那斯：《新闻市场业：公民自行小心？》，张磊译，新华出版社2004年版，第11页。

以来，尤其是 90 年代确定了进行"中国特色的市场经济建设"的战略目标以后，也逐步走上了受市场驱动的道路。中国传媒在媒体规模、数量和技术设备上发生了质的飞跃，它的定位、业态结构、功能增长方式和赖以生存的金融基础都发生了改变，这集中表现为中国新闻从办报方针到经营理念、从新闻业务到传媒经营的战略性调整。媒介市场的转型，其实质就是"资本化"的问题，一方面，我们国家的媒介企业虽然多半属于国有或公有，不会涉及新闻的投资市场运作，但随着市场经济的整体推进，广告商影响力的日益强大，各种新闻来源（政府、社会、企业等）也开始有意识地利用新闻进行组织的管理，中国新闻正面临着进一步的体制改革；另一方面，中国现有的新闻管制与受众需求之间的冲突愈加剧烈，新闻的生存出现了危机。这一切再一次启示我们要回归到新闻的原点进行思考，对新闻的本质进行思考，新闻究竟应该是什么？社会的市场转型使大众新闻的基本运行状况发生了什么结构性的转变？中国的新闻应如何面对市场体制的变化？如何从社会结构的宏观系统中寻找市场新闻业的社会合理性和未来的发展路径？如何在历史性的分析中认识中国新闻发展的特殊性？这样的考问与前面的问题形成两条路径，即中国新闻的现实困境与世界文化以及传播实体、传播思想的进入，构成了本书研究当下语境中的中国新闻与消费的基本思路和基础。

第三，通常情况下，任何一种研究的兴起和其时社会文化的发展变化以及新思潮的进入紧密联系。中国进入 21 世纪后，"文化产业"的概念以及相关理念一经与中国创新型国家战略结合，便产生飓风般的影响力，不仅深刻地揭示了中国国家文化发展的困境，更富有成效地改变了整个中国文化的发展战略。文化产业是一个从经济学角度来建构意识形态生产的视角，它的出现意味着文化从上层建筑领域向经济基础领域的转变，或者可以理解为这两者的直接融合。它不仅改变着经典主义的思想精髓，更开启了社会文化的新形态和新模式；新闻与消费在这样的语境中再次浮现出来，成为当下消费文化和新闻专业不可回避的重要问题，也成为中国文化的现代化转型必须作出回答的迫切论题。①

　　那么怎样来研究这个问题？怎样来揭示新闻与消费之间的关系？笔者认为，应回到中外新闻历史发展的纵深语境中梳理出新闻与社会经济发展的密切关联；同时跳出常规，借鉴新的社会研究理论，结合当下中国的现实语境来进行跨学科综合性反思，从中国社会转型、数字化生存、新媒体传播和图像化环境等特定的历史变化所建构的全新的社会语境以及这种语境对传媒在创造文化过程中所产生的影响，将传媒自身作为社会诸多系统中的一个子系统，借用"整体性"②的辩证思维方式对此时的传媒实践活动进行整体性观照，探寻新闻与社会环境的相互建构关系，从而寻求消费社会的语境中主流话语建构的有效途径。

---

　　① 曹师顺庆先生不仅将中国的现代学术状况描述为患有"失语症"，而且更认为面对"失语"的尴尬学术状况，必须要在跨文明语境中对当下的中国文化进行"重建"，从"中国文论话语重构"到当代社会的跨文明研究，曹先生从一开始就将"失语"与"重建"问题放在"21世纪中国文化发展战略"的高度予以论述，这从一个侧面也揭示了当下所有文化建构应有的"通法"。

　　② 萨特"整体性"意指"社会辩证运动的实在性，一切都在总体上受到基础条件、物质性结构、最初情状、外部及内部因素的持续行动、在场的各种力量关系的平衡之统治。"换言之，"辩证运动不是一种在历史背后以超凡意志显示出来的强大的统一力量……它只能是由整体化的个体的一种多元复合性操纵的各种具体整体化之总体整体化。"参见朱立元《当代西方文论》，华东师范大学出版社 1997年版。

目　　录

绪　论

第一节　关于新闻与消费的学界研究情况

从严格意义上讲，目前我国还没有学者专文研究"新闻与消费"问题，有的也仅是在整部新闻学研究著作中辟专节梳理过关于"新闻与商品性论争"。如果说对新闻与消费关系的探究其实质是对新闻属性以及传媒性质的审视与反思，那么，早在19世纪中期，马克思就在其《1861—1863年经济学手稿》中明确提出了"报纸是工人每天消费的产品的新闻消费观"[①]；中国也早在五四运动时期由新闻学的先驱们创立了包含报业经济和报业经营内容在内的中国新闻学理论，也打造出了以《申报》为代表的商业性大报。然而，在中国的特殊语境中，长期以来，新闻与消费却是一个从理论到实践的禁区，尽管学界也有过在不同社会发展阶段的新闻理论反思，尤其是当中国的市场经济战略被确立为社会发展的总体战略后，传媒经济的兴起，越来越多的学者对中国传统新闻

---

① 中共中央马克思恩格斯列宁斯大林著作编译局：《马克思恩格斯全集》第48卷，人民出版社1985年版，第12页。

理论在新语境中的困惑发出的诸多追问和质疑对中国新闻的发展产生了极富成效的推进作用。但直到今天，新闻与消费的研究依然是从理论到实践的软肋，这从中国新闻理论本身的发展历程中可以窥见全貌。在本节中，笔者拟通过梳理中国新闻理论的研究成果，理清历史的变化，在此基础上审视目前学界对新闻与消费研究的特点，以获得本书研究新的推进之径。

一　学界研究的历史状况

有史料记载，中国的新闻学研究始于近代报业出现以后。1834 年 3 月《东西洋考每月统纪传》上发表的《新闻纸略论》一文，是中国的第一篇新闻研究的文章，此后中国人开始了研究新闻学的历史①。但纵观中国新闻学发展史，就会发现它几乎是一部关于新闻与政治活动关系的理论史，从某种意义上讲中国新闻学发展历史就是一部政治新闻史。但细察之下我们仍然可以寻觅到新闻自身发展的合理路径以及学界对新闻发展合理路径与经济基础密不可分规律的揭示，这就是笔者要寻找的本书研究的坚实理论基础和研究基础。

为论述的方便，本书以新中国成立为界，将中国新闻理论以及与本课题研究相关内容的研究梳理为两个阶段：

（一）新中国成立以前关于新闻与消费的新闻理论研究及其学界反思

从学术史的角度来分，20 世纪前 50 年的中国新闻研究可以划分为三个时期②：这三个时期各呈现一次新闻学研究的高潮，第一次高潮出现于维新变法时期，第二次在"五四"时期，第三次在 20 世纪 30 年代至 40 年代。它分别呈现出了中国新闻研究的"政党报刊思想形成"、"由术入学"和"著作出版高

---

① 孙旭培：《中国新闻与传播研究的回顾》，http://media.people.com.cn/GB/40628/4174716.html，中华传媒网 2006 年 3 月 7 日。

② 童兵、林涵：《20 世纪中国新闻学与传播学·理论新闻学卷》，复旦大学出版社 2001 年版。

潮"三条研究路径。

随着"五四"时期西学东渐的影响,中国的新闻学获得借用外部学术资源审视新闻实践的理论依据。从洪仁玕 1859 年始作《资政新篇》,1919 年徐宝璜出版《新闻学》,1923 年邵飘萍出版《实际应用新闻学》和《新闻学总论》,到任白涛的《应用新闻学》、戈公振的《中国报学史》(1927) 等专著,受西方成熟资本主义体系中产生的新闻理论影响,创建了极具"经济学"思想的中国新闻学;并且实现了在此经济学新闻理论指导下的中国新闻实践。笔者认为,中国新闻学理论中对新闻与消费关系的研究最早应该是始于这些早期新闻著作中的新闻属性以及传媒经营的相关论述。这一时期对新闻与消费关系的研究主要体现在以下三个方面:

(1) 借鉴西方资本主义的新闻理论来形塑中国报业,提出了创建现代报纸的先进理念。洪仁玕在他的《资政新篇》中试图为太平天国革命提示一条创新发展的新路时,最早提出了中国发展资本主义的方案,其中第一条改革之意便是"准卖新闻篇",即"要自大至小,由上而下,权归于一,内外适均而敷于众也,又由众下达而上位,则上下情通,中无壅塞弄弊者,莫善于准卖新闻篇或设暗柜也。"①(新闻篇即报纸,暗柜即意见箱)将报纸的发行作为社会改革的先决条件。

(2) 以 19 世纪下半叶,西方商业性报刊的经营理念和办报模式来定位和进行新闻实践。邵飘萍、徐宝璜、戈公振等人都不同程度受到过西方思想的影响,受西方大众化报刊思想的影响,他们在办报的价值取向与报业的角色定位上以"公益和商业"②为报业的定位标准,提出"报业是一个建立在公共利益之上的社会服务性行业"的主张,强调报业的"国家口舌"、"社会耳目"、"读

---

① 陈力丹:《五四新文化运动和中国的新闻学》,http://www.zjol.com.cn/05cjr/system/2002/05/22/001043658.shtml.

② 张祖乔:《报刊编辑理念流变》,http://www.zjol.com.cn/05cjr/system/2002/07/31/001193891.shtml.

者本位"和"言论独立"等诸多社会平等意识。受西方报业发展和大众化报刊经营思路的影响,徐宝璜提出"商业化"是报业发展、进化的一大标志,认为只有通过经济独立,报业才能从政治派系中独立出来,为整个社会和公众服务。

(3)提出报业以自身为本位,同时兼顾社会效益和经济效益。确立了报业的以公益为目的,以商业为手段的编辑理念,注重报业的经营与管理[①]。在此理念的引领下,中国早期的报业采取企业化经营的方式,出现了包括《商报》、《申报》、《时报》、《京报》、《世界日报》和新记《大公报》等在内的一大批民营报纸。

笔者认为,从学术史的发展来看,中国的早期新闻学理论是东西方新闻思想交融的产物,是按照西方社会科学学科结构加以确立的现实,[②] 在这样的理论影响下,学者们是将"报纸的经济性"放在重要的具有学术价值的地位来看待。但令人遗憾的是,随着中国国家形势的改变,中国的新闻理论研究却随着中国社会"政治运动"的轨迹沿着政治新闻学的路线一路走过来;遭遇新闻危机的当代新闻理论研究也没有对这些学术思想进行进一步的社会学和新闻学意义上的再反思[③]。

(二)20世纪关于新闻与消费的新闻理论研究及其学界反思

如果说五四运动时期的中国新闻学者提出新闻的发展要走"商业化"的道路是为了通过移植西方新闻学思想和理论来求异于传统中国的舆论管理体制而获得当时中国社会转型的新闻发展新思想,那么,从1956年以来不断出现的对"新闻是否具有商品性"的讨论,就是中国新闻实践在遭遇现实困境后而引

---

① 张祖乔:《报刊编辑理念流变》,http://www.zjol.com.cn/05cjr/system/2002/07/31/001193891.shtml。

② 邓正来:《中国社会科学的再思考——学科与国家的迷思》,《南方论坛》2000年第2期。

③ 笔者查阅到目前为止出版的有代表性的新闻学专著在对"五四"时期新闻实践的反思以及对反思的再反思学的研究立场都没有脱离新闻与政治的视角。参见甘惜分《新闻理论基础》,中国人民大学出版社1983年版;刘建明《宏观新闻学》,中国人民大学出版社1991年版;孙旭培《新闻学新论》,当代中国出版社1999年版;童兵、林涵《20世纪中国新文学理论新闻学卷》,复旦大学出版社2001年版。

发的对新闻政治化和对新闻主体性偏离的自觉反思。以王中为代表的学者从社会主义初级阶段传媒经营的角度反思了传媒的属性，提出了报纸具有工具性和商品性双重属性、办报需"重视读者需要"等新闻观点①。这一反思，中国学者试图通过重新反思传统与现代的历史传承或断裂来探究中国社会转型时新闻实践本身所面临的实践困境，是一次中国新闻学走上系统化、理论化和科学化轨道的重要契机，但历史却再次错误地进行了选择。②

可以这样讲，查阅新中国成立的新闻学论著，对新闻与消费相关问题的研究基本上是空白；只有一些单篇的论文烙下了相关研究的印记。20 世纪80 年代中国新闻研究沿袭老路，政治新闻学或者说新闻思想史占据新闻实践以及新闻理论的主流和控制地位。"改革开放"激发了社会创新的思潮和学者探索的勇气，新闻研究出现了以杂志为阵地，以论文唱答为形式的热点问题论争，表现在：（1）以甘惜分、陈宝亮为代表的学者，从新闻的属性分析入手，认为报纸上的新闻是通过货币交换到达读者手中的，新闻是一种商品，这一认识基本成为此时新闻学界的共识和主流观点；③（2）以罗荣兴、奚如等为代表的学者则从传统政治新闻理论的角度强调新闻的商品化与无产阶级报刊党性的对立；④（3）陈力丹则以马克思的"新闻是商品"的新闻观为依据，从新闻实践与新闻体制的关系角度，揭示出了中国社会主义初级阶段新闻实践要求商品性而新闻体制却不能提供相匹配的新闻商品化实现的社会体制困境；⑤（4）方明、任中南、钟沛璋等学者则从新闻的现实困境积极地探究了新

---

① 赵凯：《王中文集》，复旦大学出版社 2004 年版。

② 几乎所有的正式出版社出版的新闻理论专著都这样总结那个时代的新闻理论现象，即 20 世纪 50 年代，中国新闻学校较多地受到苏联新闻研究模式的影响；"文化大革命"中，新闻学研究几乎停顿。

③ 王东、石军、叶舟、赵文玉：《古今中外争鸣集粹》，中国社会科学出版社 1995 年版，第 1129 页。

④ 同上。

⑤ 参见陈力丹《关于新闻和报纸商品性的研究》、《关于商品性讨论的几点意见》（1984）、《新闻是一种特殊的商品》（1986）、《新闻生产商品化是历史的进步》（1988）、《马克思论新闻是商品是历史事实》（1994），以及在学者内部流传的《从三次新闻商品性讨论看中国的新闻学》（1996）等文章。

闻与经济结合，实现新闻转轨的问题；[①] （5）首次确认了传媒业赖以生存的广告合法性，使广告"成为了一个更为中性的商品经济学与市场经济学的概念"，为广告经济学的研究奠定了基础；[②] （6）沈如钢、孙旭培、喻国明等学者则提出要进行管理方式、运行机制和独立经济实体建构为核心的新闻体制改革，探寻符合新闻自身与社会协调发展的制度性建构。[③] 这些研究可以说都是对"五四"及56年以来的新闻与经济发展思想的继承和深入探究。

20世纪90年代，受中国特殊历史变革的影响，新闻理论的研究进入创新发展时期，但在马克思主义政治意识形态控制下，中国传统新闻学理论依然占据主流话语地位。并且由于新闻与政治关联的敏感度所致，传统新闻理论以及在此监控下的中国新闻的"喉舌"、"工具"地位和观念固若磐石，坚不可摧。因而从根本上来说，这一时期的新闻理论研究没有超越无产阶级与资产阶级在新闻理论上的分歧，当然更无法真正构建起能够统摄古今中外一切新闻实践的普遍规律的新闻理论。但在市场经济确立后，尤其是1999年中国签署协议加入世界贸易组织，中国新闻实践语境已经不可逆转地走向市场和世界。这一阶段的学术反思，由于中国传媒的集团化、产业化快速发展，网络媒体蓬勃兴起以及加入世界贸易体系的社会心理预期所强化的竞争、改革意识等新的传媒环境的出现，更多地体现了世界经济全球化的视野和与世界接轨的战略眼界。

总体而言，20世纪后半期对新闻与消费关系的研究集中表现为：（1）以

---

① 参见方明《新闻转轨刍议》，《新闻知识》1986年第6期；任中南《新时期的新闻观念——从适应商品经济角度剖析》，《新闻知识》1987年第2期；钟沛璋《一个目的，四个回顾，五个转变——在深度和广度上推进新闻改革》，《新闻知识》1987年第3期；桑葭《商品经济与新闻转轨》，《新闻知识》1987年第12期等。

② 傅汉章：《浅谈市场学和广告学》，《中国广告》1982年第2期；陶永宽、邸乃壮、徐百益、蕴辉、陈志宏：《广告与市场学》，《中国广告》1984年；张建成和赵立德：《浅谈市场调研在广告中的地位与作用》，《国际广告》1985年第8期；梁世斌：《运用市场营销原理指导广告实践》，《国际广告》1987年第6期等；余虹、邓正强：《中国当代广告史》，湖南科学技术出版社2000年版，第14页。

③ 参见沈如钢《试论我国新闻体制改革的目标模式》，《新闻学刊》1986年第3期；喻国明《中国新闻业透视——中国新闻改革的现实动因和未来走向》，河南人民出版社1993年版。

西方的媒介，尤其是以美国的媒介为研究对象，审视传媒跨国公司对发展中国家新闻传播活动的影响以及中国如何应对跨文化传播；对基于网络新媒体技术基础上的国际新闻传播反思如何对抗网络文化霸权①。全球化语境下的中国传媒行为反思的"全球化—媒介集团—扩张—文化帝国主义—机遇和挑战"的研究逻辑走势表现出了中国学界新闻研究的全球化视野。（2）明确地从市场经济体制中的传媒实践深层角度，将传媒的发展与经济必然联系起来，认为传媒的产业化发展是传媒发展的根本性规律②。屠忠俊的《当代报业经营管理》就对中国当代的报业经营管理问题，从理论与实务两个方面进行了全面的论述。比如，报纸商品性问题、报社企业化管理问题、报业经济的产业政策、网络多媒体传播技术与报业技术改造、报业集团建设等。曹鹏则在《中国报业集团发展研究》一书从报业经济学的角度，对报业集团这一现象进行了比较全面的理论研究。他认为，报业集团是资本扩张的经济规律所致，是新闻产业化的必然结果③。（3）从中国传媒活动内在机制的角度反思媒介集团化的动因和发展状态，直接进入对传媒生存的体制建构追问，研究认为到 20 世纪末中国自身传媒发展的必然归宿是中国报业的市场化和产业化，而"股份制改革"、"多媒体兼并"、"跨地区经营"等重大的涉及传媒体制改革的理论问题在急剧变化的新闻实践的催促下成为学界的研究热点④。显而易见，中国社会语境的市场经济走向，客观上营造了新闻的消费生态，但中国政体的特殊性以及中国共产党对

①　黄旦：《全球化：中国新闻传播学者的理解与构想》，《新闻记者》2002 年第 10 期。

②　《1999 年新闻传播学研究状况综述》一文对此问题也有梳理。参见李铁映、江蓝生《中国人文社会科学前沿报告（2000 年卷）》，社会科学文献出版社 2002 年版。

③　屠忠俊：《当代报业经营管理》，华中理工大学出版社 1998 年版；曹鹏：《中国报业集团发展研究》，新华出版社 1999 年版。

④　参见复旦大学新闻学院、新闻研究所《广州报业集团对中国报业发展的启示》，《新闻大学》1999 年第 9 期；喻国明《略论资本市场与传播产业结缘的机遇、操作方法与风险规避》，《新闻与传播研究》1999 年第 4 期；黄升民《重提媒介产业化》，《现代传播》2000 年第 5 期；黄升民、丁俊杰《媒介经营与产业化研究》，北京广播学院出版社 1997 年版；邵培仁、刘强《媒介经营管理学》，浙江大学出版社 1998 年版；喻国明《媒介的市场定位：一个传播学者的实证研究》，北京广播学院出版社 2000年版；周鸿铎《广播电视经济学》，中国广播电视出版社 2000 年版等著作和相关的论文。

传媒的宣传功能的固守使得新闻是否能成为消费品依然是理论论争的话题。

（三）21 世纪关于新闻与消费的新闻理论研究及其学界反思

进入 21 世纪以来，传媒语境开始发生质的改变，一是传媒体制改革进一步向纵深方向发展；二是中国社会的消费性得以成型，消费成为社会的主导，在此基础上的新闻理论研究无疑为本书的研究提供了学理上的合法性和现实性基础。

这一阶段中国学界对新闻与消费问题的研究集中体现在：（1）新闻商业化与娱乐化的研究。从传媒内容的表象上梳理从新世纪开始的中国新闻出现的越来越明显的传媒娱乐化、低俗化现象。[①] 研究认为今天的新闻在激烈的商业竞争中受收视率的驱动，感官刺激的图片新闻和煽情题材取代了政治、国际事件，判断新闻重要性标准已发生了很大变化；[②] 娱乐化、低俗化现象就是传媒追逐市场，迎合受众的直接结果；产生新闻娱乐化具有合理的社会机制，[③] 是转型期的受众心理必然需求，是市场经济的必然现象。[④]（2）从消费对新闻的影响角度探究日益显著的消费主义和新闻消费主义对新闻专业主义的影响。有研究者认为传媒消费主义的直接表现就是所谓"娱讯"（infotainment）现象的泛滥，在具体化的文化空间中传媒消费主义话语会通过意识形态的争霸结构新闻专业主义而成为主流话语形态。[⑤] 也有研究者认为新闻消费主义与新闻专业主义话语存在矛盾的同一性和斗争性；新闻消费主义既消解也建构了新闻专业主义话语，认为通过制定法律规范媒体的行为和采取一定的技术手段两种方法，可以缓解新闻消费主义与新闻专业主义之间的矛盾冲突，找到两者的平衡

① 林晖：《市场经济与新闻娱乐化》，《新闻与传播研究》2001 年第 2 期；蒋晓丽、王炎龙：《趋利、务实、求俗——控析传媒受众心理变化的新动向》，《新闻界》2001 年第 2 期；柯扬：《新闻"故事化"潜藏的危机 莫斯科人质危机报道方式浅析》，《新闻记者》2002 年第 12 期等。

② ［美］里查德·科恩：《新闻公司化与利润最大化》，余红、杨伯溆编译，《国际新闻界》2001 年第 2 期。

③ 李良荣：《娱乐化、本土化——美国新闻传媒的两大潮流》，《新闻记者》2001 年第 3 期；吴飞：《现代传播、后现代生活与新闻娱乐化》，《浙江大学学报》2002 年第 5 期等。

④ 贾秀清：《"娱乐"：从功能到本体》，《现代传播》2005 年第 1 期。

⑤ 吴洪霞、葛丰：《新闻专业主义与传媒消费主义之张力分析》，《人文杂志》2004 年第 1 期。

点，使得两者在彼此的对峙抗争和渗透融合的过程之中，不断发展。① （3）从传媒实业、传媒经济理论、传媒产业化集团化、传媒资本、媒介管理等更为广阔的视野将传媒作为独立的经济领域进行研究：研究认为入世后，在国际性媒体集团纷纷将目光投向我国市场的今天，我国媒体如果不能及时完成经营观念的重新定位，不能及时融入世界传播体系之中，将面对被排斥、被挤压的恶劣传播环境，失去在世界传播市场上平等竞争的权利和机会；② 从中国的广播电视机制创新的角度提出必须在坚持社会效益第一和确保"喉舌"功能的基础上走产业化之路；③ 在分析我国已经出现的资本市场、以资本运作来吸纳更多的社会资本甚至域外资本以实现媒体或媒体集团快速扩张的现状基础上，探讨媒体的社会资本在媒介经营中的作用以及对传媒业资本介入的法律政策研究和具体投资策略的详细研究；④ 从传媒经济学的角度提出中国传媒的性质既是政府的喉舌，又是独立经营、自负盈亏的企业市场化经营实体；⑤ 借鉴西方经济理论研究中国传媒的核心竞争力，提出只有从有效的市场定位、优秀的人才资源和强大的资金实力才能获得传媒集团核心竞争力；⑥ 对传媒经济需求进行探

---

①　方苏、张薇：《新闻消费主义对新闻专业主义的建构与消解——由〈一名新记者的困惑〉引发的关于新闻消费主义与新闻专业主义关系的思考》，《新闻记者》2004 年第 11 期。

②　孙旭培：《入世对我国新闻业的影响和对策》，《国际新闻界》2001 年第 3 期；丁柏铨、胡菡菡：《"入世"对我国新闻传播业生存环境的影响》，《现代传播》2003 年第 5 期；段京肃：《定位——重组：媒体应对 WTO》，载《国际新闻界》2001 年第 5 期。

③　参见曾庆洪《轰响新机制的黄钟——论广播的产业化与机制创新》，《现代传播》2002 年第 6 期；尧风《中国电视产业集团化的未来之路》，《现代传播》2002 年第 4 期；罗霆《湖南电视产业发展模式研究》，《现代传播》2002 年第 4 期；邹小利、王永连《组建广播电视集团的若干思考》，《国际新闻界》2001 年第 3 期；黄旦、邬晶晶、陈静静《中国"报业集团化"话语分析：加入 WTO 前后——从报业和报业管理部门的角度分析》，《新闻大学》，复旦大学出版社 2003 年秋季号。

④　参见陈鹏《中国传媒遭遇资本介入》，《现代传播》2002 年第 4 期；魏永征《中国传媒业利用业外资本合法性研究》，《新闻传播与研究》2001 年第 2 期；黄必烈《世纪初中国传媒业与资本市场：政策与机会》，《现代传播》2003 年第 3 期；张光前、潘可武《关于电视制片人制建立及制作播出分离的几点思考》，《现代传播》2000 年第 1 期等。

⑤　喻国明：《影响力经济——对传媒产业本质的一种诠释》，《现代传播》2003 年第 1 期；周鸿铎：《传媒经济丛书总序言》，经济管理出版社 2002 年版等。

⑥　沈正赋：《新闻大学》，复旦大学出版社 2004 年冬季号；曲红《关于提高我国传媒核心竞争力的思考》，《现代传播》2004 年第 2 期。

究，研究者认为从经济学需求理论出发传媒市场存在着受众的需求和广告客户的需求；① 传媒通过节目品牌的经营才能推动这两个层级的交易等。② 这一切都显示出了中国新闻实践以及新闻理论研究的新时代的到来。

与 20 世纪研究不同的是，20 世纪是在五四运动精神的召唤下对新闻主体性回归的理性追求，是一种脱离新闻现实语境的仅仅建立在追求知识理想基础上的纯理论探索；而 21 世纪初的研究则是对解决市场牵引中的新闻传媒现实困境的学术反思，新闻与消费存在密切的相互作用关系，而且互为推动力的理论隐喻开始彰显。

通观 21 世纪初期的研究，对于新闻如何受到消费行为的影响研究，在中国虽尚未见专门的论文和专著，但相关问题的广泛而深入的研究却为最终进入对新闻的本质属性以及新闻属性应该随着社会历史的发展而改变这一新闻基本理论的探究创造了坚实而合理的现实和理论基础，也为我们今天进行新闻学科的再反思提供了历史的合法性。

二　对前期相关问题学术研究的再反思

笔者梳理了自五四运动以来中国学界对新闻与消费的相关问题研究情况。之所以说是"相关问题"的研究，就是因为笔者认为中国学界没有严格意义上的"新闻与消费"关系研究。

其一，从学术史的角度来讲，由于中国新闻学的研究从一开始就与政治、与意识形态之间发生了密切的联系，相当长一段时期，它几乎主宰了人文社会科学学术生活的主要方面，因而它一度"内化"为一个学术史的主要问题。政治是中心，学术服从政治，学术依附政治。中国的每个历史时期，党的意识形

---

① 张志：《电视媒介市场供求经济学分析》，《国际新闻界》2001 年第 4 期。
② 彭健：《媒介两级交易》，《现代传播》2003 年第 6 期。

态的主要宗旨都是为了将学术研究纳入它指定的轨道，因而新闻学的研究缺乏科学性和学理性。

其二，由于中国社会百年来的发展几乎可以称做"政治运动史"，经济被隔离在外；当经济的发展走入中国社会视野时，由于传媒的特殊定位和由此在历史上形成的"壁垒"，使它难以很快融入经济行为中，政府的监控使得传媒一直徘徊在经济之外，① 尤其是广义上的新闻，尽管新闻与消费的关系在客观上越来越明显，但理论上依然是"禁区"。②

其三，中国新闻史发展暗示着"新闻是消费品"的必然存在，是新闻合理性的发展规律，而且这一学术思想百年以来一直蛰伏于新闻研究的历史轨迹中，并建构着中国改革开放至今的新闻实践，或者可以说，新闻推动了中国消费社会的形成，在相当的意义上，传媒就是消费社会的推行者、建构者和同谋者。③ 因而，相关理论建构的缺失其实是新闻传播行为与社会体制之间存在的矛盾的结果，这与当下社会的社会政体对传媒体制的建构有着直接的关联。

其四，外来学术资源的启示是中国新闻学研究推进的重要力量。中国进入21 世纪以来出现的新闻低俗化、娱乐化现象以及对此问题的研讨都是取决于两个方面的原因：一是新闻的跨文明传播所带来的传媒全球化影响下的中国新新闻实践；二是国内学者对西方学术专著的翻译的推动。比如最早引起中国学者关注新闻娱乐化问题的是里查德·科恩的《新闻公司化与利润最大化》，由余红和杨伯溆编译，发表在《国际新闻界》2001 年第 2 期。其后，就是李良

---

① 何清涟：《中国政府如何控制媒体》，http：//blog. sina. com. cn/u/49a3bbed010003uu，2003 年 7 月 7 日。

② 20 世纪后期的"新闻商品性"问题的讨论，其结果是肯定者战胜了否定者，最终学术界形成的共识是：就它生产带有强烈的意识形态的精神产品来说，新闻事业属于上层建筑领域；但同时，就它为社会提供人们生产、生活所必不可少的信息、知识和娱乐来说，又属于第三产业。但新闻是商品以及新闻不能商品化依然是不可撼动的思想。参见徐光春《在全国新闻工作会议上的讲话》，《新闻战线》2000 年第 2 期。

③ 袁爱中：《默多克传媒消费主义研究》，http：//www. 51lunwen. com/literature/2009/0619/lw2009061913175 11664 - 12. html。

荣和林晖两位教授开始撰文探究，他们的思路一是探究美国的传媒娱乐化现象；二是以西方市场经济状态下的传媒娱乐化反思中国的传媒现象。美国学者尼尔·波兹曼的《娱乐至死》和约翰·H.麦克马那斯的《市场新闻业：公民自行小心？》就是对本书研究富有启发意义的专著。尼尔·波兹曼将麦克卢汉研究的终点作为自己的起点——电视文化为代表的"娱乐"已经或即将把社会文化泛娱乐化，并将给为未来社会带来悲剧性结局。尽管笔者认为这样的结论掩盖了传媒因其先进的技术带给社会的"惬意"，更是遮蔽了娱乐本身的"文化"含义；但它对理性地对待今天中国传媒的实践困境却有着重大而积极的意义。约翰·H.麦克马那斯则从实证角度通过对新闻工作者的问卷调查和对新闻节目内容的量化分析，对美国的新闻业怎样受到市场的完全控制的过程和环节进行了透视，作者提出的包含受众市场、新闻来源市场、广告市场和投资市场的"市场新闻业理论模式"深刻地揭示了在市场经济环境中的传媒的必然走势和规律。这为今天中国传媒所遭遇的市场经济语境和市场消费行为的理论研究提供了良好的研究依据。

第二节　新中国成立以来中国新闻学界关于新闻商品性的历史论争

　　新闻的商品性讨论既是一个历史客观存在，更是本书研究的核心和出发点；换句话说，"新闻能否被消费"的关键就在于"新闻是否具有商品性"，"新闻是否能成为商品"。从今天来看这依然是一个核心问题。

一　新中国成立以来关于新闻商品性讨论历史溯源

　　中国的新闻史开始于五四运动时期，1918 年徐宝璜的《新闻学》一书公开出版显示，"中国的新闻学源于西方"，[①] 这就决定了源于中国传统文化土壤中的新闻一开始就不是单纯的"政治斗争的工具"，而是中西方两种文化交流和融合的产物，加之新闻学的先驱们如徐宝璜等都是经济学的专家和出色的报业经营者，所以中国新闻理论的创建就径直包含了新闻事业的基本理论和经营管理两个方面，也就是说，新闻的生产成为新闻学研究和实践的重要内容。但遗憾的是，中国日后的国家形势以及革命者对新闻事业的选择造就了中国新闻的"政治性使用价值"，现代报纸得以产生的整个社会经济背景被"忽略"，以至于有人试图从新闻发展规律的角度提出"新闻是商品"的时候，引起了激烈的争论和强烈的反对。

我国新闻发展历史上对于"新闻是否有商品性"，"新闻能否成为商品"的集中论争有过三次：

第一次是 1956 年上海复旦大学教授王中提出了报纸应具有宣传工具性和商品性的观点，商品性第一，新闻性第二；王中教授认为报纸要在商品性的基础上发挥宣传工具作用。[②] 应该说这是新中国成立以后，第一个明确提出"新闻是商品"的"惊世骇俗"的新闻观，自然就被紧随其后的"反右运动"打入冷宫；

第二次是 1983 年前后，信息观念被引入中国新闻界，在新闻媒介究竟应该"以传播信息优先还是更应该注重宣传"的困惑中，新闻商品性成为媒介关注的焦点之一，从 1983 年罗荣兴的《从新闻的商品性谈到新闻的本质》到 1987 年下半年以《新闻界》和《新闻知识》为阵地，发表了数十篇论文，争论围绕新闻的商品性和商品经济影响下的新闻转轨两个方面展开：（1）对新闻有无商品性的论争，有代表性的论文如张达的《谈谈报社的企业化》（1985）；陈力丹的《新闻是一种特殊商品》（1986）和《再谈新闻商品性的几个问题》

①　郎劲松：《中国新闻政策体系研究》，新华出版社 2003 年版，第 1 页。
②　赵凯：《王中文集》，复旦大学出版社 2004 年版。

（1987）；（2）从适应商品经济的角度探讨新闻如何与商品经济结合起来的问题，有代表性的论文有方明《新闻转轨刍议》（1986）；任中南《新时期的新闻观念——从适应商品经济角度剖析》（1987）；钟沛璋《一个目的，四个回顾，五个转变——在深度和广度上推进新闻改革》（1987）；桑荫的《商品经济与新闻转轨》（1987）等。① 经过讨论，多数学者认为新闻具有商品性，这样的讨论将有助于新闻工作者提高自身的素养，深入实际，不断创新，创造出高品质的新闻产品。我国传媒业强调要以建设社会主义精神文明目标，用好的新闻作品对读者进行引导，但由于受社会发展局限性的影响，新闻是否应具有商品性的共识未能达成，甚至有人强烈反对"将商品性引入新闻学"。

第三次论争始于 1992 年止于 2000 年，1994 年前后形成高潮。和前面两个时期不同的是，这次讨论源于市场经济确立后的"有偿新闻"泛滥、中国新闻产业化、集团化的快速发展和网络媒体的蓬勃兴起。关于新闻商品性的讨论从开始在意识形态框架下的思考到从商品经济角度的争辩，最终进入世界经济全球化的领域，讨论的视角明显拓宽，问题也由狭隘意识形态下新闻是否能具有商品性、商品性与党性的对立走向在全球化语境中新闻发展自身的规律探索；从论文数量来看，规模远远超过初期的讨论，有代表性的论文有童兵的《呼唤发育健全的新闻市场——兼议新闻商品性及其特点》（1993）；张允若的《新闻的商品属性是一种客观存在》（1994）；陈锐的《新闻报纸的商品性和市场问题辨析》（1994）；马编译的《马克思论新闻是商品的历史事实》（1994）；李位三的《关于新闻商品性讨论的几点意见》（1995）；孙茗的《新闻的商品性、商品和商品化辨析》（1999）；张铭清《报纸的商品属性与新闻的非商品属性》（1994），等等。

争论的交点集中在以下几个方面：（1）新闻是商品，认为新闻具有商品

---

① 张达：《谈谈报社的企业化》，《新闻知识》1985 年第 1 期；陈力丹：《新闻是一种特殊商品》，《新闻界》1986 年第 6 期；《再谈新闻商品性的几个问题》，《新闻界》1987 年第 6 期；方明：《新闻转轨刍议》，《新闻知识》1986 年第 6 期。任中南：《新时期的新闻观念——从适应商品经济角度剖析》，《新闻知识》1987 年第 2 期。钟沛璋：《一个目的，四个回顾，五个转变——在深度和广度上推进新闻改革》，《新闻知识》1987 年第 3 期。桑荫：《商品经济与新闻转轨》，《新闻知识》1987 年第 12 期。

性，新闻是一种特殊的商品。例如张允若发表系列文章就新闻的商品性，新闻是一种客观存在进行了全面的论述；① 马编译则从史料研究中梳理出了马克思在论著中关于"新闻是商品"的论述作为佐证。②（2）新闻没有商品性，新闻不是商品。张铭清撰文认为既然资本主义市场经济下新闻都不能作为商品，社会主义市场经济也就不能将新闻作为商品；新闻作为商品其实质是变相的权钱交易。③（3）认为新闻不是商品，但新闻的载体是商品，作为新闻载体的报纸在新闻流通中以货币的形式作为交换价值，但报纸的货币价值只包含纸张、印刷所需要的劳动价值，不应该包括新闻本身的价值，新闻的价值无法用货币来衡量。

　　争论持续到 2000 年，时任中央宣传部的副部长徐光春以"新闻不是商品，这是马克思主义新闻观的重要内容，是守住马克思主义新闻舆论阵地的一道重要防线。放弃这个观点，放弃这道防线，社会主义新闻工作的一系列重大问题，都将发生根本变化"④ 作为结论。直到本书写作中途，中国新闻学界对"新闻是否是商品，是否能够成为商品"的讨论方归于沉寂；新闻实践却随着日益显现的消费繁荣而加快着迈向市场的步伐。

二　商品性讨论的历史语境

　　中国新闻史上的这三次关于新闻商品性的论争，并非空穴来风，或者是单

---

① 参见张允若《新闻、媒介和商品性》，《新闻知识》1994 年第 3 期；张允若《新闻商品性及其认识误区》，《复旦学报》1993 年第 6 期等论文；童兵《呼唤发育健全的新闻市场——兼议新闻商品性及其特点》，《新闻记者》1993 年第 7 期；童兵《新闻商品性辨正》，《当代传播》1994 年第 2 期；张允若《新闻的商品属性是一种客观存在》，《新闻与传播》1994 年第 2 期；陈锐《新闻报纸的商品性和市场问题辨析》，《郑州大学学报》1994 年第 2 期；李位三《关于新闻商品性讨论的几点意见》，《新闻界》1995 年第 1 期；孙茗《新闻的商品性、商品和商品化辨析》，《新闻记者》1999 年第 8 期。此外还有单波《关于新闻的商品性问题的思考》，《现代传播》1995 年第 1 期。
② 马编译：《马克思论新闻是商品的历史事实》，《新闻界》1994 年第 5 期。
③ 张铭清：《报纸的商品属性与新闻的非商品属性》，《新闻与写作》1994 年第 8 期。
④ 徐光春：《在全国新闻工作会议上的讲话》，《新闻战线》2000 年第 2 期。

纯的学术"创意"，它的产生和演变有着深刻的社会历史发展渊源，与中国传统文化紧密相连，回顾历史，将新闻与商品性的讨论纳入历史的语境中能帮助我们清晰地理清新闻观的变化与中国社会深刻的关联，以便于理解今天的新语境对新闻观的塑造所产生的巨大影响。

（一）中国社会发展史和新闻史提示我们，中国新闻学是五四时期"西学东渐"的产物，尽管出于政治的需要，以梁启超为核心的革命先驱从 19 世纪六七十年代开始，就向西方寻求现代新闻学的理念，撰写有关现代报纸的论文，着手创办国人自己的现代报纸，以探求自强御侮的新方法，从政治意识的角度唤起了中国新闻学的启蒙。[①] 但不同寻常的是，从学术史的角度来看，中国新闻学在初创时就深受西方新闻学的浸染，徐宝璜和任白涛同时又是经济学家，邵飘萍和戈公振均是出色的报业经营者，因而在他们当时的著作里就有了对报业组织、广告、发行、纸张、印刷等经营问题的论述；戈公振甚至用数量分析方法具体解剖了几家中国大报纸的经营情况。当然意识到商品经济的发达与报业独立关系的远非此四人，晚清的姚公鹤就在他的《上海报纸小史》中专章论及此问题。其后，虽然政治斗争统率了一切，"新闻学愈来愈成为了政治理论的一部分，所有的新闻活动纳入了阶级分析的取景框架。"但却有恽逸群继承性将新闻价值、报纸的发行和广告等思想与解放区的党报理论融合起来的探索，成为试图将新闻经营与新闻政治融合起来的中国新闻学先驱。[②] 严格地讲，这些对新闻事业商业性的关注实际为中国新闻理论的科学发展和新闻实践的科学发展奠定下了相当好的基础，只可惜中国特殊的社会环境使新闻学完全脱离了新闻本身，而走上了一条为政治斗争服务的道路。

新中国成立伊始，"生产、交通和教育尚处于恢复状态，物价上涨影响报纸的经营发行，纸张费用占报纸总成本过半以上，读者的购买力弱，部分报纸

---

① 陈力丹：《五四新文化运动与中国新闻学》，中国新闻传播学评论，http://www.zjol.com.cn/05cjr/system/2002/05/22/001043658.shtml，2002 年 5 月 22 日。

② 同上。

分工不合理，多数报纸经营不善，因此造成各地报纸陷入亏本的困境。为了改进新闻事业的发展，新闻总署首先处理报纸经营管理问题。"①　其后，中央决定采取两大重要措施：一个是报纸经营实行"企业化"方针；一个是报纸发行实行"邮（递）发（行）合一"的方针，报社借此办法增加发行量。到1953年，《人民日报》等中央报纸及省级以上报纸相继实现经费自给。

中国的这段历史揭示出的景况是，重视新闻的经营性特征既是新闻业本身发展急需逾越的障碍，更是不可回避的客观现实。1954年前后是中国学习效仿苏联的高峰时期。中国在学习苏联新闻工作经验的过程中，形成了将新闻作为政治"传声筒"的办报宗旨和理念，比如将《人民日报》提出的"我们的语言必须是党的语言、阶级的语言、人民的语言。我们的作风必须是党的作风。这就是说，我们的一字一句、一言一行都要代表党中央"的政治信念作为了新闻的工作方针。1956年《人民日报》的改版引发了整个中国的新闻改革；在"百花齐放、百家争鸣"方针指引下，新闻研究变得活跃。一些著名的新闻学者和新闻单位领导以及记者、编辑纷纷撰写业务文章，或编写新闻教材。其中影响较大的就是复旦大学新闻系主任王中于1956年间编写出版了《新闻学原理大纲》，该书对无产阶级新闻学中一些根本性的理论问题作了探讨，对报纸的性质与任务等问题也作了新的阐释，王中认为，报纸的性能是"为人民服务"，在新形式下，报纸有指导工作、指导生活、扶植民主、培植道德等职能，但是不赞成继续照搬列宁的报纸是"集体的组织者"的说法，主张"社会的性质变化了，整个人与人之间的关系变化了，那么报纸的性质、办报的方针也当随着变化"。②　于是他提出了"报纸既是政党宣传工具，又是受众花钱买的商品，具有工具性和商品性两重性质，因而办报要有读者观念，重视读者需要"的新闻思想。王中的思想无疑为中国新闻思想的传承作出了重大贡献，在中国

---

① 胡兴荣：《大报时代》，南方日报出版社2005年版。
② 赵凯：《王中文集》，复旦大学出版社2004年版。

新闻史上留下了深刻的影响。

1978年"真理标准问题的讨论"成为新中国成立以来的一次广泛而深刻的思想解放运动。这场大讨论，提高了新闻工作者的马克思主义理论水平，为新闻界自身的进一步拨乱反正做了思想理论上的准备。[①] 新闻传播业自身发展的规律日益被人们认识并受到尊重，市场经济法则逐渐为新闻传播媒体接受。

1983年以后，信息概念被引入了新闻界，新闻媒介功能因而重新定位，并引发了巨大变化。信息概念进入中国以后，所有新闻媒介面临着这样的问题：那些与宣传意图无关，但是公众想知道也应该知道的新闻，应不应该在新闻媒介上公开传播？换句话说，传播信息能不能成为中国新闻媒介的功能？新闻媒介究竟应该以传播信息优先，还是更应注重宣传？对这方面问题的认识，导致了新闻观念的又一次讨论和深刻反思转变。新闻的商品性问题再次成为媒介关注的焦点之一。1978年，财政部批准了《人民日报》等8家中央新闻单位实行企业化管理的报告。从此，"事业单位、企业化管理"的办报模式开始取代传统的机关报办报模式，报业走上了"独立核算、盈余留用"的自我发展道路。这无疑意味着，整个中国的新闻传播业向市场经济的规律的回归，这自然也意味着，中国的报纸、广播、电视等新闻传播业的商品性会再次成为新闻研究的焦点。

1984年10月中共中央十二届三中全会通过《中共中央关于经济体制改革的决定》，确立"中国社会主义经济是公有制基础上的有计划的商品经济"理论，到1987年10月中共"十三大"召开，伴随着对新闻与宣传关系的全国性大讨论，引发了对新闻商品性的再讨论，问题集中在了两个方面：一是商品经济的确立对新闻发展的影响，探讨改革旧有的新闻体制和观念问题。1986年有学者提出新闻机构既是社会舆论机关，又是阶级、政党的舆论工具，更是一种以特殊手段为人民服务的事业，因此"经济体制的巨大变革，作为上层建筑

---

① 胡兴荣：《大报时代》，南方日报出版社2005年版。

的新闻事业也要相应变革"。① 任中南认为，商品经济是社会发展过程的一种必然趋势，新闻观念适应商品经济发展的需要，是为我们现实所处的历史条件决定的，同时也是一个为社会主义发展规律所决定的新闻生产规律②。桑荫在《商品经济与新闻转轨》一文中提出了新闻转轨的思考。认为社会主义商品经济的建立，必然导致上层建筑的变化，也将带来新闻事业的改革，商品经济是引起一切变革的根子，目前的新闻事业与市场经济存在严重的不适应，必须改革旧有的新闻体制和观念，才能建立适合我国经济和政治体制的、具有中国特色的社会主义新闻事业体系③。宋志耀则在《怎样增强新闻的服务性》④ 一文中进一步论述了新闻的服务性问题。他认为，需要创造性地倡导一种"服务性新闻"新品种来，增大容量，提高质量，新闻的服务性作用才能真正变成现实。二是在此基础上学者们明确地提出新闻具有商品性的问题。陈力丹教授就两次撰文提出："社会主义初级阶段，新闻在相当的程度上还要保留商品的形式，或者说它具有商品性。"⑤ 新闻商品性的认识渐趋明朗。但显而易见的是刚刚确立市场经济的中国社会，无论从哪个角度讲都不可能对新闻商品性问题作出符合客观规律的认证。

　　1992 年党的十四大最终将经济改革的目标确定为"社会主义市场经济"，报纸广告浮出水面、报业管理企业化、报刊自办发行。种种迹象表明，中国报业已正式顺应时代走入了市场。人们开始重新认识"市场"。这对与生俱来就和经济有不解之缘的新闻传播业来讲，遵循市场经济的根本规律是社会主义市场经济发展不可或缺的有机组成部分。有研究者认为，此阶段的报业特点是广告、发行和企业化经营越来越趋向于市场化；原有的行政主导正逐步撤出；读

----

① 徐庄：《把电影改革的锣鼓响亮地敲起来》，《当代电影》1984 年第 12 期。
② 任中南：《新时期的新闻观念——从适应商品经济角度剖析》，《新闻知识》1987 年第 2 期。
③ 桑荫：《商品经济与新闻转轨》，《新闻知识》1987 年第 12 期。
④ 宋志耀：《怎样增强新闻的服务性》，《新闻知识》1987 年第 5 期。
⑤ 陈力丹：《新闻是一种特殊商品》，《新闻界》1986 年第 6 期；《再谈新闻商品性的几个问题》，《新闻界》1987 年第 6 期。

者对象从行政命令的党员转向广大民众，行政拨款递减，广告成了报纸的主要收入。[①] 报纸的采编业务与出版发行分开，经营几近放手；同时报业既要满足政府在管理上的要求，又要以报道的质量吸引读者，生存即成为首先必须考虑的问题。

（二）此阶段新闻实践的三个特殊事件

中国新闻发展到 20 世纪 90 年代后，新闻传媒的社会语境又一次出现影响力巨大的"变革"：

一是"有偿新闻"泛滥。[②] 有偿新闻，就是新闻从业人员或明或暗地向被采访报道对象索取一定费用的活动。具体表现在三个方面：第一，提供有偿的版面或播出时间，刊发各种形式的"含金"报道。第二，混淆新闻与广告的界限，大搞"广告性新闻"或"新闻性广告"。第三，新闻从业人员利用自身的特点和便利条件，接受企业提供的种种优厚待遇，甚至向被采访报道的对象索取现金、有价证券、实物或其他特殊待遇。有偿新闻的实质，就是把新闻报道工作同小团体或个人的私利直接联系起来，搞钱权交易，把新闻报道异化为一中牟取私利的手段。中共中央宣传部、国家新闻出版署于 1993 年 7 月 31 日发出了《关于加强新闻队伍职业道德建设，禁止"有偿新闻"的通知》。但是，"有偿新闻"却屡禁不止。[③]

二是报纸大众化，包括初期的周末报、中期的晚报、后期的都市报，形成了 20 世纪 90 年代的报业的三次大众化浪潮。周末报源于 20 世纪 80 年代的报刊扩版，有研究者认为，报纸扩版的直接动机，第一是为了增加报纸信息的全面性、丰富性；第二是为了增强报纸的可读性；第三是为了适应经济发展对广告的需求。[④] 而中国晚报工作者协会学术委员会主编的《中国晚报学》一书，

---

① 胡兴荣：《大报时代》，南方日报出版社 2005 年版，第 7 章。
② 蓝鸿文：《新闻伦理学简明教程》，中国人民大学出版社 2001 年版，第 83 页。
③ 同上。
④ 胡兴荣：《大报时代》，南方日报出版社 2005 年版，第 7 章。

则把晚报兴盛的原因总结为：（1）随着现代化建设的发展，城市人口大幅度增长，加上许多中、小城市迅速发达起来，群众需要通俗性的新闻文化读物是晚报兴旺的重要因素。（2）我国许多地区经济条件大为改善，人民生活水平、文化水平提高，有些地区正向小康型迈进，自费订报已不成问题。（3）我国生产和生活的社会化程度不断提高，使人们更迫切地需要了解广泛的政治、经济、文化、娱乐等社会信息，社会各方面也迫切需要新闻提供更多的信息服务。（4）晚报办在人口集中的城市，向附近县乡镇辐射，发行量大，影响大，广告也就多，经济效益可观。[①] 都市报是由党委机关报主办，面向所在城市市民及周边地区城镇居民的，以反映和服务市民生活为主的综合性新闻报。[②] 它的出现是因为现代都市生活的新变化，市民的消费需要，以及原有的党报、专业报、行业报难以满足人们日益增长的新闻需求。由此可见，这三种报业形态从一个侧面充分反映了报业的市场需求和消费环境的变化，也揭示了新闻商品化所形成的深刻的社会现实土壤。

三是1992年，新闻的产业性质得到官方的认可，相关的产业政策也得到逐步完善，政府一方面运用经济手段扶持新闻业发展；另一方面则以新条例来调整新闻业的产业结构与布局。1993年6月，中共中央、国务院发布《关于加速发展第三产业的决定》，正式把报刊经营列入第三产业，报业得以迅猛发展。

（三）在这样的背景下，新闻的商品性问题又在新闻如何适应市场经济的需要的研讨中再次浮出水面

1993年5月在江阴举行的社会主义市场经济与新闻事业研讨会成为又一次新闻商品性的探讨起点。这次论争对报纸等新闻的商品属性基本上达成了共识，承认报纸等新闻具有商品性，即报纸要遵循商品生产的一般规律，讲究经

---

① 中国晚报工作者协会学术委员会：《中国晚报学》，上海辞书出版社出版2001年版。
② 黄升民、周艳主编：《中国传媒市场大变局》，中信出版社2003年版，第190页。

营管理，讲究提高效益。但新闻所所长孙旭培认为它们与众不同，属于特殊的商品；对于新闻的商品属性却依然存在分歧。

讨论中出现对新闻有无商品性的两种完全对立的意见，如前所述：反对的观点认为：（1）新闻没有商品性，新闻不是商品。有商品性的报纸是新闻的载体，但是新闻应该有相对的独立性；一般的商品生产和流通与作为党和政府喉舌的新闻工作在根本属性上是有区别的。新闻是意识形态，是党的事业的一部分，党性原则是新闻单位的宣传最高原则；[1] 新闻是一种特殊的意识形态，有着强烈的政治性，它担负着宣传、教育、指导、服务、监督等多方面的功能，对稳定社会，促进社会团结进步有着不可代替的作用，这是社会主义新闻事业的党性原则所决定的；新闻业作为新闻信息行业，也是一种产业。但这种产业和一般产业有着原则性的区别。新闻属于上层建筑意识形态的范畴，新闻业是一种特殊的社会事业；[2] 在市场经济条件下，新闻事业是意识形态的一个重要方面，但它作为一种产业，故属经济范畴，因此新闻产品是商品，新闻事业也是有偿的，新闻机构与新闻受众之间的关系从价值法则来说是等价交换的关系。新闻事业必须产业化，在保持社会主义性质的前提下千方百计增加其产品的数量和品种，大力开辟产品销售市场。（2）认为鼓吹新闻的商品性是新闻改革主旋律中的不协调音符，是为有偿新闻寻找理论依据，而有偿新闻是新闻商品化的集中表现。新闻不具有商品属性，新闻作为精神产品，其价值难以量化。新闻是一种意识形态，并非是物质形态，因而就不可能具有商品的属性。价值规律断然不能支配属于上层建筑的新闻事业，绝不能用市场经济规律替代无产阶级党性原则。

赞成的观点认为；（1）尊重"新闻价值"其实就是按照商品生产的规律从事新闻这种商品的生产；市场经济就意味着新闻及其载体的商品化；计划经济

---

[1] 《关于若干历史问题的决议》，http：//theory. people. com. cn/GB/40557/42608/4555501. html，2009 年 8 月 16 日。

[2] 戴邦等：《新闻学基本知识讲座》，人民日报出版社 1984 年版。

到市场经济的体制转换，是还新闻及其载体作为商品的本来面目；[①]（2）新闻具有使用价值和交换价值的一般商品的共性。该观点认为新闻从功能上通过提供的信息满足受众经济生活和社会生活的需求，使公众获得物质上和精神上的利益而具有使用价值。而新闻业务本身的采编、制作、传播，要耗费新闻媒体和新闻工作者的物力和财力，耗费新闻工作者的智力和体力。也就是说，新闻凝结了人类的一般劳动。新闻具备了商品的基本属性。（3）从新闻的流通看，新闻媒体的运作具有商品交换的属性。尤其在商品社会中，受众只有支付了新闻的价值，购买了报纸、电视等新闻媒体提供的服务，才能获取新闻的使用价值。新闻通过商品交换，实现自身的价值[②]。

　　值得注意的是，1991—2000 年前后的十年间，中国的特殊政治体制使得新闻传播实践、新闻研究完全处于政治需要与新闻实践和新闻传播理论研究各自相对独立的活动空间中[③]，换句话说，一方面是转型期中国共产党加强了对作为喉舌的新闻的监管，比如国家领导人自 1989 年 11 月发表关于新闻工作的讲话以后，几乎每年都亲自参加全国宣传工作会议和到会讲话，并先后亲自到《解放军报》、《人民日报》视察和讲话。这意味着无论中国的新闻事业如何发展，它的基本性质不允许变化，所有媒介的首要任务都是宣传党的方针政策，必须始终把握舆论导向，坚持社会效益第一的原则。而另一方面是新闻与传播实践日益走向市场，走向大众和消费。再就是新闻理论研究主体以 20 世纪八九十年代培养的新闻学博士、硕士开始陆续接替老一代人，成为研究人员的主体。[④] 他们的研究由于研究主体的学术性，带动着新闻传播学的研究走向学术化和规范化，追求严谨、客观和科学，这才有了关于新闻商品性自争论以来的最激烈争论。这看似奇怪的新闻业界现象其实也正是中国社会改革发展曲折之

　　① 　陈锐：《新闻报纸的商品性和市场问题辨析》，《郑州大学学报》1994 年第 2 期。
　　② 　童兵：《新闻商品性辨正》，《当代传播》1994 年第 2 期；张允若：《新闻商品性及其认识误区》，《复旦学报》1993 年第 6 期；黎必刚：《正确认识新闻的商品属性》，《湖湘论坛》2000 年第 3 期。
　　③ 　陈力丹：《近十年中国新闻传播研究的基本情况》，《中国青年政治学院学报》2001 年第 1 期。
　　④ 　同上。

路的一个缩影，它反映出作为传统意识形态理念影响下的新闻朝着商品经济行进中的曲折路径。

但遗憾的是，历史对新闻作出的又一次选择是市场必须服从和服务于"导向"。新闻事业从本质上说是意识形态性质的，属于上层建筑。我们不能盲目主张新闻事业的"产业化"，不能把新闻事业全面推向市场，搞所谓的"市场化"。[①]

2000—2006 年 7 月间关于新闻是否是商品性，新闻是否具有商品性的研究性文章，在包括《新闻与传播研究》、《新闻大学》、《现代传播》在内的基本上能体现国内新闻传播学者的研究水平和研究前沿的期刊上几乎消失了，新闻理论的基本研究话题依然是新闻的本质、真实性、新闻价值、客观性、新闻事业的性质和新闻规律等，[②] 传统新闻学的价值体系和新闻理念依然占据主流地位。

但此时，中国新闻传播中的娱乐化现象却引起新闻理论界和业界以及广大受众的普遍关注。大多数的研究在侧重批判新闻娱乐化的危害性的同时，[③] 开始从新闻的市场经济的取向、受众的多元需求以及媒介体制以市场为核心的改革等诸多因素中寻找原因。[④] 许多学者认为新闻娱乐化是新闻成为消费品的必然结果，由于市场的影响，媒体在市场化条件下过于强调新闻的商品属性，而忽视了作为精神产品的更重要的属性。新闻产品被当为一种纯粹的商品来兜

---

① 徐光春：《在全国新闻工作会议上的讲话》，《新闻战线》2000 年第 2 期。

② 吴飞：《2001—2002 中国新闻学研究综述》，http://www.cddc.net/，2003 年 7 月 18 日。

③ 参见张颂《捍卫电视新闻的严肃性拒绝娱乐化》，《南方电视学刊》2000 年第 5 期；林晖《市场经济与新闻娱乐化》，《新闻与传播研究》2001 年第 3 期；黄和节、陈荣美《新闻娱乐化：形式与功能的错位》，《当代传播》2002 年第 5 期等。2001 年，余红和杨伯溆教授编译了里查德·科恩的《新闻公司化与利润最大化》（《国际新闻界》2001 年第 2 期）该文指出，新闻在激烈的商业竞争中受收视率的驱动文章，感官刺激的图片新闻和煽情题材取代了政治、国际事件，判断新闻重要性标准已发生了很大变化。新闻经理们看重的是精彩图片和煽情。

④ 参见马峰路、宪民《西方新闻娱乐化现象成因浅析》，《当代传播》2002 年第 6 期；杨珍、蔡翔飞《论我国体育新闻传播的娱乐化趋势》，《体育文化导刊》2002 年第 6 期；吴飞、沈芸《现代新闻、后现代生活与新闻娱乐化》，《浙江大学学报》（人文社会科学版）2002 年第 9 期等。

售，媒体站在能赚取多少经济利益的立场上，为受众提供新闻产品，而忽视了自身的社会文化角色，受众变成了一种由媒体来塑造的工具，从而使新闻娱乐化愈演愈烈。① 2004 年《南方周末》发表的两篇文章《崔永元炮轰电视庸俗化》和《电视为什么不能庸俗化》，把媒介娱乐的专业问题扩大为一个公共性话题。2005 年 8 月下旬，国家广电总局高层指出："当前广播电视领域最突出的问题就是低俗化。"于是，电视学术界在 2005 年下半年掀起了一场关于电视娱乐与低俗化的讨论。②

三　由新闻娱乐化引发的关于新闻与消费性的思考

报纸和新闻具有商品属性，这在国外新闻界是一种基本常识，可是在我国却长期处于理论的禁区。随着社会主义市场经济的逐步建立、新闻环境的改变和新闻改革的逐步深入，"究竟什么是新闻？"成为媒体发展和新闻管理中不可回避的现实问题，新闻集团化产业化经营、电视节目的付费收看以及新闻的娱乐化现象就表明了这点。但是，由于中国的政体性质、社会实情以及新闻本身的特殊性使得"新闻的商品性"问题从理论上到实践中都存在"不可作为"的态势，这集中反映在中国的新闻始终以自有新闻史以来形成的马克思意识形态

---

　　① 这次关于新闻娱乐化的讨论观点，大致可分为两种：一种是侧重于批判新闻娱乐化的危害性；一种是侧重于肯定新闻娱乐化的积极意义。持否定态度的认为近年来新闻娱乐化现象会导致"全社会沉溺于一种无名的娱乐之风中，我醉、你醉，人人皆醉"（吴飞、沈荟：《现代新闻、后现代生活与新闻娱乐化》，《浙江大学学报》2002 年第 5 期）；"从这一现象可能带来的危害性与新闻本性上考察，其存在并非新闻传播的正途，而是形式与功能的错位。"（陈荣美：《新闻娱乐化：形式与功能的错位》，《当代传播》2002 年第 5 期），或者"可能导致媒介信息'告知'功能弱化，消遣娱乐功能凸显而最终造成新闻媒介自身主体功能的转移，从而背离根本性的社会需要。"（林晖：《市场经济与新闻娱乐化》，《新闻与传播研究》2001 年第 3 期）。肯定的认为"新闻传播发展的必然……只是新的一种叙述方式。"（汪群均：《正视新闻娱乐化》中国新闻研究中心，www.cddc.net），"中国体育新闻要在日益多元和复杂的大众文化结构中争取到属于自己的一方领地，就必须适应这种大众文化的娱乐化潮流"（杨珍、蔡翔飞：《论我国体育新闻传播的娱乐化趋势》，《体育文化导刊》2002 年第 6 期）。

　　② 对中国新闻娱乐化研究影响较大的是美国学者尼尔·波茨曼的著作《娱乐致死》和英国学者大卫·帕金翰的著作《童年之死》。波茨曼的主要观点是电视节目的娱乐化倾向将带来社会智力的集体下降，人们甘心被娱乐，甘心被电视掏空，仅仅为了获得一种被操纵的快乐。

理论为中国新闻理论的主导这一核心问题上。①

新闻娱乐化现象使人们不得不再一次正视市场机制中的新闻实践活动,中国人民大学喻国明教授在其《解析新闻变局》一书中,从我国媒体发展历程入手,总结了中国媒体发展的几大标志性的事件②,非常明确地指出在我国经济改革日益深化、政治环境日趋宽松、媒体市场化进程的推进以及其他各种相关因素推动作用的影响下,我国媒体在内容和形式上日益呈现出消费主义的倾向。它再一次揭示了新闻的社会属性以及功能作用的发挥决定于社会的历史语境,并且会随着历史语境的变化而改变;新闻作为社会认识的反映体系是主客观的复杂统一体,既决定于客观的社会现实环境,也受制于新闻主体(在新闻实践活动中认识、掌控新闻的所有社会成员,尤其是新闻控制者)的认识能力。新闻娱乐化再一次让我们面临着这样一种严峻的思考:在走向市场经济和全球化的今天,新闻的本质究竟是什么?人类社会需要什么样的新闻?新闻价值到底是由什么来决定的?新闻究竟能否走向市场成为商品?新闻理论的"原问题"被质疑和追问,新闻的商品性与党性关系该如何来认识和处理等问题已经不可回避!

---

① 它的成因可归于:其一,自近代新闻业产生以来,中国实际长期处于反反复复的政治运动中,新闻学理论成为政治学理论,党性原则成为核心,这突出体现在新闻宣传要以党的路线、方针、政策为准绳的新闻政策中。其二,长时期高度集中的计划经济体制导致新闻业作为国家行政机关的重要组成部分,自然排斥市场经济,记者的新闻报道与经济实践、新闻生产与物质生产处于分离状态;并进而从心理上排斥新闻的商品性。其三,重义轻利的传统文化心态也为新闻注重伦理、教化功能铺平了道路。在这一理论思维模式下,新闻失去了本体论的全方位观照,很自然地便忽略了对新闻商品性问题的开拓与研究,忽略了对市场经济条件下新闻业运作规律的研究。其四,新闻实践中的"有偿新闻"以及娱乐化现象在来不及被辨析的情况下就被简单化地归罪在了新闻与商品的关联层次上。

② 一是1981年前后新闻界关于新闻语言多样化问题的提出。喻国明认为它标志着我国大众传播媒介开始从过去比较单一的"政治教科书"的功能和角色扮演中走了出来,开始应和社会发展的要求向着履行多种功能、扮演多种角色的方向转型,是我国新闻从"政治教科书"走向"新闻纸"的前奏。二是1991年前后兴起的报刊界的"周末版"大潮,在结构和选择传播内容的标准上第一次向着受众本位的方向发生了根本性的转移。三是1993年中央电视台"东方时空"栏目的开播。其中,最引人注目的是"焦点时刻",以及紧随其后的"焦点访谈"、"新闻调查"。这些新闻类节目的走红表征着我国新闻媒介第一次以"新闻"作为自己的"第一卖点"。从此,新闻的"社会守望"功能第一次被实际地上升为大众传播媒介的首要功能。至此,我国大众传播媒介的新闻功能和角色体系得到了系统性地恢复和重建。

由此观之，存在于历史语境中的新闻商品性的争论其本质不仅仅是一种观点之争，一种阶级政治立场之辩，而是人类对真理性"知识"的认识程度的高下之别；对新闻商品性的概念之辩也不仅仅受限于一时之障，更取决于整个社会革新的程度。新闻要求成为商品，而新闻体制不承认它的商品性，这就是新闻商品之辩的核心，这也就是中国新闻在市场化运行中从理论到实际畸形发展的根本原因。回顾历史，笔者并不是要去指责或谴责，而是力图通过梳理，拨开迷雾，寻找路径，走向未来。

第三节　对新闻与消费的再认识

一　新闻的消费性

（一）历史的考证

从学术史的角度来看，新闻作为一种与人类社会交往活动密切联系的行为早在报刊诞生的时期就已融入了人们的社会生活之中，成为生活的必需品，成为经济生活的重要组成部分。马编译 1994 年发表的《马克思论新闻是商品的历史事实》[①] 一文以翔实的文献资料证明了，《马克思恩格斯全集》中对"新闻是商品"以及"新闻作为消费品参与了商品流通"等问题有着不少字数的论述。作者认为马克思生活在欧洲市场经济基本成形的时期，这一报刊生存的大环境决定了马克思在为《莱茵报》工作时就谈到了报纸与读者的商品交换关系；而且马克思主编的《新莱茵报》和《新莱茵报评论》就是作为明码标价的

---

① 马编译：《马克思论新闻是商品的历史事实》，《新闻界》1994 年第 5 期。

商品进行出售的，为了保证取得利润，马克思还建立了报刊经营公司，恩格斯晚年也是通过出售党报《前进报》而获得每年5万马克利润的经济效益①。可见，报纸的商品性不言而喻。不仅如此，研究还认为，对于新闻的商品属性，"马克思和恩格斯投身社会后的大部分年代，都曾以新闻通讯者的身份于购买新闻的报刊、出版商发生交换关系"，而且"这方面的论述实在太多"，"将新闻通讯成为商品，马克思并非只在这里讲过，我们可以看到他们的著作，特别是他们中间的通信中经常看到"。② 比如1851年，马克思接到《纽约论坛》邀请撰写新闻通讯稿，马克思就对恩格斯说，"这是一桩'可以稳拿到钱的美国生意'，并且是'可靠而迅速地拿到钱'"；③ "我现在把自己最好的东西卖给伦敦，而把渣滓卖给纽约"④；恩格斯的"只要能换来成足色的加利福尼亚黄金，我们提供'成足色'的知识"⑤ 等。

对于新闻之所以具有商品的属性，马克思认为新闻具有商品的属性是因为它包含了作者的劳动以及包括劳动所需的辅助材料费在内的生产费用，比如书籍、资料等；在新闻被使用的过程中必须要遵守等价交换的原则，比如如果报社的稿酬太低或者被转载而不付给报酬，马克思都会抱怨或提出抗议，认为这是受知识产权保护的范围。马文通过深入细致的研究还认为，"在新闻领域，无论写新闻稿是为了革命的目的还是为了维持生计，在一般情况下，马克思是按照市场经济的规则，将新闻稿投入信息流通的。这是历史事实，需要的不是讨论，而是考证"。⑥

---

① 马编译：《马克思论新闻是商品的历史事实》，《新闻界》1994年第5期。

② 同上。

③ 中共中央马克思恩格斯列宁斯大林著作编译局：《马克思恩格斯全集》第27卷，人民出版社1972年版，第358页。

④ 中共中央马克思恩格斯列宁斯大林著作编译局：《马克思恩格斯全集》第28卷，人民出版社1973年版，第337页。

⑤ 中共中央马克思恩格斯列宁斯大林著作编译局：《马克思恩格斯全集》第29卷，人民出版社1972年版，第124页。

⑥ 《马克思论新闻是商品的历史事实》，《新闻界》1994年第5期。

陈力丹教授通过梳理马克思的新闻理论以及对马克思主义的新闻思想的研究，也证实了马克思、恩格斯在 19 世纪 40 年代就通过调查发现了流亡法国的德国工人产生了一种新的需要，即交往的需要，报纸成为满足这种需要的必要条件。1861 年，英国的最后一项知识税被废除，"便士报"出现并且流行起来后，马克思就调查得出了报纸就已经成为满足工人交往需要的"生活的必需品"的结论①，研究认为马克思将精神产品列入人们的必要生活资料中，实际上就是将信息服务首次列入经济学交易范畴来研究的创新思想。"便士报"是一种以简单的新闻、知识和休闲娱乐为特征的大众报纸，因而，分析新闻如何成为社会的消费品、如何与社会消费行为产生必然的联系就要对以"便士报"为代表的大众报纸作一番细究。

（二）"便士报"与新闻消费

有研究表明，早期的资产阶级报纸起源于商人对于经济交通信息的需要，但由于多是手抄报纸，生产成本很高，所以尽管是出于社会经济活动的需要，也是一种消费行为，却因局限于少数人的范围而只能起到简单传递、沟通信息的作用。18 世纪后期到 19 世纪的工业革命时期，资产阶级报业发展产生的重要影响之一就是以美国"便士报"为代表的"大众化"报纸的出现和兴起，它成为现代资产阶级报纸的先驱。在此之前，美国也曾经历了政党报刊时期，"它们在政治上是政党机关报，在经济上仰赖政府、政党津贴，在内容上主要是政治新闻与政治评论。读者是政客与中上层资产阶级。并且报价高昂只能订阅，没有零售"。② 从 18 世纪后期起，欧美主要资本主义国家先后开始工业革命，工业革命所带来的先进技术为文化工业的生产提供了良好的条件时，社会经济、政治、文化各方面产生了重大的变化。进入 19 世纪，美国社会生产力水平大大提高，经济发展迅速；随之而来的公民识字率的上升和对信息需求的

---

①　陈力丹：《马克思主义新闻观思想体系》，中国人民大学出版社 2006 年版；陈力丹：《新闻生产商品化是历史的进步》，《新闻学刊》1988 年第 5 期。

②　张隆栋、傅显明：《外国新闻事业史简编》，中国人民大学出版社 1988 年版。

增加，为报纸造就了大量潜在的读者群。在这样的历史背景下，以 1833 年纽约《太阳报》的创办为标志，"便士报"兴起了。①

本杰明·戴在《太阳报》的创刊号上宣称："本报的目的是办一份人人都能买得起的报纸，为公众报道当天的新闻，同时提供有利的广告媒体。"② 不仅如此，"《太阳报》新闻简短、文字通俗，以地方新闻、社会新闻、法院和警察局新闻为主，靠人情味的新闻和煽情新闻吸引读者"③，所以报纸"初创刊时刊印 1000 份，4 个月时 5000 份，第二年 1 万份，第四年 3 万份，它是美国第一个成功的廉价报纸"。④ 从学术史的角度来看，本杰明·戴首创街头零售和着意经营的广告就开启了文化工业意义上的新闻消费的历史。其后，在《太阳报》的带动下，19 世纪 30 年代初期美国就有 34 种"便士报"报刊，其中最为成功的就有本杰明·戴的《太阳报》、詹姆士·戈登·班内特的《纽约先驱报》、贺莱士·格里立的《纽约论坛报》和亨利·雷蒙的《纽约每日时报》（后改为《纽约时报》）。及至 19 世纪末、20 世纪初廉价报纸就成为资产阶级报纸的主体⑤。报纸开始走入普通百姓家庭，报纸发展进入大众化时代。

有学者研究认为以"便士报"为标志的大众化报刊能够成功是因为它们具有以下几个共同的特征⑥：（1）对普通人的承认，让尽可能多的普通人买得起、看得懂，《太阳报》的成功表明了普通人在通信界的地位；（2）当"观点纸"变为新闻纸的时候，公众对于"新闻"的兴趣使得新闻摆脱了党性和说教，形成了客观事实的报道；（3）以人情味吸引和打动读者，追求用轻松活泼的方式发表新闻；（4）市场买卖以及为获得读者而产生的醒目的编排和悦目的字体的版面设计。

---

① 有资料显示《太阳报》并不是第一家廉价报纸，在此之前已有包括费城的《便士报》，波士顿的《波士顿人报》和纽约的《晨邮报》三家。参见张隆栋、傅显明《外国新闻事业史简编》，中国人民大学出版社 1988 年版。

② 参见张隆栋、傅显明《外国新闻事业史简编》，中国人民大学出版社 1988 年版，第 60 页。

③ 同上。

④ 同上。

⑤ 同上书，第 77 页。

⑥ 郑亚楠：《美国商业报刊体系解析》，《北方传媒研究》2006 年第 2 期。

（三）都市报与新闻消费

在中国，20世纪90年代后半叶起，一种以市民为主要对象的、突出新闻性和服务性的生活化综合性报纸异军突起，这就是都市报[①]。以此为立足点，我们可以看到中国报纸的发展过程与资产阶级国家相同的地方，即在此之前，报纸作为主要资产阶级不同政党的机关报，"它们的主要目的是讨论政治经济问题而不是刊登新闻，报纸反映并加剧了政党政治的恶斗"[②]；而我国报业是以党的机关报和行业报为主体，主要职能是宣传政党思想和治国的方针。

有学者研究认为通过对西方"便士报"和中国都市报的比较分析，可以发现二者在走向新闻消费市场上具有同一性[③]，即它们都是在工业化进程基本完成，经济市场化、政治民主化的大背景下产生于较发达的城市；都是在政党报纸时期出现，并最终取代政党报纸成为主流；都追求新闻信息化、内容大众化，都以反映市井生活为主要内容，刊登普通市民关心的社会新闻；都明确以普通大众为传播对象以及注重管理经营等。也就是说，从学术史的角度来看，中国的都市报和西方的"便士报"一样，开启了中国大众化报纸和中国新闻走向社会消费的时代。

与"便士报"一样，（1）都市报的定位指向普通市民，比如"走向千家万户的市民生活报"（《华西都市报》），"城市报、市民报、生活报"（《贵州都市报》），"综合性市民生活报"（《海峡都市报》），"为市井人家办报，让平民百姓爱读"（《燕赵都市报》），"采缤纷天下事，入寻常百姓家"（大河报）等，[④] 让市民自己掏钱订阅或购阅。（2）都市报特别强调从市民眼光出发，选择市民的衣食住行、生老病死等日常生活事件，体现新闻性和服务性，"以新闻性见长

[①]　孙旭培：《走进家庭的报纸——论都市报的特征与特色》，http：//academic. mediachina. net，2005年11月28日。

[②]　李良荣：《当代世界新闻事业》，复旦大学出版社2002年版。

[③]　邹军：《从便士报的发展史看中国都市报的走向》，《新闻爱好者》2005年第1期。

[④]　杨卫平：《都市报与市民定位》，《极目楚天舒——楚天都市报创刊周年文集》，湖北人民出版社1998年版。

是都市报的特征,《华西都市报》已成为日出 12 版的大报,每日刊载新闻平均占总内容的 71％左右"[1]。(3) 都市报以市场化经营为特征,以市场需求为新闻选择标准;以市场化模式为管理原则等。都市报同样创造了效益极佳的媒介市场,比如《华西都市报》,创刊三四年,即发行量超过 50 万份,自费读者比例高达 80％以上,创造了年广告收入超过 1 亿元的奇迹,在都市报界处于公认的"领头羊"的地位。[2]

毋庸置疑,一个客观存在的事实是,新闻既有商品性,也能成为商品;新闻的消费性是社会生活的重要组成部分。新闻在社会中的根本性功能就是传递信息和满足人们社会生活的需要;新闻的消费性能否被认可是社会的政治、经济以及对传媒有话语权的人根据传媒目的监控的结果。

二 新闻与消费的关系

(一) 新闻属性的认识及其演变

事实上,有多少编辑记者就有多少关于对新闻本质和属性的认识。因为构成新闻的因素在不断变化;选择新闻并出版、播出或在互联网等渠道传播的人员也在不断变化;而受众的需求也因时而异。所以,新闻的属性和本质也会随着社会的变化而变化,这反映在对新闻价值的认识变化上。当今世界,全球范围内社会、经济、政治和科技的迅猛变化,对读者和读者获取新闻的方式产生了巨大的影响,这种影响也包括了公众对新闻的认识。在以下篇幅中,笔者就中西方不同新闻理论中的新闻价值观的演变进行横向的比较,旨在说明新闻观的变化会随着社会语境的改变而变化;新闻观随着社会的变化而改变是新闻自身发展的规律和社会发展的自然规律;消费社会应该具有一种全新的新闻观念。

---

① 刘建明:《从华西都市报看都市报的媒体定位》,《都市报现象研究》,新华出版社 1998 年版。
② 孙旭培:《都市报:中国报业最有意义的改革》,http://www.oursee.com/html/sunxupei/2006_01_17_16_46_196_3.html,2006 年 1 月 18 日。

1. 西方新闻理论研究视野中的新闻属性和本质认识观的演变

西方的新闻价值观是指以西方社会商业化报刊时期创造的以新闻吸引力和可读性为核心标准的新闻价值学说。总体而言可以将其归纳为以下 5 种观点：（1）17 世纪时期，有观点认为新闻具有新鲜性、接近性、显要性及消极性的特征（卡斯帕、斯蒂勒，1690 年）；（2）20 世纪初期，新闻价值三要素是报道的适时、对事实的兴趣和令人惊奇的事件（休曼，1903 年）；（3）20 世纪 30 年代美国人佛德莱·希伯特提出的时间性、接近性、显著性、重要性和人情味（包括冒险、冲突、幽默、悲欢离合、两性、反常和个人利益等）；[①]（4）20 世纪 40 年代，日本学者小野秀雄认为新闻价值最重要因素应该是受众是否关心和关心的范围，涉及普遍性、受众关心的程度、现实性的强弱等要素；[②]（5）20 世纪 60 年代新闻要求出现的频率、新闻信息的清晰度、连续性、重要性和影响力等；[③]（6）20 世纪 70 年代，构成新闻价值的六要素是：重要性、接近性、异常性、显著性、及时性和趣味性等。[④] 西方新闻价值理论都强调重视受传者的心理特征，要求新闻报道接近受众心理，让新闻为人们喜闻乐见，在一定程度上反映出新闻活动的一般经验，尤其是在选择新闻时要考虑它对受众影响的程度，可以说是客观地反映出了新闻活动在人类交往中所起的重要作用和发挥的重要功能。因而新闻的价值理论实际上是当时新闻实践的有效总结，也最终成为新闻实践的直接的指导思想、新闻的价值判断体系、标准和原则。[⑤]

但是历史发展到现代，西方传统的新闻价值观却受到严重的质疑，对此

---

① 参见童兵《中西新闻比较论纲》，北京新华出版社 1999 年版，第 337—338 页。
② 参见刘建明《当代新闻学原理》，清华大学出版社 2003 年版，第 177—178 页。
③ 同上书，第 177—178 页。
④ 西方的新闻价值观认为：（1）重要性：能引起震动，影响很多人的事件；（2）显著性：报道对象要有声望或出名，人、地、物等越出名，价值越高；（3）接近性：事实与读者在空间、关系等方面越接近便越能引起兴趣；（4）异常性冲突、异常、冒险、变动等能满足读者的猎奇心理；（5）及时性报道最近发生或正在发生的事实，时间越近，价值越高；（6）趣味性：悲欢离合、幽默、悬念等带有人情味的生活事件。
⑤ 刘建明：《当代新闻学原理》，清华大学出版社 2003 年版，第 191 页。

问题刘建明教授在其《当代新闻学原理》中有较细致的梳理和分析。总体来说质疑来自以下几个方面：（1）有观点认为这些标准并没有将人们感兴趣的人们怎样生活的报道纳入其中；[①]（2）有观点认为"用这些标准确定新闻价值所付出的代价是：许多新闻报道从其他角度来看，实际上很有意义，却很可能被判定为太平淡，例如那些具有历史意义的事件等。有关这些事件的报道很可能只会在报纸的最后几页或新闻广播的末尾才能找到"（德弗勒，丹尼斯）[②]；（3）有观点认为由于新闻价值选择标准的指引，报纸大量刊登对公共福利没有帮助和那些只能满足淫狠的好奇心的新闻，只会导致新闻媒介的本质的被污染和媒体公信力的降低[③]；（4）"由于传统的新闻价值观念的狭窄标准，报纸仅使读者认识了社会的反常现象、突出现象及其黑暗面。这些消息绝大部分都与读者无关，不仅无益于读者，危害读者，而且变成社会的重大灾难"，"新闻记者并未负起促进国际了解的责任，因为他们认为只有战争、革命、凶杀、灾难是重大新闻。这种传统新闻观念的最大危险，是将社会的正常现象隐藏于反常现象的后面，将人类重新导入一个迷茫的世界"[④]。传统的新闻价值观念被公认的最大弊端在于：过分强调事物发展中反常、奇异和骇人听闻的现象，忽略事物正常发展的常态性；过分强调事件报道的地域接近性而导致对外域社会的关注以及一味追求时效性而使新闻报道流于肤浅表面。[⑤]

因此，进入 20 世纪 60 年代以后国际新闻学会就出版了《积极的新闻屋》一书，要求现代记者转变新闻价值的观念，要生动、综合、系统而有意义地报道社会的正常现象，将人类重新导入一个和谐幸福的世界。[⑥] 1980 年，密苏里新闻学院写作组在《新闻写作教程》中也提出了："近年来，报纸已经花费了

---

① ［美］麦尔文·曼切尔：《新闻报道与写作》，文丰等译，中国广播电视出版社 1996 年版，第 71 页。

② 参见徐耀魁《西方新闻理论评析》，新华出版社 1998 年版，第 146 页。

③ 小野秀雄：《新闻学原理》，中国人民大学新闻系内部铅印本 1960 年版。

④ 参见刘建明《当代新闻学原理》，清华大学出版社 2003 年版，第 193—195 页。

⑤ 徐耀魁：《西方新闻理论评析》，新华出版社 1998 年版，第 147 页。

⑥ 参见刘建明《当代新闻学原理》，清华大学出版社 2003 年版，第 195 页。

更多的时间和篇幅，来报道无法以大多数的传统标准很好地加以判断的新闻。它们往往并不含有冲突。它们很少表现任何怪诞的事物或者涉及名流的言行。许多报道并没有时效性。只有一些报道将接近性作为因素。""有些坚持传统的批评家抱怨说'真正的'新闻被'非新闻'或'软'新闻排挤出去。'然而，看来这些被称为'生活方式'的报道将保持或增加它们的新的声誉。它们拥有新闻的最重要的素质——那就是影响力。"[①] "我们已经看到，一件事的新闻价值是由传统的标准来衡量的；我们也看到，新的标准如何在发展，新形式的报道如何与传统的'正统'新闻争夺版面和读者的兴趣。我们也注意到新的变化使新闻工作者面临困难，但同时也为他们创造新的机会。"[②] 这一切都提示我们，尽管传统的新闻价值理论作为对新闻的评判标准，在相当长的历史时期被公认为具有合理性和存在的价值，但是它却只能是一个阶段性的观念，它应该随着时代的变迁和新闻实践的反复积淀进行必要性的改进。传统新闻的价值观的变化核心就是把新闻报道的注意力由追求冲突、离奇转移到社会生活的整体性和本真性上来，真正实现新闻报道的客观和真实目的，"这些新闻报道包括有用处的新闻，尤其是怎么办的稿件和其他有关消费的新闻，包括教育新闻在内的公共事业、地方新闻性和全国性的大事、环境保护问题和关于普通人的报道"。[③]

2. 中国新闻理论研究视野中的新闻属性和本质认识观的演变

（1）早期的新闻认识

尽管源于唐宋时期的中国学者对新闻及其新闻的属性、本质和其功能有较为完整和科学的探究，也形成了中国新闻学奠基时期的充满学理性意味的新闻学观点。但随着中国社会救亡运动一次又一次的兴起和持续，政治在很长一个时期内成为新闻学的主旋律，甚至与之合一。[④] 那个时期的新闻学启蒙者，无

---

① 密苏里新闻学院写作组：《新闻写作教程》，圣马丁出版社 1980 年版，第 17—18 页。

② 同上书，第 12 页。

③ 同上书，第 17 页。

④ 陈力丹：《五四新文化运动和中国的新闻学》，http：//www.zjol.com.cn/05cjr/system/2002/05/22/001043658.shtml，2002 年 5 月 22 日。

论在具体政治观点上有多大的分歧，儒家传统中的实用理性，始终是他们从事新闻学启蒙的出发点和归宿。商品经济、自由理性、现代社会对精神交往的普遍需求等问题，在他们的论述中基本上是空白，或者完全"东化"了。由此，报纸的政治实用价值受到极大重视，现代报纸得以产生的整个社会经济和政治背景则被忽略了。①

如果用一句话来表达中国新闻学启蒙者对新闻学的基本认识，那么梁启超的"报馆有益于国事"便是最准确的概括。梁启超的"去塞求通，厥道非一，而报馆其导端也。无耳目，无喉舌，是曰废疾。今夫万国并立，犹比邻也，齐州以内，犹同室也。比邻之事，而吾不知，甚乃同室所为，不相闻问，则有耳目而无耳目；上有所措置，不能喻之民，下有所苦患，不能告之君，则有喉舌而无喉舌。其有助耳目、喉舌之用，而起天下之废疾者，则报馆之为也。"②将报纸形象地比作"耳目喉舌"，这一思想成为近半个世纪以来的中国新闻理论的核心，深刻地影响了国人对新闻媒体功能、性质的认识；甚至它就成为了新中国建国以来的中国新闻理论和实践的纲领。

新中国的建立者毛泽东深受梁启超新闻思想的影响③。毛泽东也认为，报刊出版作为意识形态的一种形式，是社会政治和经济通过新闻手段的集中反映。1948年4月2日发表的《对晋绥日报编辑人员的谈话》，标志着毛泽东新闻思想的正式形成。他在讲话中说："报纸的作用，就在它能使党的纲领路线，

---

① 陈力丹：《五四新文化运动和中国的新闻学》，http：//www. zjol. com. cn/05cjr/system/2002/05/22/001043658. shtml，2002年5月22日。

② 陈建云、严三九、郭建斌、吴飞：《中外新闻学名著导读》，浙江大学出版社2005年版，第9页。

③ 梁启超在世时，即对众多历史人物有直接的影响。论者称：受其影响者还"包括李大钊、陈独秀、鲁迅、胡适、毛泽东、周恩来、郭沫若、吴玉章、梁漱溟、邹容、吴樾、邹韬奋等著名人物。有多少历史、文化名人在他们的传记、回忆录中记述了梁启超对他们的强烈震撼和巨大影响。我们随便翻开他们中任何一位的传记，即可发现这种表述触目皆是"。见黄敏兰《中国知识分子第一人梁启超》，湖北教育出版社1999年版。张灏以新中国时期宣传雷锋、王杰等英模为据，认为："梁的《新民说》与中国共产党人思想之间的继承性甚至更明显"。参见［美］张灏《梁启超与中国思想的过渡（1890—1907）》，崔志海、葛夫平译，江苏人民出版社1997年版中译本。

方针政策，工作任务和工作方法，最迅速最广泛地同群众见面。"① 其后，在从新中国建立到 20 世纪 80 年代初期的社会主义建设中，中国三代领导人都将"新闻是党的纲领路线，方针以及政策的体现"、"新闻是执政党领导社会的工具和喉舌"等作为中国新闻实践的指导原则，具体来说"党性原则是党的报刊的基本特征，是阶级性的集中表现；务使报刊宣传完全符合于党的政策，努力克服宣传人员中闹独立性的错误倾向；社会主义的新闻出版事业，是党领导的社会主义事业的一部分，必须坚持为人民服务、为社会主义服务的根本方针；必须始终坚持党对新闻工作的绝对领导。"② 纵观改革开放以前的新闻史可见，中国传媒强调新闻的意识形态宣传工具性、喉舌以及政治家办报的思想就集中代表了中国自中国共产党成立到 20 世纪 80 年代初期③关于新闻的属性与本质的认识。

（2）20 世纪后期的新闻认识

1983 年以后，信息概念被引入了新闻界，新闻媒介功能因而重新定位，并引发了巨大变化。④ 信息概念被新闻界普遍接受，进而渗透到新闻的方方面面，引起了新闻界的转型：大量以提供纯信息、经济信息为主的报纸纷纷创办，信息代替宣传在报纸上占了主要地位，传播信息、指导经济、服务社会、舆论监督等多种功能被纳入新闻的属性之中。⑤ 新闻走向大众，成为信息的传递工具。关注"受众需求"成为新闻实践的新要求，1982 年的"北京调查"被视为我国受众调研的里程碑。这次调查首次采用了国际上通用的抽样调查方法对受众接触媒介的行为进行调查，推动了当时蓬勃发展的新闻改革，是思想

---

① 胡正强：《中国现代报刊活动家思想评传》，新华出版社 2003 年版。

② 同上。

③ 1979—1982 年，是中国"拨乱反正、正本清源"的时期。正值全国上下对"四人帮"倒行逆施进行反思的时刻，新闻媒介也对自身在"文化大革命"期间的功能沦丧进行了反省，并且开始总结经验，思考新闻事业所获的教训，最后得出新闻规律应该是新闻界的"正"和"本"的结论。——胡兴荣：《大报时代》，南方日报出版社 2005 年版，第 6 章。

④ 胡兴荣：《大报时代》，南方日报出版社 2005 年版，第 6 章。

⑤ 刘圣青：《中国新闻纪录大全》，广州出版社 1998 年版，第 178 页。

解放的一大成果。①

（3）20 世纪末到 21 世纪初的新闻认识

1992 年中国确立了市场经济以后，由于全球化、网络技术以及中国社会经济的高速发展，消费社会形成；② 受众市场逐步成熟；③ 需求发生重大变化，新闻成为消费品。从满足受众需求的新闻新形态可以窥见此阶段新闻呈现的属性及其本质。

①新闻是民生生活的全真反映。与传统新闻对"重要事实"报道的选择标准不同的是，当下的新闻报道，以民生的衣食住行、水电煤气、交通天气等日常生活为报道内容，以平民视角反映百姓生活，"民生、民情、民意"关注百姓"身边事、麻烦事、稀奇事、关心事"。打破了传统的、严肃的、联播式的新闻"一统江山"的格局，"民生新闻"改写了新闻是"重大而突出事实的报道"的传统新闻价值观。④

②"新闻是一种娱乐"⑤。一是娱乐新闻的繁荣，娱乐新闻版已经成为和国内新闻版、国际新闻版、社会新闻版、体育新闻版等平起平坐的报纸版面，而"娱记"也越来越成为一个非常生动的职业词汇。二是新闻娱乐化：在报道的内容上突出趣味性，甚至刺激性；减少严肃性的政治、经济新闻的比例，将非严肃的名人趣事、日常琐事、有煽情性和刺激性的犯罪暴力事件、体育新闻、娱乐新闻等软性的内容作为新闻报道的重点。⑥ 或将"硬新闻"软化，从严肃的政治、经济等事实中挖掘其中的娱乐价值。在新闻编辑上，采用照片或者大幅的标题、彩色的页面。一切都以尽量刺激受众的感官和感觉为目的。三是受众形成娱乐心理。放弃对于生活哲理和价值深度的追求，将注意力转移到

① 白贵、赵晖：《从无到有：中国受众研究 20 年——"全国第三届受众研究学术研讨会"综述》，《新闻记者》2001 年第 12 期。

② 参见王宁《消费的欲望：中国城市消费文化的社会学解读》，南方日报出版社 2005 年版。

③ 王立强：《多频道环境下的频道专业化研究》，《中华新闻报》2004 年 3 月 22 日。

④ 侯迎忠：《电视民生新闻研究综述》，《现代传播》2006 年第 5 期。

⑤ ［美］尼尔·波兹曼：《娱乐至死》，章艳译，广西师范大学出版社 2004 年版，第 145 页。

⑥ 林晖：《市场经济与新闻娱乐化》，《新闻与传播研究》2001 年第 3 期。

消解意义、去除深度、刺激感官的"娱乐"节目，直接寻求当下的满足，以便获得生活表层的简单乐趣。

③ "新闻需要策划"[①]。关于策划新闻，一类观点是将"新闻策划"理解为对新闻传播活动的策划，如策划新闻报道，对此绝大多数人表示赞同；另一类观点是将"新闻策划"理解为"在新闻事实发生之前由记者参与设计促成事件发生并予以报道的一种行为"，即策划新闻事实。[②] 新闻策划和策划新闻虽然在新闻理论界引起了不小的争论，但在实践界它却遍地开花。媒介把它看做在激烈的新闻竞争中吸引群众的最强有力的手段，从媒体形象策划到媒体社会公益活动的策划，新闻策划已深入新闻传播活动的各个领域，成为目前实践界最普遍使用的提高报道效果手段。简单地说，对媒体而言，新闻策划其实就是追求新闻功能的娱乐化和传播效应的最大化。

（二）对消费的含义及其含义扩展的认识

1. 对消费的认识

追溯社会经济学的历史可见，"消费"最早的词意是指"物品和劳务的最终耗费"（《大百科全书》卷 4），是经济活动过程中与生产、分配、交换相并列的一个重要环节，所以最初人们研究的是消费的经济学含义，即消费是对物质产品和服务的消耗和使用，用以满足人们的需要和欲望。

---

① 《楚天都市报》总编辑蔡华东认为报社每天面临的一个重要课题，就是策划。策划是报社的老总和部主任的头等大事。对此，《华西都市报》总编辑助理肖云深有同感：策划是影响社会变革的重要力量。《华西都市报》一系列上档次的策划，如"府南河大合唱"、"送孩子回家行动"、"解救三陪小姐"等报道，为《华西都市报》的异军突起和迅猛发展起到了巨大的推动作用。可以这样说，《华西都市报》本身就是策划的产物。《北京青年报》总编辑助理王世荣在发言中说，策划不是万能的，但没有它却是万万不能的。只要有条件，就应该积极组织策划。《北京青年报》策划的"2000 年千禧年"、"诺贝尔百年奖"等活动就很成功。郭赫男：《新闻策划：一个有争议的话题——"新世纪首届新闻策划学术研讨会"综述》，《新闻记者》2001 年 08 期。

② 对于新闻是否能策划在 1996—1997 年发生过激烈争论，《新闻记者》、《新闻大学》、《新闻知识》、《新闻界》等一批新闻学术刊物和新闻业务刊物曾先后开设专栏，集中刊登对"新闻策划"发表不同见解的论文和文章，《新闻战线》、《新闻出版报》、《中国报刊月报》、《新闻三昧》等一批全国性新闻学报刊也发表了有关这一问题的研讨文章。发表的各类论文与文章超过百篇之多，对什么是"新闻策划"、新闻能不能"策划"、"新闻策划"的意义与作用、"新闻策划"的操作技巧等多方面问题展开了研讨。

18 世纪后期，"消费"作为一个技术性的中性术语被人们使用，正如亚当·斯密所说"消费是所有生产的唯一归宿和目的"；马克思也认为消费不仅仅是一种经济行为，"消费这个不仅被看成终点而且被看成最后目的的经济行为，除了它又会反过来作用于起点并重新引起整个过程之外，本来不属于经济学的范围。"①

20 世纪初，随着消费活动在社会经济中占据越来越重要的地位，消费更多具有购买、占有并使用物品和劳务的意思②；20 世纪中期之后，"消费"就逐步具有了一种以满足精神享受为特征的符号使用行为。正如鲍德里亚所说，"消费既不是一种物质实践，也不是一种'富裕'现象学。它不能由我们所吃的食品、我们所穿的衣服、我们所开的汽车来限定，也不由可见可听的物质形象和信息来限定，它存在于把所有这些作为表意物质的组织之中。消费是目前构成比较一致的话语的对所有物品和信息的实际整合。消费，仅就其有意义这一点来说，是操纵符号的一种系统行为"。③ 鲍德里亚认为消费不单纯受生物因素驱动，也不是纯然由经济来决定，而是更带有社会、象征和心理的意味，并且自身成为一种地位和身份的建构手段。

2."消费"与文化消费

笔者在新闻本书分析中采用第三种含义，即将消费看做一种社会、象征和心理的复合行为，以此探讨新闻作为社会的一种文化产品所具有的社会、心理和象征意义的独特性质及其发展的规律。为了更好地理解鲍德里亚上述观点，我们需要简略地回顾一下看待消费与文化关系的两种对立的观点。第一种比较传统的观点认为，人们具有某些自然和生理的基本需要，如衣、食、住等。在这些维持生存的基本需要满足之前，人们关注满足这些需要的功能。只有在这些基本需要满足之后，人们才会转而关心物的意义；另一种

---

① 《马克思恩格斯选集》第 2 卷，人民出版社 1972 年版，第 92 页。
② 杨魁、董雅丽：《消费文化——从现代到后现代》，中国社会科学出版社 2003 年版，第 5 页。
③ Mark Poster, Jean Baudrillard, *Selected Writings*, Stanford University Press, 2001, p. 25.

观点则认为，如果我们承认，从根本上说，文化乃是一种社会生活方式，那么，我们的需要、包括上述基本需要，便都是在文化中产生的，我们很难脱离开文化谈论一种前文化的、抽象的基本需要。伯夷、叔齐不食周粟，并不是他们没有饮食的基本需要，而是因为他们宁肯饿死，也不愿吃与他们的文化价值观念不符的食物。由此可以推知，既然所有的消费都是文化的，那么所有被消费的物便都具有文化意义，没有物只具有功能，更重要的是，甚至物的功能也是由文化决定的。[①] 这使得在现代社会的语境中，文化摆脱了马克思经济学意义上的"非商品性"，而进入了"消费"的领域，或者说，消费的含义与范围扩展到了文化领域。

后现代主义理论家詹姆逊在论述文化概念的扩张时，一个突出的思想就是将文化与商品生产联系起来。他认为，当今社会一方面是经济进入了各种文化形式；另一方面文化逐步经济化，一切艺术都被纳入商业文化之中。商品化的形式在文化、艺术、乃至无意识等领域无处不在，后现代主义的文化已与市场连在一起，而商品生产将文化变为产品的同时，商品也不再是一个纯经济的概念，已含有文化的内容了，以至于人们难以说清麦当劳、可口可乐究竟是一种食品还是一种文化。[②] 如果从传统的学术思想角度来看，文化消费就是指消费主体在文学、艺术、教育、科学等方面的支出和消费活动。与物质消费不同，它主要是在生理需求以外寻求精神依托，它是一种心理需求。而在今天来看，商品的购买与消费也早已不是一种单纯的物质行为，而是一种文化行为了，或者说，当社会出现以文化消费为中心的现象时，消费就是一种文化而文化也就是一种消费了。

（三）新闻与消费的关系

新闻与消费的联系可以具体体现在以下两个方面：

---

① 参见王宁《消费社会学》，社会科学文献出版社 2001 年版，第 127—166 页。又参见 Don Slater, *Consumer Culture and Modernity*, Cambridge：Polity Press, 1997, pp. 133—134.

② 参见《詹姆逊：文化转向》，胡亚敏译，中国社会科学出版社 2000 年版。

1. 新闻影响、推动和建构着消费行为

让·鲍德里亚（Jean Baudrillard）对此的看法是，西方资本主义社会将消费与信息合成一种符码系统，这种符码系统是一个无意义的浮动的网络，它操纵和制约着大众的思想行为，并形成全面的文化霸权。[①] "消费社会是一个什么东西都可以出售的地方。不仅所有的商品都是符号，而且所有的符号都是商品。由于后一点，所有的物品、服务、身体、性、文化和知识等都是可以被生产和交换的。符号、商品和文化是难分难解地纠缠在一起的。"[②] 从社会经济学的角度看，消费行为在一定程度上受经济条件的制约，但今天新闻借助传媒的力量，通过独特的话语形态和话语内容建构出相应的社会习俗、生活方式、社会规范以及思维方式、文化氛围、审美情趣等；这些新意识形态不仅影响并决定了社会的消费内容和消费方式；更型塑着一个社会的消费品质和消费文化。

鲍德里亚说："今天，整个制度都在不确定性中摇摆，一切现实都被符号模拟的超现实所吞噬。如今控制社会生活的不再是现实原则，而是模拟原则。目的性已经消失，我们现在是由种种模型塑造出来的。不再有意识形态这样的事物；只有仿像。"[③] 或者可以说，今天的现实全都是由符号建构起来的，新闻通过其特定的言语行建构了今天符号性的消费社会：（1）新闻通过传递携带丰富的社会言语内容（包括各种经济信息等）刺激社会的经济行为（使社会中的生产商、销售商和消费者被很和谐地连接起来形成良性循环的整体同时快速向前发展）；（2）新闻通过附加在节目中的广告制造"需求欲望"，广告通过发现消费者心中的欲望和把握消费者兴趣爱好的发展趋势来引导消费，同时又反过来不断制造某种流行，推动这种趋势；而后，更新的独特的新闻言语形态成

---

① ［美］让·鲍德里亚：《物体系》，林志明译，时报出版社 1997 年版，第 221—222 页。
② ［美］乔治·瑞泽尔：《后现代社会理论》，谢立中等译，华夏出版社 2003 年版，第 115 页。
③ Mark Poster, Jean Baudrillard, *Selected Writings*, Stanford: Stanford University Press, 1988, p. 120.

为一种文化的整合力量，它不再是普通意义上的信息传递，而是通过与商品、经济和消费相关的含混信息的合成来操纵社会的消费欲望与需求，甚至新闻本身就是一种炙手可热的商品（付费电视、付费新闻等）。

2. 消费构成新闻的传播内容并促进新闻的繁荣

一方面消费活动和社会的生活整体性地进入了新闻，成为今天新闻传播的重要内容，作为新闻门类中的一种，"消费新闻"成为今天新闻的主要形态；同样，消费能使新闻实现其传播学意义上的各种社会功能，即雷达功能、控制功能、教育功能、娱乐功能，[①] 从而传承、影响和引导社会文化的发展，尤其是新闻消费更会直接带动起一种产业的发展。开始于 20 世纪末的中国的"文化产业"运动，就是国家对消费影响下的文化发展的战略思考。根据实际情况，中国将文化产业界定为"为社会公众提供文化、娱乐产品和服务的活动，以及与这些活动有关联的活动的集合。"根据上述界定，2004 年 4 月 1 日国家统计局发布的《文化及相关产业分类》[②] 中将文化产业分为三个层面。其中第一层就是包括新闻服务，出版发行和版权服务，广播、电视、电影服务，文化艺术服务等在内的新闻业。而 1997 年由英国首相布莱尔提议并推动成立的"创意产业特别工作小组"提出的《英国创意产业路径文件》中，将新闻出版、音像及电子出版物、广播电视电影、文艺创作及表演、文物及文化遗产保护、网络文化、旅游文化、娱乐文化、广告会展、工艺美术、建筑设计、企业策划、项目策划等都归入了创意产业。创意产业发展到今天，已经逐渐演变成了一种全新的发展理念。这种理念认为当代经济的真正财富是思想、知识、文化、技能和创造力所构成的创意，这种创意来自人的头脑，它会衍生出无穷的新产品、新服务、新市场和创造财富的新机会，是经济和社会发展的重要推动力。

---

① 〔美〕威尔伯·施拉姆等：《传播学概论》，李君、周立方译，新华出版社 1984 年版。
② 国家统计局：《文化及相关产业分类》，《青年记者》2006 年第 5 期。

三 消费社会与新闻消费

讨论新闻消费必然要讨论消费社会，后者不仅是前者赖以产生的氛围，也是前者生存的必要社会条件。正如法国当代著名的后现代思想家和社会学家鲍德里亚所言："今天，在我们的周围，存在着一种由不断增长的物、服务和物质财富所构成的惊人的消费和丰盛现象。它构成了人类自然环境中的一种根本变化。……我们生活在物的时代：……我们根据它们的节奏和不断替代的现实而生活着。"[1] 与西方社会同样的是中国社会也正在发生着这样的改变；尽管直到 2000 年，中国的学界还在讨论"消费主义离我们有多远？"[2] 但到今天为止，这个世界上最大的发展中国家的"消费社会"和"消费文化"语境已经是不言而喻的客观存在。正如像李欧梵说的那样："目前后现代文化对于我们每个人的影响渗透于日常生活的方方面面"。[3] 我们可以体触到，无论是在美术、音乐、戏剧、舞蹈、电影还是文学的空间中，均似乎潜动着一种在艺术的表现形式与精神上彻底否定东方大陆艺术民族性的趋势。[4]

后现代主义将"消费社会"看做当今的一种新型社会状况和经济秩序，商品崇拜、消费崇拜成为这一社会的伦理和意识形态。在这样的社会中"符号"成为建构社会现实的核心手段，其结果是现实社会成为了符号的世界，仿真代替了现实；所有的事物都在"内爆"；真实世界被传媒构建的符号世界所取代等，世界因此成为一个模拟的世界、图像的世界和符号化的世界。正如鲍德里亚认为的："我们正从一种由那些与各种商品相联系的符号和符码所统治的社会转向一种由一些更为一般性的符号和符码所统治的社会，他认为我们正趋于

---

① ［法］让·鲍德里亚：《消费社会》，刘成富、全志钢译，南京大学出版社 2001 年版，第 1 页。
② 成伯清：《消费主义离我们有多远？》，《江苏行政学院学报》2001 年第 2 期。
③ 李欧梵：《当代中国文化的现代性与后现代性》，《文学评论》1999 年第 5 期。
④ 杨乃乔：《后现代性、后殖民性与民族性》，《东方丛刊》1998 年第 1 期。

将一种抽象和模式化的符号体系普遍地确立起来。"① 而这个符号社会的特征就是建立在"类像、内爆、超真实"等以电子技术为特征的媒体性社会中。

依据鲍德里亚的观点，当前消费社会的根本性特征就是符号世界，就是用"虚构的"或模仿的事物代替"真实"的过程，也就是将电子或数字化的影像、符号或景观替代"真实生活"和在真实世界中的客体过程②，于是电视剧中的理想爱情成了人们现实生活的择偶标准，商品的电视广告宣传成为人们在超市与商场购物的理想首选目标，时尚杂志或其他生活类杂志中所宣扬鼓吹的家居成为人们理想的居家模式；此外，伴随着超真实情境的来临，类像也开始构造现实本身，而且模拟出来的东西成了真实本身的判定准则：《现代启示录》就已经成为判断有关美国越南战争描写的真实标准，如果有人问"像《现代启示录》那样的吗？"实际上就等于在问"是真的吗？"③ 不仅如此，各种新媒体基于先进的技术条件，将所有的事物"相互收缩，一种奇异（巨大）的互相套叠、传统的两极坍塌进另一极"④，并进而产生巨大的内爆，消费社会中的文化景观就呈现出了全新的样态：（1）娱讯（information 和 entertainment 的合成词）流行，"新闻、戏剧和游戏之间的区分界线已变得日趋模糊，在这个过程中，现实正演变成诸多形象之一，但并不是特别清晰和有趣（娱乐）的形象"，⑤ 在后现代社会中，由于内爆在电视娱讯中新闻和娱乐的界限消除，严肃新闻通常以娱乐节目的形式展现给受众。各大媒体竞争加剧，发行量、收听率、收视率成了媒介组织的生命线；（2）"电视的视觉形式例证了文化的商品化……电视是符号系统中的一套符号，它像镜子一样反映了消费主义的主要符

---

① ［美］乔治·瑞泽尔：《后现代社会理论》，谢立中等译，华夏出版社 2003 年版，第 128 页。

② ［美］斯蒂芬·贝斯特、道格拉斯·科尔纳：《后现代转向》，谢之中等译，南京大学出版社 2002 年版，第 127 页。

③ ［美］约翰·斯道雷：《文化理论与通俗文化导论》，谢之中等译，南京大学出版社 2001 年版，第 256 页。

④ ［美］乔治·瑞泽尔：《后现代社会理论》，谢之中等译，华夏出版社 2003 年版，第 139 页。

⑤ Zygmunt Bauman, *Life in Fragments*, Cambridge: Blackwell, 1995, p. 150.

码，在深层的逻辑和心理层面强化了它的意义；"[1] 我们消费电视，我们也通过电视消费[2]。电视利用技术仿真形成超真实的"类像"，以隐喻和神话作为修辞手段，成功地创造出乌托邦式的广告话语，不制造和断刺激人们的虚假需求，使人们违背"消费伦理"，忽视物品纯粹的功用价值而产生对符号价值消费的膜拜，享受这种盲目的购买所带来的空洞的快乐感与自由感——这就是鲍德里亚所认为的消费社会的内在逻辑；（3）为新闻走向低俗化提供了便利的技术手段。鲍德里亚将传媒看做淫秽、透明和迷狂的工具，通信技术的发展已使一切都变得公然、清晰和猥亵；传统的那种隐秘的、被压抑、被禁止和模糊意义上的淫秽变成了完全可视的淫秽；猥亵的出现也成了件很正常的事情；[3]（4）在消费社会中，文化的过剩生产使得生产出的信息量远远超出了主体的阐释能力，施拉姆传播学意义上的传播双主体功能得以实现，甚至客体颠覆了传统的传播秩序而成为主体，比如网络传播的自主参与性和技术掌握的便利性使得 DV 新闻制作流行；"网络恶搞"能颠覆严格的知识生产体系的规范等；（5）大众依据真实的环境而获得对传媒行为的操纵权，受众可以根据自己的需要选择传媒内容，如果得不到"回复"就会对传媒行为保持沉默，"沉默是一种力量，一种答复，一种宿命性的策略；它是终结庞大的政治和信息操纵制度的一条途径"，[4] 所有的政治性和无效的信息都会被拒绝，这便是受众市场的特征，大众的力量就在于他们对传媒"意义"的参与与拒绝，只有"顺应"受众的意愿和满足其需求传媒才能真正主宰"意义的生产"。

当然，鲍德里亚是以技术对社会的决定性影响作为其思想的基石，过于夸大当代传媒技术对社会和人们日常文化生活的消极影响，比如认为媒介通过内爆瓦解了现代主义的二元决定论，使社会从思想到行为处于混沌之中；大众对

---

① ［英］罗杰·西尔弗斯通：《电视与日常生活》，陶庆梅译，江苏人民出版社 2004 年版，第 169 页。

② 同上书，第 160 页。

③ Douglas Kellner. Baudrillard: *A new Macluham*? http://www.uta.edu/english/dab/illumina-tions/kell2.html.

④ ［英］尼克·史蒂文森：《认识媒介文化》，陶庆梅译，商务印书馆 2001 年版，第 245—246 页。

信息的迷狂以及媒体作为淫秽、透明的工具特性使社会的"道德感"与"羞耻感"丧失；不具备表征意义的"漂浮的能指流"则削弱了意识形态的认同性与社会秩序的稳定性；四处泛滥的信息、类像、符码则全面主宰了社会，导致了主客体逻辑的颠倒，大众丧失了主体性，沦为符号的"奴隶"，更陷入了一种机械的历史虚无主义局限中等。① 基于鲍德里亚对当代大众媒体的技术特性所持有的过于"消极"、"悲观""命定"与"虚无"的态度，有学者将他的媒体思想定义为一种"传媒恐惧论"②，但是鲍德里亚在其早期著作中提出的"符号政治经济学"理论以及中期著作中谈论的有关类像、内爆以及超真实的论述却为今天新闻传媒的消费特性作出了合理性的注解。以新闻传播为核心的大众传媒建构了今天的消费社会，同样今天消费社会的全部生活就是以新闻传播为核心的大众传媒的消费，新闻消费正成为消费时代的应有之意，并且正在向主导社会的方向发展。费尔巴哈曾说，"可以肯定，对于符号胜过实物、摹本胜过原本、现象胜过本质的现在这个时代，只有幻想才是神圣的，而真理，却反而被认为是非神圣的。是的，神圣性正随着真理之减少和幻想之增加而上升，所以，最高级的幻想也就是最高级的神圣"。③

第四节　传媒批评范式的反思与研究的策略

回顾自 1949 年新中国成立以来"新闻"的研究路径以及中国社会所发生的变化，我们应该反思自己言说的范式立场，需要从更广阔的视野来反思"知

---

① 刘燕：《法国的麦克卢汉：鲍德里亚及其后现代传媒观》，《中国传媒报告》2004 年第 5 期。
② 季桂保：《让·鲍德里亚的后现代文化观》，《电影艺术》2000 年第 4 期。
③ ［法］居伊·德波：《景象社会》，《文化研究》第 3 辑，天津社会科学院出版社 2002 年版，第 59 页。

识"的历史性和合法性。因此，对于"新闻"研究的反思需要跳出传统的思路和研究路径，从外在的理论资源和内在的学理机制来研究作为文化现象载体和文化现象本身的新闻学理论自身的变化发展，以及新闻与现代性和后现代性社会的关联等问题。对研究的范式的选择直接关系到对"知识"本身认识的科学性。

一　新闻研究范式的反思与困境

（一）传统新闻研究范式与革新的现实

新闻"范式"脱胎于托马斯·库恩（Kuhn，1970）的"范式"。库恩在其《科学革命的结构》一书中将"范式"（paradigm）解释为一种有关价值、信念和方法论的共识，即"那些公认的科学成就，它们在一段时间里为实际共同体提供典型的问题和解答。"（《科学革命的结构》序）在库恩看来，所谓科学革命不过就是范式的变化和概念的转换，革命就是由一些新的假设、新的理论和方法引发危机所造成的。[①]一种科学"范式"的实质就可以看成是一种世界观或方法论。库恩认为，所谓的科学革命不是由于科学家渐进地追求真理的结果，而是他们意识到了反常事件，寻找新范式解释的结果，就其实质来讲是范式的变化和概念的转换。在一定时期内，某一范式占主导地位，引导和规范"正常科学"（normal science）；如果某一新的理论框架不仅能解释现有范式所涵盖的现象，而且能解释被现有范式视为"异类"的现象，能在新的理解范畴内提出新的假设，现有范式就会被新的范式取代，科学革命因而发生，科学发展从此进入新一轮的"正常科学"。

从新闻自身的活动规律来看，新闻从业者利用由社会"允许"的新闻理念来选择和制作新闻，并建构经媒体传播的"新闻"。这样的"新闻"不仅集中体现了当时社会规范中的新闻专业理念、组织常规和政策，更包含着当时存在着的社会秩序本身。它不仅定义什么是新闻，而且限定了如何从事新闻工作，

---

① ［美］托马斯·库恩：《科学革命的结构》，金吾伦、胡新和译，北京大学出版社 2003 年版。

成为确定新闻从业者衡量自己、同行和新闻媒体的基本参数。纵观中国新闻研究的发展历史，新闻研究与中国社会整体历史的进程紧密相连；同样其范式的应用也与中国历史的研究一脉相承，[①] 受其影响，中国的新闻理论研究自有新中国以来经历了三种主导性的范式，一是"革命"范式；二是"现代性"范式；三是"民族—国家"范式。[②]

（1）"革命"范式规定了研究者们的研究旨趣、研究主题和研究内容都是以"革命性"和"政治性"来评判和规范中国新闻实践活动的。在革命范式下，整部中国新闻史的主线就是报刊及报人救亡图存和反抗统治阶级新闻检查、争取新闻自由的斗争史；新闻内容就是政党思想的发展史；新闻理念就是"报纸是政党的喉舌和工具"等。

（2）"现代性"范式是现代化理论在新闻学领域的运用，最早是用于对《大公报》的研究，《徘徊于民本与民主之间——〈大公报〉政治改良言论评述（1927—1937）》和《〈大公报〉新论——20世纪30年代〈大公报〉与中国现代化》这两本专著是典型的代表。正如历史学者贾晓慧所讲的"《大公报》作为经济独立的民间报纸，反映了中国知识分子如何实现现代化的论说评述"[③]，

---

① 有学者据此将我国的新闻理论研究范式归纳为一是思想新闻发展史式；二是新闻学术发展史式。参见陈作平《新闻理论新思路——新闻理论范式德转型与超越》，中国传媒大学出版社2006年版。

② 革命范式是以马克思主义关于社会基本矛盾的学说为主要视角，来建构自己的理论框架。按照这一理论框架，帝国主义与中华民族的矛盾、封建主义与人民大众的矛盾，乃是构成近代社会历史的两大基本矛盾。因此，争取民族独立以反对帝国主义，争取社会进步以反对封建主义，乃是近代社会发展的主要趋势，并以此作为评价历史事件、历史人物的主要标准和参照系。李彬、杨芳：《试论中国新闻史研究的范式演变——以〈大公报〉研究为例》，中国论文下载中心，http://www.studa.net/xinwen/060803/11191421.html，2006年8月3日。

③ 前者认为"20世纪20年代，随着革命热潮的逐渐消退，社会价值取向渐趋缓和，自由主义在这一时期获得了一定的发展空间，一贯坚持以自由主义立场分析中国实际问题的《大公报》正是在这一历史背景下续刊并得到发展"。——贾晓慧：《〈大公报〉新论——20世纪30年代〈大公报〉与中国现代化》，天津人民出版社2002年版。后者以20世纪30年代《大公报》与中国现代化的关系为主线展开论述，指出"在中国处于内外危机的国难时期，《大公报》认为只有工业化才是中国的唯一出路，提出了非'资'非'社'的现代化方案。力图通过推动国民党政权，争取一个相对稳定的国际国内环境，自上而下地来实现经济层面的现代化。"——许纪霖文：《自有大报风骨在——贺〈南方都市报〉创刊八周年》，转载自 http://www.cc.org.cn/newcc/browwenzhang.php? articleid=2979，2008年6月19日。

其关于大公报的研究即是将其置于现代化的语境中加以考察。

（3）"民族—国家"范式一个重要的特点，是要求在固定的疆域内享有至高无上的主权，建立一个可以把政令有效地贯彻至国境内各个角落和社会各个阶层的行政体系，并且要求国民对国家整体必须有忠贞不渝的认同感。[①] 用于新闻领域，"国家—社会"范式即指在处于国家与社会之间的公共领域里，社会通过公共媒介形成独立的公共舆论，这种公共媒介起着国家与社会中介的作用。那么对于在强大国家的挤压下，媒体如何通过报刊形成公共舆论，进而影响政治的？这种公众舆论和影响有多大力量或作用？"国家—社会"范式为解决这一问题提供了很好的工具。

可以这样说，这些范式都在不同的社会语境中对中国新闻的建构和发展作出了巨大的贡献[②]，但也都各自存在明显的历史和学科发展的局限性。所以进入 21 世纪不少学者都在反思新闻理论研究的传统范式不足，进行创新性的探究，取得了一些成效。对于目前中国新闻学术研究中的范式问题，正如陈作平教授认为的存在单一分解、朴素的经验归纳、研究的抽象度不够、实用主义研究取向等问题。[③] 笔者赞同这样的观点：思维的孤立性和片面性导致理论陷入顾此失彼和观点冲突的境地；要通过独特的理论假设和逻辑演绎揭示新闻现象产生和发展的内在规律才能达到对新闻现象完整的理论解释；要研究新闻在不同历史阶段的差异性寻找共同的规律等。[④]

笔者认为正是这些立场的缺失才导致了今天中国新闻学研究缺乏科学性和现实性，尤其是我国长期存在的功利性和实用主义价值取向，造成了今天中国新闻从实践到理论的僵化和失效，而形成这种价值倾向的深沉原因就是科学精

---

① 李杨：《"救亡压倒启蒙"？——对八十年代一种历史"元叙事"的解构分析》，《书屋》2002 年第 5 期。

② 对此问题陈作平教授在其专著《新闻理论新思路——新闻理论范式德转型与超越》，中国传媒大学出版社 2006 年版中有较为细致的介绍，本书在此不再赘述。

③ 陈作平：《新闻理论新思路——新闻理论范式德转型与超越》，中国传媒大学出版社 2006 年版，第 23—31 页。

④ 同上。

神与社会理性发育的不健全。中国社会市场经济的逐步完善以及建立在技术高速发展基础上的新媒体的不断涌现；加入"世贸"后中国的改革日益融入全球化的大趋势以及由此形成的内部变革与外来影响的互动合力不仅仅带来反思语境的变化，更建构了当下社会以及新闻学界的理性和科学精神。这些因素不仅正深刻地影响着中国的传媒变革，更预示着一种新的新闻范式对旧的新闻范式的替代。

（二）研究途径与困境

对于新闻与消费问题的研究，笔者认为首先它属于新闻理论的研究领域，是新闻本质属性受社会发展不同阶段影响而发生改变的研究；其次新闻作为一种最直观的社会文本，是社会历史变迁的反映，只有将新闻放在社会发展的变迁语境中才能揭示出新闻的本质形态的本身及其变异。迄今为止，在此方面，已有的研究成果体现为：一是较多地运用历史分析的方法对新闻学理论的传统命题进行回顾和解读，重构传统命题得以产生的历史环境；二是借用现代西方的相关理论资源，对传统新闻学的基本概念进行了梳理和重构。这些成果不仅凝聚了几代学者的毕生心血，也准确地归总了中国新闻发展的历史路径，呈现了中国新闻的历史特殊性和研究价值。

但是，中国的新闻语境自1992年以后发生了巨大变化，从社会运行体制到媒体管理机制；从精英文化到大众话语；从国家政府到市民社会。新闻从话语霸权的神坛上一步步走向百姓言说；新闻形态从庄严、端庄日益坠入娱乐、庸俗。中国新闻何以成为这样，这是新闻的"凤凰涅槃"？是思想解放的积极成果？还是传媒的堕落、社会的逆行？这样的态势超越了中国传统新闻的"正常规范"，怎样解释这样的现象？又怎样去反思过去的历史？这一切都呼唤着一种新的新闻研究范式的出现。

在笔者关注之前，早有学者对新中国成立以来的新闻研究提出质疑，具体体现在如下几个方面：

1. 对新闻学的学科体系的科学性提出质疑，认为我国新闻学没有形成自身独立的学术话语和范畴体系，总是依附政治话语体系，述学与论政不分，存在许多貌似学术话语的政治话语：

> 然而，我国的新闻学研究却始终没有形成自己独立的话语体系和范畴体系，因此它的发展与创新总是依附性的。无论是从历史的纵向维度，还是从当前的横向维度，可以看到我国的新闻学研究严重依附于政治话语体系，述学与论政往往是不分的。在历史上，新闻学的创新与突破往往是由政治话语来完成的，新闻学论争也往往是由政治话语来结论的，我们的很多文章和著述要么以政治话语为论据，要么以政治话语为论点，新闻学几乎成为了政治话语解释学。①

> 如果写一部建国以来新闻学研究的历史，无论作者多么强调新闻学术的特点，恐怕前3/4不能不写成政治或政治运动史，后1/4在一定程度上也有点象政治史，一条明显的线索贯穿在整个新闻学中：新闻学与政治合二而一。这是10年来新闻学与其他学科相比较，理论发展缓慢的主要原因，也是新闻学界自身传统力量强大、行政干扰繁多的深层原因。新闻学与政治的合一是新闻学背负的沉重的历史包袱，并且一时难以很快完全卸下来。②

2. 对传统新闻学的研究方法和研究的价值取向上提出质疑，对传统新闻学理论内部存在的价值判断代替学术推理、以偏概全等深层次问题根源的研究进行了深入探讨，提出重构新闻学理论体系③。

---

① 翁杨：《学术话语与新闻学创新》，《理论探索》2004年第5期。
② 陈力丹：《新闻学：从传统意识到现代意识》，纪念中国社会科学院新闻研究所建所10周年学术讨论会论文。
③ 参见刘建明《宏观新闻学》，中国人民大学出版社1991年版；宁树藩、芮必峰、陆晔《关于新闻学理论研究历史于现实的对话——21世纪新闻学丛书代总序》，安徽大学出版社2001年版。

从 20 世纪 90 年代以来，我国的新闻学研究虽然有了突飞猛进的发展，但是，正如许多新闻学者所反复谈到的，近 20 年来，我们在新闻研究方面思路的单一，方法的陈旧，观念的老套，依然使得我们的新闻学无法走出最传统的理论范式和框架。尤其是从一个全新的世纪性的学术高度来看，我国的新闻学科如果不能形成不同体系和理论框架的众多的新闻学流派，新闻学的真正成熟也是值得怀疑的。①

3. 对传统新闻学理论的基本范畴的学术性、科学性和知识真理性的质疑，主张彻底反思传统新闻范畴。

芮必峰教授认为研究以下问题很重要："究竟什么是新闻？新闻属于社会范畴还是社会意识范畴？人类社会何以需要新闻传播？新闻价值到底是由什么决定的？真实、客观、公正应该如何界定？新闻传播机构及其从业人员为何必须坚持这些标准？"他认为："只有在深入研究这些基本问题的基础上，新闻传播才能真正有'学'可言，才能进一步在实践层面上厘清事业属性和产业属性、社会效益和经济效益、权利与义务、自由与责任、'公器'与'喉舌'等一系列关系。"②

刘建明教授通过大量的史料研究质疑了传统的新闻价值理论，他认为现代生活对媒介的影响和社会生活本身的复杂性导致了传统新闻价值的自我颠覆；③ 现代新闻价值是指受众在接受新闻活动中满足其需要所表现的效用，新闻是价值的体现者、媒介是价值的载体、受众是价值的确定和受益者；现代新闻价值以"有用"、"有益"、"有效"为基本要素，以获知价值、激励价值、获益价值、娱乐价值。④

---

① 郝雨：《关于新闻理论的哲学化建构》，http://media.people.com.cn/GB/40628/3477344.html，人民网 2005 年 6 月 17 日。

② 芮必峰：《新闻学研究的不同领域》，《现代传播》2004 年第 1 期。

③ 刘建明：《传统新闻价值观的自我颠覆》，《新闻界》2002 年第 6 期。

④ 刘建明：《当代新闻学原理》，清华大学出版社 2003 年版，第 200—203 页。

4. 对自 20 世纪 50 年代以来用"革命"范式单一模式分析并形成的新闻政治功能中心论的反思，认为尽管在中国新闻研究史上有过多种研究范式，但它们都是从单一角度进行的研究，这样的研究直接导致了以阶级性、政治性为核心的新闻理论，偏离了新闻发展的客观现实。

有观点认为研究重心严重向中国共产党领导下的报刊倾斜，忽视对《大公报》等中间报刊和国民党新闻事业史的研究。共产党的新闻事业史固然重要，却不是当时新闻事业的主流，目前的研究倾向实际上不能完整地展示中国新闻史的面貌。这正如方汉奇先生所言："星星之火就是星星之火，不能把星星之火写成燎原的大火。"[①]

有观点认为孤立地研究中国新闻史，未能将其置于国际背景中加以考察。中国的新闻事业强烈地受到西方国家的影响，如英国、美国、日本，此外还有苏联。从现在的研究中我们却无法清晰看到这些影响，也无法判断当时中国的新闻事业在世界上的地位和作用。[②]

5. 质疑在西方新闻理论影响下建构起来以重要性、显著性和冲突性为特征的"突出事实的报道"[③] 的新闻理念，提出"新闻的价值构成要素重构"[④]、新闻是百姓日常生活的全面反映。

在笔者看来，这些基于严谨的学术史料分析基础上的反思，既体现出了科学的精神，又呈现了一种对新闻实践的现实关怀，尤其是能对百年来的主流话语进行历史和跨文化、跨学科的探究，从而建构全新的理念。这种勇气和实践无疑对笔者的研究有巨大的借鉴意义。

---

① 辛华：《中国新闻史研究的黄金时代——中国新闻史学会会长方汉奇教授访谈录》，《现代传播》2002 年第 5 期。

② 毛丹：《期待中国新闻史研究范式的多元化》，《二十一世纪》（双月刊）2001 年 10 月号。

③ 陈建云、严三九、郭建斌、吴飞：《中外新闻学名著导读》，浙江大学出版社 2005 年版，第 233 页。

④ 刘建明：《当代新闻学原理》，清华大学出版社 2003 年版。

二　本课题的创新点

1. 在研究对象的选择上。本书基于新闻的发展受当下社会消费语境深刻影响发生变异的现实；同时基于中国社会文化发展战略的重大调整，以及当下学术研究思想的影响，对当下新闻的属性和根本究竟应该是什么这个新闻理论"原点"问题进行研究和反思。研究的关注点在于消费状态下的新闻从内容到形态所呈现出的变异态势。围绕"新形态的梳理"反思消费的新闻形态价值以及这样的形态对今天消费社会的新闻话语的建构作用。

2. 在问题意识上。本书旨在通过梳理"新闻"怎样受到了当下社会的"消费"影响，对新闻消费特征的揭示，探究社会市场转型使大众新闻的基本运行状况发生了怎样的结构性转变？中国新闻如何面对市场体制变化？如何将新闻的商品性与党性原则相结合，寻找新闻市场与新闻事业的契合点，探寻中国新闻业发展的合理性路径。

笔者立足于中国新闻的现实，将新闻与消费的问题放在今天文化体制改革的背景下，放入文化产业的环境中去考察研究，探究市场经济体制下新的新闻观。

众所周知，今天的中国面临的新历史语境是资本主义的全球化过程。中国的社会主义改革已经将中国的经济和文化生产过程纳入全球市场之中。从这个意义上讲，政府和其他国家机器的行为和权力运作也已经与市场和资本活动密切相关，资本活动渗透到社会生活各个领域的历史语境中，因而中国当代的任何问题都不能简单地从政治角度来分析（这不是说政治分析是没有意义和价值的），放在道德的层面或者意识形态的框架之内来认识，而是需要放在资本活动过程（包括政治资本、经济资本、文化资本的复杂关系）以及市场、社会和国家的相互渗透又相互冲突的关系和过程中去深刻思考。在此基础上探讨消费社会语境中的中国新闻发展战略，以意识形态为中心？抑或是完全的企业化？还是为公众提供有价值的信息为目标？怎样将当下社会主流话语的构建与新闻消费结合起来；将中心话语和新闻消费结合起来；将党性原则与新闻消费结合起来。

3. 在研究策略上。选择综合性范式。布尔迪厄的新闻场理论对于中国的新闻研究颇具启发性。这个范式最吸引人的，就是它提供了一种新闻实践的"整体性"的研究理念，既适合解释中国当前的媒介发展现状，也为本书的研究提供了合适的介入角度。

（1）这个范式本身具有较大的适应性和弹性。作为一种研究方法，场域理论只是一个研究大纲，没有作过多的理论预设，需要从经验研究中描述场的形成历史与行为规则，给研究留下了宽阔的空间，可以避免从理论出发到现实中寻找证据的教条式研究，有利于从中国的特殊经验中发现中国媒介场的独特规则。

（2）场域理论将"场域"看做一个不断斗争变化的空间。不同的行动者和机构手中的资本随着权力场和经济场的变化在不断变更着地位，他们的占位也随着时间在改变。这样一个生机勃勃的冲突范式，尤其适合于解释中国目前复杂的媒体改革和市场化进程。

（3）场域理论可以兼顾宏观与微观两个层面的研究，不仅可以描述个人在场域内依据不同的惯习、占位、资本和策略进行行动，还可以描述不同体制与经营方式的媒介群体在媒介场中如何争夺，甚至还可以勾画权力场、经济场、文化场与媒介场的复杂关系。既可以描述物质权力，也可以兼顾符号权力。

（4）场域理论可以对场域内行动者的主动与被动两个方面均有所兼顾。中国的媒介改革是在自下而上的推动中缓慢进行的，全球媒介场对具体的新闻从业人员影响颇深，在此基础上形成的"权力惯习"，会运用种种策略推进媒介场规则的改变等（比如 20 世纪 90 年代中国报业集团的组建）。新闻场范式恰好可以在这方面生动精确地描述中国媒介改革的复杂性。

　　本书主要借鉴的是"新闻场"的研究理念，将新闻与消费中涉及的各种权力因素以及权力因素的相互作用和这种作用所带来的结果进行一种文献梳理和综合评述式的探究。

第一章 中国新闻的消费语境

第一节 新历史语境中的传媒

笔者在本节欲将数字化、新媒体以及图像化传播作为中国新闻存在的外在宏观场域，从全球化语境下的新闻生态环境改变来探究当今新闻实践所受到的影响；通过梳理新闻传播在数字化生存、新媒体时代和图像传播语境中新的发展趋势，来反思由现代新技术所型塑的新闻传媒新理念。

一 数字化生存的时代

建立在数字化和网络时代的文化全球化给世界带来了革命性的变革，它加强了全球信息资源的传通，实现了全人类文化成果的共享。数字化改革了知识的形成、储存、传递和交流的手段，其编码的核心技术极大地扩展了各类信息、图像和音像的内涵和容量，为全人类的文化交流提供了丰厚的内容；另一方面电子网络则将各种信息资源连接起来，并使它们实现了"无疆界"的流通，将全世界的各个国家紧密联系在一起，从而使作为世界文化体系一部分的各国文化，通过互联网的作用，在全球化背景下在相互交流、制约和影响中发展、壮大。

（一）数字化生存与社会生活

美国麻省理工学院教授尼葛洛庞帝（Negroponte）在其所著的《数字化生存》一书中这样描述数字化特征：要了解数字化，最好的方法是思考"比特"和"原子"的区别。我们生活的世界是一个原子的世界，任何物质都是由原子构成的。然而，我们的信息却是以"比特"的形式传输的。比特没有颜色、尺寸和重量，能以光速传输。它好比人体内的 DNA 一样，是信息的最小单位。比特是一种存在的状态：开或关、上或下、真或伪、入或出、黑或白。出于实用的目的，我们把比特用"1"或"0"来表示。比特一向是数字化计算中的基本粒子。在过去的 25 年里，我们极大地扩展了二进制的应用范围，使它包含了许多数字以外的东西，越来越多的信息，如声音和影像都被数字化、被简化成 1 或 0。①

今天我们已经身处数字化之中，数字化生存时代最主要的特点就是计算机与网络，它直接影响着人们的生存状态。数字化生存这个概念，包含了从应用到文化层面上的多方面内涵。在最直接的应用层面上，数字化生存的一大特点就是以"比特"（信息）代替"原子"（物质）作为基础，就是以物质载体承载信息进行交换（如报纸、信笺、货币等），网络这一信息的载体和媒体，使得信息社会里以信息流代替物质流的趋势得以实现。这样一来提高了信息交换的效率；二来也减少了物质资源的消耗。

数字化对人类社会生活更深层次的影响，还在于文化层面上。许多研究者研究认为，数字化生存的本质是生存、活动于现实社会的人，借助于"数字化"构造一个"真实"虚拟的而非想象、虚假的信息传播与交流的平台。数字化时代以数字为基础和核心，但数字不是纯技术的表现形式，它本身就是社会

---

① ［美］尼葛洛庞帝：《数字化生存》，胡泳等译，海南出版社 1996 年版。

性的，容纳了社会构成的几乎所有方面，因而数字化时代的本质是超工具性，其特征体现为数字的产业化和无边界性，以及社会管理和运作模式的规范性、程序性等；数字化是以发达的网络技术为基础而产生的一种管理、处理信息的方式。它将各类信息数字化，用于计算机运行，从而达到信息的可视化、智能化与网络化，由此实现从数据到信息、从信息到知识、从知识到决策和财富的转化，并达到信息的共建共享；数字化时代的本质是对想象力的充分挖掘，可以而且应该突破现实已有逻辑设定的各种可能性，并强调想象力对个人、城市和国家发展的重要性，以想象力为核心的人文精神已经与技术、经济、社会相融合。[①]

（二）数字化与新闻传播

数字技术的核心是记录方式的改变，数字技术以无形的"比特"为单位记录信息，使信息的物理保存方式大大压缩，记录和传递信息的容量得到极大扩张，这为海量信息的采集、整理、保存、传播、利用提供新的可能。由于数字技术这种无与伦比的先进性，数字化趋势就成为一种不可阻挡的趋势。"我们无法否定数字化时代的存在，也无法阻止数字化时代的前进，就像我们无法对抗大自然的力量一样"。[②] 尼葛洛庞帝深刻地指出："数字化生存有四个强有力的特质，将会为其带来最后的胜利。这四个特质是：分散权力、全球化、追求和谐和赋予权力。"[③]

数字化语境中的新闻传播呈现信息传播形态上的变化，这些变化包括信息化、数字化、全球化这样三大基本动向。[④] 基于信息化、数字化和全球化的信息传播基础之上的新闻传播特征体现在：（1）人类对客观世界真实状况的反映能力将会大大增强。研究者认为李普曼基于"建立一个系统分析和记录的社会

---

① 魏长宝：《数字化时代的人文精神学术研讨会综述》，http://www.cass.net.cn/file/2003022
85559.html，2003 年 2 月 28 日。

② [美]尼葛洛庞帝：《数字化生存》，胡泳等译，海南出版社 1997 年版，第 269 页。

③ 同上。

④ 陈作平：《信息化、数字化、全球化时代新闻传播活动的发展趋势》，http://media.people.com.cn/GB/22114/63480/4340911.html，人民网 2006 年 4 月 29 日。

团体"或信息"管理中心"来实现新闻真正真实性的想法包含着某种深刻的预见。人类进入信息社会,全社会的信息记录和分析系统已经逐步建立起来了,而且日益趋向完备。目前,在世界范围内,许多领域(尤其是在最为复杂的经济领域)都实现了全球信息汇总和信息联网,不仅可以对信息进行持续、全面的采集和监控,而且对信息的整理、发布的组织化程度也越来越高,这是社会进步的结果,更是信息时代社会生存发展的需要。社会机构的这种活动为新闻媒体提供了强有力的支持。从新闻媒体方面来看,大型综合性新闻媒体和各种专业定位的报纸、杂志、广播频率、电视频道迅速兴起。尤其是网络媒体的触角几乎覆盖了人们生活的所有领域。这种专业化的发展方向在满足人们对信息的不同需求的同时,也意味着媒体对客观世界各种信息的记录越来越完备,反映越来越准确、细致和全面。(2)新闻信息的差异程度开始降低。一些可能被排除在新闻报道领域之外的一般性信息(如日常的气象信息、交通信息、环境监测信息等)大量涌入新闻报道领域,在使新闻报道内容不断丰富起来的同时,也使传统的新闻价值观念发生了一些变化。(3)重大新闻的全球快速传播和信息消费主义成为两种不可阻挡的趋势。作者认为与传统社会的信息匮乏状况相比,人类社会进入信息社会后,在信息化、数字化、全球化力量的推动下,信息数量极度膨胀,出现了"信息爆炸"。这种状况导致在信息传播方面同时出现了两种发展倾向:一种是世界性的重大新闻事件倾向于实现全球即时传播,甚至同步传播;另一种是基于媒体跨国公司基础上的信息传播越来越倾向于个人化和个性化,网上的各种搜索引擎的火暴带动着网络消费主义的盛行,并最终形成新闻传播的大众化与分众化并存的格局。

二　新媒体时代

(一)新媒体的含义

鉴于对"新媒体"的技术性和学界对此概念认识上的不确定性,笔者将

《2006 年中国新媒体发展研究报告》① 关于"新媒体"定义照录于此,以为分析依据:第一类是新生代市场监测机构的定义,一个是技术的进步而出现的新媒体类型,如 IPTV、数字电视、手机电视等,另外是已经存在的媒体,由于营销理念的变革而出现的类型,楼宇电视、车载电视等。第二类是广电总局新媒体研究所的定义,主要是数字广播网络,但是以广播为主的新媒体类型。第三类界定是清华大学新闻与传播学院新媒体研究中心的界定,熊澄宇教授提出的一个相对的概念,把计算机技术基础的媒体系统也称为新媒体。第四类是基于以上定义,互联网实验室对新媒体进行全面的定义,新媒体是基于计算机技术、通信技术、数字广播等机制,通过互联网、无线通信网、数字广播电视网和卫星等渠道,以电脑、电视、手机、IPTV(即交互式网络电视,是一种利用宽带有线电视网,集互联网、多媒体、通信等多种技术于一体,向家庭用户提供包括数字电视在内的多种交互式服务的崭新技术。)、MP3(它利用动态影像压缩技术,将声音文件用 1:12 左右的压缩率压缩,变成容量较小的音乐文件,使传输和储存更为便捷,更利于互联网用户在网上试听或下载到个人计算机)、MP4(是在 MP3 的基础上发展起来一种电影的新格式,能播放图像和声音)能够实现个性化、细分化和互动化的传播方式,部分新媒体在传播属性上能够实现精准投放,点对点的传播。基于互联网的有电子书、电子杂志等、基于数字广播的有数字电视、车载电视等,基于无线网络的有手机短信,还有跨网络包括 IPTV 等。

(二)新媒体的特征

从现实情况来看,人们将数字电视、移动电视、手机媒体、IPTV 等视为新媒体,还有一些刊物把博客、播客等也列入新媒体专栏。以吴征为代表的实业界,认为新媒体是一种"互动式数字化复合媒体",新媒体的核心竞争力取决于新的整合方式,而不是单纯取决于新的技术;新媒体的特点在于它对从传

---

① 互联网实验室:http://www.chinalabs.com/html/about/research/2011/0920/41818.html,2006年 11 月 14 日。

统媒体到国家与国家之间、社群之间、产业之间以及信息发送者与接收者之间边界的消解，同时在媒体整合的基础上形成的"陈旧的新事物"。① 这体现了一种后现代文化研究的意识。

　　显而易见的是，新媒介完全不同于传统媒介，是一种数字化时代的具体表象，是基于数字传播技术基础上区别于传统媒体的媒体新形态。它是一种以个人性为指向的分众媒体而非泛大众媒体的传播模式，是窄播而非广播；它是一种信息的发送者与信息的接收之间具有充分互动性的媒体；新媒体的内容呈现方式可以根据需要，在文本、图片视频和音频之间任意转换或兼而有之；它是一种跨越国界的全球化媒体，全球的网络市场消除了国与国的界限，家庭甚至个人与跨国公司一样有机会拓展全球市场，信息以最低的成本让无数人共享。②

　　较之于传统媒体，新媒体自然有它自己的特点：（1）熊澄宇教授将其归纳为信息、数字、交互、宽频、移动、人性六个方面；③（2）吴征认为："相对于旧媒体，新媒体的第一个特点是它的消解力量——消解传统媒体（电视、广播、报纸、通信）之间的边界，消解国家与国家之间、社群之间、产业之间边界，消解信息发送者与接收者之间的边界，等等"。④ 周进指出，新媒体可以与受众真正建立联系，同时，它还具有交互性和跨时空的特点。同时，新媒体给媒体行业带来了许多新的理念和模式，如节目专业化越来越强，卖方市场转向买方市场等。⑤

　　郭炜华认为，"新媒体与传统媒体最大的区别，在于传播状态的改变：由一点对多点变为多点对多点"。"从传播学的角度来分析，新媒体传播有四个特

　　① 吴征：《媒体业发展趋势与新媒体的文化使命》，http：//media. people. com. cn/GB/22100/33937/33939/4321780. html。

　　② 同上。

　　③ 熊澄宇：《新媒体与文化产业》，http：//media. people. com. cn/GB/35928/36353/3160168. html，人民网 2006 年 4 月 23 日。

　　④ 吴征：《媒体业发展趋势与新媒体的文化使命》，http：//tech. sing. com. cn/it/66496，shtml，2001 年 5 月 11 日。

　　⑤ 周进：《新媒体之我见》，《广播电视研究》2005 年第 3—4 期。

点——每个人都可以进行大众传播；'信息'与'意义'无关；受众的主动性大大增强；大众传播的'小众化'"。① 同样，有研究者从另一个角度提出："新媒体近乎于零费用信息发布，对受众多为免费，这对传统媒体的新闻产品制作成本造成挑战。"张毓强还以"伦敦爆炸案"为个案提出了新媒体的多媒体整合态势。"市民威廉·达顿拍摄了手机照片，在朋友的博客上以近乎于图片直播的方式'报道'了灾难现场状况。这些照片很快进入各大电视网的新闻头条。在这次'报道'中，手机、博客、互联网以及'播客'密切配合，将'第一时间、第一现场'权力牢牢抓在手中，新的媒体形式与媒体工具的结合，显示出了巨大威力"。②

（三）基于"新媒体"技术传播的时代

"新闻媒体时代"是指基于"新媒体"传播技术的时代，通过各种新媒体，社会的生活被呈现出来。"新媒体时代"有以下两个显著的特点：一是各类传统媒体的数字化步伐加快。报刊书籍等印刷媒体，尽管最后的形态还是以纸介质呈现在受众面前，但制作全过程已经数字化；传统摄影正在向数字摄影发展；传统电影正在向数字电影发展；广播在经历了调幅、调频两个技术发展阶段后，正进入数字音频广播新阶段；电视也正全面迈向数字高清晰度电视及数字压缩卫星直播电视。完全数字化后的传统媒体自然也就演变为"新媒体"，因为它不但将原有的功能发挥到淋漓尽致的地步，而且具备了众多新的功能，且可以与其他任何数字传播进行信息交换。二是基于数字技术的新的传播工具层出不穷。如数字照相机、数字摄录机、数码录音笔、PDA（Personal Digital Assistant）③、eBook（Electronic Books）④、MP3 播放器、摄像头、扫描仪、

---

① 郭炜华：《新媒体技术、内容和商业模式初探》，http://academic.mediachina.net/xsjd _ view.jsp? id＝2179，2008 年 10 月 14 日。

② 张毓强：《新媒体：威胁还是机遇》，《中国记者》2005 年第 8 期。

③ 这种手持设备集中了计算、电话、传真和网络等多种功能。PDA 发展的趋势和潮流就是计算、通信、网络、存储、娱乐、电子商务等多功能的融合。

④ 一种利用互联网技术创造的全新网络出版方式，它将传统的书籍出版发行方式在计算机中实现，区别于传统的纸质媒介的出版物。

DVD、光盘刻录机、3G 手机（3rd Generation）①、PS2（PlayStation 2）② 及 XBOX 游戏机③等等。

（四）新媒体时代的新闻传播

1. 基于新媒体技术和设备传播的传媒性质由于网络的存在将从"广播"变成"窄播"；单向播出的旧媒体方式将演变为受众的主动获取；2. IPTV 将成为主要的电视节目形态，电视台的生存手段和途径就是将自己的角色转变为网络上的节目供应商，新的电视将以数码传输为依托，传播包括图像、文字、声音在内的多种数据流。3. 传播的内容产业将得到极大的发展，基于数字和复制手段的平台，传播内容的制作、播出和接收成本将大为降低。一方面是，人们利用个人计算机及相关设备在家庭制作的内容将越来越多，独立个体意义上的新闻工作者将出现；另一方面，随着媒体渠道的多样化与分散化，付费节目会获得市场青睐。4. 以网络和手机使用为核心的新闻信息传播的个体性、私人性以及随意性，将改变大众传媒中的广告形态，广告会向着针对性、准确性、实用性方向转化。5. 印刷媒体（报纸、杂志）的核心地位将会被网络和手机等分众化媒体取代，其数量也会在合并的基础上越来越少。6. 频道众多，各有专长，观众按需自选，从而迫使节目素质相应提高。7. 互联网对世界的记载将多姿多彩，数字时代的记者必须会写综合报道，能拍摄出令人激动的节目，有出色的语言能力，能掌握网页设计及动态双态数字摄影——记者的优劣竞争将越发明显。8. 互联网将安全打破地域国界的限制，实施最初的声音、数据与静止的图像到质量越来越高的动态画面的跨国界传播，此项技术的突破

---

① 1995 年的第一代数字手机只能进行语音通话；1996—1997 年的第二代数字手机增加了接收数据的功能，如接受电子邮件或网页；第三代与前两代的主要区别是在传输声音和数据的速度上的提升，它能够处理图像、音乐、视频流等多种媒体形式，提供包括网页浏览、电话会议、电子商务等多种信息服务。

② 日本索尼（Sony）旗下的新力电脑娱乐推出的家用型 128 位游戏主机。

③ Xbox 是微软公司最新发售的一种新世代游戏主机。它使用来自 Intel（CPU）、Nvidia（GPU，MCP - X），以及许多其他硬盘厂商所制造的硬盘。Xbox 不仅有强力的硬件，而且还有内建的宽带连接端口，支持网络的能力，而且还内建一个硬盘。Xbox 可以说是未来电视游乐器的主流。

将完全改变媒体的概念，使网络电视广播超越国界。①

三 图像化传播的时代

时至今日，已经没有任何人否认如下事实。影像文化，包括摄影、电影、电视与电子虚拟技术等在内的文化形态已上升为一种主导性的新型文化形态，这一文化形态正逐渐地改变和重塑着人们的感觉方式，进而通过改变人类观看世界的价值尺度建构着全新的"景观社会"，一如海德格尔所言，"世界正进入图像时代"。② 在这样的景观社会中，以电子技术创造的复制技术通过人们主体性选择和意义生产建构了丰富的覆盖人类生活的表象世界。或者说，在人类的认知中存在的世界图景不再是活生生的世界真实本体而是各种包含不同内容和意蕴的"媒体景观"，正如海德格所指出的：世界图像……不是指一幅关于世界的图像，而是指世界被构想和把握为图像了……世界图像并非从一个以前的中世纪的世界图像变成了一个现代的世界图像；毋宁说，根本上世界变成图像，这样一回事情标志着现代之本质。③

今天环顾周围，我们的社会也越来越呈现"图像化"的特征了：报刊、书籍大量充斥着图片；专业书籍，比如汤因比的《历史研究》、李泽厚的《美的历程》等，亦通过图文化而得以普及；中国传统经典读物经"连环画化"或"漫画化"后变成通俗读物；时事新闻由动漫、图片和音乐的叠加变成了动态的影像故事；各种小说、故事纷纷被改编成电影或电视连续剧；电影越来越追求色彩、画面的精致；数码相机、数码摄像机建构普通人生活等；还有企业、商品都精心设计形象鲜明的标志、招贴和设计，使企业及商品最大限度地视觉

① 吴征：《媒体业发展趋势与新媒体的文化使命》，http：//media.people.com.cn/GB/22100/33937/33939/4321780.html。
② 参见［德］海德格尔《林中路》，孙周兴译，上海译文出版社1997年版。《文化研究》第3辑，第1—12页。
③ 同上。

化；各种大型文化、艺术和体育活动不但设计了会标、海报，而且还设计了可爱的"吉祥物"，使文化活动图形化、视觉化；计算机游戏更是从简单的"俄罗斯方块"变成三维立体的游戏；国际互联网的发展构建了一个巨大而又无处不在的网络世界，形成一个新的时空维度，使电子信息和图像交流变得更加快捷方便。正如法国思想家勒内·于格在《图像的威力》一书中，对这一文化景观生动描述的那样："尽管当代舞台上占首要地位的是脑力劳动，但我们已不是思维健全的人，内心生活不再从文学作品中吸取源泉。感官的冲击带着我们的鼻子，支配着我们的行动。现代生活通过感觉、视觉和听觉向我们涌来。汽车司机高速行驶，路牌一闪而过无法辨认，他服从的是红灯、绿灯；空闲者坐在椅子里，想放松一下，于是扭动开关，然而无线电激烈的音响冲进沉静的内心，摇晃的电视图像在微暗中闪现……令人痒痒的听觉音响和视觉形象包围和淹没了我们这一代人。图像取代读书的角色，成为精神生活的食粮。它们非但没有为思维提供某种有益的思考，反而破坏了思维，不可抵挡地向思维冲击，涌入观众的脑海，如此凶猛，理性来不及筑成一道防线或仅仅制作一张过滤网。"[1]"图像"通过形象而不是词语带给受众直观、浅显、快捷、刺激的感官享受，因而轻易就获得了大众的审美认可进入大众的日常生活之中。

（一）技术发展推动图像化传播时代的到来

本雅明认为，只有从技术入手，才能准确地把握这些现代影像形式。在他看来，机械复制技术使艺术作品像现代工业社会中其他产品那样批量生产出来，用众多的摹本代替了原作独一无二的存在，销蚀了艺术作品的距离感及其独具风光的"韵味"，从而"导致了作为和现代危机对应的人类继往开来的传统的大崩溃"[2]。由此可见，先进的技术是图像传播的核心。半个世纪以前著名的思想家麦克卢汉（Herbert Marshall Mcluhan）也曾预言过电子技术将会

---

① ［美］丹尼尔·贝尔：《资本主义文化矛盾》，赵一凡、蒲隆、任晓晋译，上海三联书店 1989 年版，第 156 页。

② 陆第林、陈桑编：《西方马克思主义美学文选》，漓江出版社 1988 年版，第 243 页。

使个人主义过时，迫使人们相互间彼此依赖；电子技术的数字化传播将通过对整个地球时空的改变而导致人类的感知模式的创新性变化，他在《理解媒介》一书中说，"经过三千年专业分工的爆炸增之后，经历了由于肢体的技术延伸而日益加剧的专业化和异化之后，我们这个世界由于戏剧性的逆向变化而收缩变小了。由于电力使地球缩小，我们这个地球只不过是一个小小的村落。一切社会功能和政治功能都结合起来，以电的速度产生内爆，这就使人的责任意识提到了很高的程度。正是这一个内爆的因素，改变了黑人、少年和其他一些群体的社会地位"。

人类社会从语言到图像的言语行为改变正是基于社会科学技术发展，技术不仅提供了人类改变世界的工具，更通过新的行为和思维方式建构了新的社会形态。这样的认识被麦克卢汉明确认定为社会发展的根本乃至全部的经验。麦克卢汉指出"媒介即讯息"，认为社会每一步的发展都是媒介发展的结果，是新技术（比如电子媒介）带来的变化，他认为新的技术带来新的尺度和感知世界的新方式，构建出新的社会形态，"铁路的作用，并不是把运动、运输、轮子或道路引入人类社会，而是加速并扩充人们过去的功能，创造新型的城市、新型的工作、新型的闲暇。无论铁路是在热带还是在北方寒冷的环境中运转，都发生了这样的变化。这一变化与铁路媒介运输的货物或内容是毫无关系的。"[①] 用麦克卢汉的话来说，"技术的影响不是发生在意见和观念的层面，而是坚定不移、不可抗拒地改变人的感觉比率和感知模式"，[②] 所以"任何新媒介都是一个进化的过程，一个生物裂变的过程。它为人类打开了通向感知和新型活动领域的大门"。[③]

"媒介即讯息"揭示出了媒介和技术对人们的影响不只是物理上的，更是

---

① ［加］埃里克·麦克卢汉、［加］弗兰克·秦格龙：《麦克卢汉精粹》，何道宽译，南京大学出版社 2000 年版，第 228 页。
② 同上书，第 239 页。
③ 同上书，第 422 页。

深层心理上的。今天的网络将世界变成了"地球村"，整体构建了一个与真实世界相对立的虚拟世界，麦克卢汉设想的"地球村"有三个特征：（1）通过电子传播，地球上的整个人类合为一体，部分与整体相互依存、相互影响，在此，传播媒介起着决定性的作用；（2）这种变化消解和重构了传统意义上的民族、国家等概念。"地球村"里民族和国家不再具有空间上的界限；"地球村"里的人类对全球负责；（3）在电子技术塑造的时代中，人们对整体合一的需求就是对人类整体无限和谐的追求。这一点被今天的"互联网"印证了，因为"电子技术将会使个人主义过时，迫使人们相互间彼此依赖"。尽管许多学者质疑麦克卢汉的技术决定观，认为他在理论上不必要地抹杀了与制度组织、文化和意识形态相关的批判问题。但今天看来技术推动了图像时代到来的论断却并不是唯心主义的臆断。对此，英国学者尼克·史蒂文森认为：麦克卢汉的探讨提出了一个问题，那就是当代社会中，传播媒介的发展如何重塑人类对时间和空间的认知？史蒂文森和凯利（Carey）、梅罗兹（Meyrowitz）、J. B. 汤普森也认可麦克卢汉的观点，即认为传播媒介重构了时间和空间，所以帮助塑造了主体间的社会关系。

科学技术之于图像时代的巨大影响，引发了人们对以文学为代表的艺术存在之生命力的深刻反思。雅克·德里达预言："在特定的电信王国中，整个的所谓文学的时代将不复存在。哲学、精神分析学都在劫难逃，甚至情书也不能幸免……"① 米勒注意到了技术手段之于艺术发展的关系，他说："印刷技术使文学、情书、哲学、精神分析，以及民族国家的概念成为可能。新的电信时代正在产生新的形式来取代这一切。这些新的媒体——电影、电视、因特网不只是原封不动地传播意识形态或者真实内容的被动的母体，它们都会以自己的方式打造被'发送'的对象，把其内容改造成该媒体特有的表达方式。"② 米

---

① ［美］J. 希利斯·米勒：《全球化时代文学研究还会继续存在吗?》，《文学评论》2001 年第 1 期。
② 同上。

勒曾回顾印刷术出现以来各种发明对艺术的影响，指出了现代电信、电影、电视特别是互联网给人的生存带来的巨大变化。他指出，随着电子技术的发展，当今已经由书籍时代转到了电子时代，新的技术正创造着人们新的生活方式和感知方式，由此必然会对文学和文学研究发生影响，比如越来越多的人正花越来越多的时间看电视或看电影，再转向电脑、网络等，很少关注书本的文学作品。因此他认为，在新的全球化的文化中，文学在旧式意义上的作用越来越小。① J. 希利斯·米勒举电讯媒介、互联网对文学、对全球化、对民族国家权力、政治实施行为的影响与渗透为例，得出了一个令人忧虑的结论："文学研究的时代已经过去了，再也不会出现这样一个时代——为了文学自身的目的。撇开理论或政治方面的考虑而去单纯研究文学……文学研究从来就没有正当时的时候，不论过去现在还是将来。"② 这从反面也论证了在技术推动下的全面影像时代必然来临的前景。

（二）图像传播与视觉文化

费尔巴哈曾说，"然而，对于符号胜过实物、副本胜过原本、表象胜过现实、现象胜过本质的现在这个时代……真理被认为是亵渎神明的，只有幻象才是神圣的。事实上，神圣性正依真理之减少和幻想之增加的程度而增加，所以，最高级的幻想也就是最高级的神圣"。③ 这段话的核心要义是批判基督教神学语境中那个上帝之城的幻象取代了真实生活的断言，这也可以成为当今社会的视觉化表象正逐步成为主体的客观现实的精确表述。居伊·德波（Guy Debord）在《景观社会》一书中开宗明义地指出："在现代生产条件蔓延的社会中，其整个的生活都表现为一种巨大的奇观积聚。曾经直接地存在着的所有一切，现在都变成了纯粹的表征。"（第 1 章）④ 今天由图像传播所

---

① ［美］J. 希利斯·米勒：《全球化对文学研究的影响》，王逢振编译，《文学评论》1997 年第 4 期。
② ［美］J. 希利斯·米勒：《全球化时代文学研究还会继续存在吗？》，《文学评论》2001 年第 1 期。
③ ［美］居伊·德波：《景象社会》（第一章），国荣译，南京大学出版社 2006 年版，第 1 页。
④ 同上书，第 3 页。

带来的就是人类早有的以视觉（Visual）经验为主体的认识方式以及视觉方式的回归。

看是人类获知世界的最原始、最直观和最虔诚的行为。有研究表明，早在史前时代和文明社会初期，人类就曾创造了灿烂而辉煌的视觉文化，并在此基础上建立了一整套的社会生活规制，"尤其是在西方，无论是对真理之源头的阐述，还是对认知对象和认识过程的论述，视觉性的隐喻范畴可谓比比皆是，从而形成了一种视觉在场的形而上学，一种可称为'视觉中心主义'（ocularcentrism）的传统。并且在这一传统中，建立了一套以视觉性为标准的认知制度甚至价值秩序，一套用以建构从主体认知到社会控制的一系列文化规制的运作准则，形成了一个视觉性的实践与生产系统，用马丁·杰（Martin Jay）的话说，是一种'视界政体'（scopic regime）。"① 尽管由电影、电视到商品广告的影像文化所构成的视觉文化在机器的操控中变成日常生存中的一种梦魇式的存在，而不停地遭到人们的强烈的质疑。② 但却无法阻止人类社会走向"图像传播时代"的步伐。

视觉何以拥有深刻的理性基础和影响力？亚里士多德曾宣称："求知是人类的本性。我们乐于使用我们的感觉就是一个说明；即使并无实用，人们总爱好感觉，而在诸感觉中，尤重视觉。……理由是：能使我们认知事物，并显明事物之间的许多差别，此于五官之中，以得于视觉者为多。"③ 而1954年，美国现象学家汉斯·乔纳斯（Hans Jonas）在一篇题为《高贵的视觉》的论文中也详细地陈述了视觉有别于其他感官的三大特征：（1）在视觉经验范围内发生的内容具有同时性。我们看到的眼前的一切都是同时展现于此的。视觉不同于听觉和触觉，它的活动无须依赖于时间的连续过程，它是在一瞬间完成的：在

---

① 吴琼：《视觉性与视觉文化》，http://www.aesthetics.com.cn/show.aspx? ID=624&cid=46，2006年3月9日。

② 对视觉中心主义的质疑，拉康和福柯是最为重要的两个人物，他们的观点也成为后来的"视觉文化研究"最核心的资源。

③ ［古希腊］亚里士多德：《形而上学》，吴寿彭译，商务印书馆1959年版，第1页。

眼睛张开或瞥视的一瞬间，也就展现了在空间中共同存在、在深度上排列有序、在不确定的距离中连续存在的物质世界，① "实际上，只有视觉的同时性以及它的对象的具有广延的持续'在场'，才导致了变与不变以及由此而来的生成与存在之间的区别……只有视觉能够提供感觉基础，通过这一基础，心灵才能产生恒久的观念，或者说永恒不变和永远存在的观念"；② （2） "动态的中立"：即人们在观看某个对象的时候可以无须进入与它的某种关系。被看的对象不必通过直接作用于认识者来让自己被看到；（3）乔纳斯还指出视觉是"理想的距离性感官"，也是唯一的距离性感官，这一优势就在于它不需要认知者与对象之间的接近。在结语中，乔纳斯重复了这些特征，将视觉抬高为最高贵的感官，并赋予了深刻的哲学意蕴。

由此可见，观看实际上是一种异常复杂的文化行为。它不是简单的物的形象或可见性，而是包含着某种主体/话语/权力的运作，隐含着阿尔都塞（Althusser）所称的"意识形态的形式结构"，尤其在今天基于电子信息技术基础上的图像传播，使看、图像与机器之间"内爆"成混合甚至对抗着的复杂的知觉体系，"不管是'视觉的狂热'还是'景象的堆积'，日常生活已经被'社会的影像增殖'改变了"。③ 因而，图像传播实际隐含当下全部的社会结构以及关系；隐喻着看和被看可能实现的利益机制、各种权力的运作等社会意蕴，或者说，图像传播是现代化社会发展程度的整体性呈现。丹尼尔·贝尔曾深刻地分析了视觉文化消费的深层原因："其一，现代世界是一个城市世界。大城市生活和限定刺激与社交能力的方式，为人们看见和想看见（不是读到和听见）事物提供了大量优越的机会。其二，就是当代倾向的性质，它包括渴望行动（与观照相反）、追求新奇、贪图轰动。而最能满足这些迫切欲望的莫过

---

① Hans Jonas, "The nobility of sight", Philosophy and Phenomenological Research, 14—4 (1954), p. 507.

② Ibid., p. 513.

③ ［美］安妮·弗莱伯格：《移动和虚拟的现代性凝视：流浪汉/流浪女》，参见罗岗、顾铮《视觉文化读本》，广西师范大学出版社 2003 年版，第 328 页。

于艺术中的视觉成分的了。"①

毋庸置疑，视觉文化已成为现代社会的主导性知觉模式，而围绕视觉文化的研究已在传统"文化研究"领域异军突起，成为显学，也许在将来传统意义上的"文化研究"就会在日益强大的视觉文化实践的推动下成为"视觉文化研究"的臣民。②

第二节　社会转型与新闻秩序的重建

一　社会转型与新闻秩序重构

本节欲将中国社会的转型作为"新闻与消费"的中观层面的外在场域，通过分析"新闻场域"在社会特殊阶段所受到的社会规范结构这种权力因素的影响，来寻找"新闻场域"所依存的体制性因素以及这种体制性因素为"新闻与消费"造就的良性环境。市场经济建构了全新的新闻秩序，形成了以"经营为目的"的各新闻主体，构架了"新闻场域"的消费秩序。

（一）关于社会转型与社会秩序重构

"转型"（transformation）本是生物学概念，后被移植到社会学中，用以描述社会结构具有进化（或演化）的意义和性变。中国台湾社会学家蔡明哲在他的《社会发展理论——人性与乡村发展取向》一书中首次将"social trans-

① ［美］丹尼尔·贝尔：《资本主义文化矛盾》，赵一凡、蒲隆、任晓晋译，上海三联书店 1989 年版，第 154 页。
② 吴琼：《视觉性与视觉文化》，http：//www. aesthetics. com. cn/show. aspx? ID＝624&cid＝46，2009 年 9 月 17 日。

formation"译为"社会转型",用以表达发展就是由传统社会走向现代社会的一种社会转型与成长过程的思想。① 社会学意义上的"转型"通常指传统的原有社会的规范结构向"发展逻辑"的更高层次的演化②。从人类历史的发展来看,社会转型是社会形态的一种特殊形式,每一次社会形态的更替都会经历社会的转型期,它是以社会结构的变迁为主要内容的涉及社会各领域的全面的变革。

从广阔的历史背景来考察,中国社会自 1840 年以来就一直处于从传统社会向现代社会转变的过程中,中国社会的转型呈现出转型过程漫长、转型过程复杂、转型中矛盾尖锐以及转型所处的国际环境复杂多变的特点。也就是说当今中国的转型是在已实现了现代化的西方社会遭遇深刻危机、出现一系列弊端之后开始的,可以说,当中国社会还没有完全享受到现代化积极成果的时候,西方就已经开始了对现代化的全面而尖锐的批评,尤其是后现代主义更是主张抛弃现代性,以避免人类的毁灭。从某种意义上讲,中国的现代化转型的推动力不是来自内部,更多地是受到外部的刺激和影响,而且前现代、现代和后现代交织在一起,在极短的时间内,不仅要完成从农业社会向工业社会、从乡村社会向城市社会的转型;还要迅速从工业社会转向知识社会、从城市社会转向城乡动态平衡社会③。这些因素决定了,当代中国转型时期社会的复杂性。

"秩序"按《现代汉语词典》的解释是"有条理、不混乱的情况"。社会秩序,表示社会有序状态或动态平衡的社会学范畴。中国古代思想家们提出的"治",就表示社会的有序状态和社会秩序的维护与巩固,"乱"则表示社会秩序的破坏和社会的无序状态。16 世纪英国哲学家 T. 霍布斯用社会契约论来解释社会秩序的起源即独立的个人为摆脱"人自为战"的混乱状态,相互缔结契

① 蔡明哲:《社会发展理论——人性与乡村发展取向》,台湾省巨流图书公司 1987 年版,第 66—189 页。
② 宫志刚:《社会转型与秩序构建》,中国人民公安大学出版社 2004 年版,第 6 页。
③ 中国现代化战略研究课题组:《中国现代化报告二〇〇六》,北京大学出版社 2006 年版。

约，作为协调和保护各种利益的社会秩序，因而社会秩序产生于社会存在的需要，同时社会秩序也会随着社会发展的阶段和文明程度的提高而逐步增强。

社会的转型是社会体制在较短时间内急剧的转变，是社会结构的重大转变，它往往会打破原有的社会秩序，造成从人际关系到社会机制的剧烈变化，社会学家们认为，它会直接造成社会控制机制的失效，比如社会控制主体的合法性出现危机，社会规范的合法程度降低等。[1] 在原来的计划经济体制下，中国的社会控制主要是通过政治和行政手段向社会各领域的渗透和思想以及思维方式的一致性来实现的，绝对的主流文化排斥任何其他文化；而在社会转型期，随着政治与经济、国家与社会的相对分离，市民社会的初步确立，维持原有社会秩序的控制主体正在发生巨大变革，造成社会控制的"真空"和社会的无序[2]，这种无序最典型的表现就是规则与制度之间的冲突和混乱[3]。许多学者认为中国的市场经济的确立不仅仅是中国体制变革的单一含义，它更进一步地"会同了发展中国家的现代化进程融入了世界范围内的后发国家的社会转型潮流中，是一场全面、整体性的社会结构变革"[4]。这场由经济体制开始的"转型"奠定了中国社会转型的基础，更由此引发了中国从政治观念、思想意识、文化习俗到社会生活方式的全面的结构性变化。转型以后的社会必须建构新的社会秩序与价值规范，这是社会存在与发展的必要条件。秩序的核心就是规则，社会转型常常带来利益的重新分配以及社会组织在社会中功能作用的变化，地位变化必然引起管理规则的变化，并由此产生社会规则的秩序重建。

我们可以将传媒发展历史总结归纳成这样的构架轨迹：政治方面的历史发展轨迹：集权—集权＋市场—法治；经济方面的历史发展轨迹：计划—计划＋

---

① 宫志刚：《社会转型与秩序构建》，中国人民公安大学出版社 2004 年版，第 14—15 页。
② 沈亚平：《社会秩序及其转型研究》，河北大学出版社 2002 年版，第 277 页。
③ 宫志刚：《社会转型与秩序构建》，中国人民公安大学出版社 2004 年版，第 86 页。
④ 同上书，第 7 页。

市场—市场；传媒方面的历史发展脉络轨迹：事业—事业＋产业—产业。

这个脉络的中间部分就是我们说的转型期，而政治和经济因素决定、制约着传媒转型的发展轨迹。显而易见的是，中国市场经济体制的确立，改变了新闻作为意识形态工具在社会发展中的地位：新闻事业上升为新闻产业的本质改变打破了原有的作为社会话语制造和控制的独一无二的"霸权"地位；新闻业集团化的推进；网络在中国社会生活主流话语领域的崛起等现实，揭示并引发了中国新闻业必然要构建新闻在社会管理和发展中的新秩序。

（二）社会转型影响下的新闻体制改革

自 1978 年以来的中国社会改革最大的特点是体制转轨与结构转型同步，即从计划经济占主导地位的社会向市场经济占主导地位的社会转型；从农业社会向工业社会转型；从同质的单一社会向异质的多样性社会转型等①。中国媒介的改革正是在这宏大而深远的社会语境中展开的，这种深刻的变革力量左右了中国的新闻体制改革：

1. 新闻传媒结构从单一到多元

社会转型使整个社会处于激烈的变动之中，大量新的现象、新的事物和各种新问题不断涌现；对外开放也开启着世界风云变化的观察窗口；社会经济主体的构成发生变化，决策主体多元和决策权的分散导致对社会信息需求的增大。中国新闻从办报方针到经营理念、从新闻业务到新闻经济的战略性调整，这具体表现为中国新闻布局呈现的市场化特征：报业过去以党报为核心、以各级党报为主体，走党的方针、政策和治国方略的传达的政治性路径；而 20 世纪 90 年代以后中国新闻却逐步形成了以周末报、晚报、都市报、各种时尚杂志和手机为主的多元新闻格局。对新闻业而言，20 世纪 80 年代后一大批以信息传播尤其是以经济信息传播为主的报刊纷纷创刊；20 世纪 90 年代的报业以综合性日报、晚报、都市报和专业报为主；电台以综合台、经济台和各类专业

---

① 贺善侃：《转型中的当代社会形态》，学林出版社 2003 年版，第 27 页。

电台为主；电视台是无线、有线和教育频道为主，随后就是网络的出现等，无论是媒介的总体格局还是各类媒介的内部都形成了多元的结构，彻底打破了"一报两台"（党报和综合性的电台、电视台）的垄断格局。进入 21 世纪，对中国社会影响最大的就是加入 WTO，全球化和市场化的合力推动着中国的市场经济和与之配套的社会政治、文化体制的改革。1992 年以后以"结构调整为主线，以集团化建设为特点"的中国媒介改革模式被认可，从 1996 年第一家广州日报报业集团成立到 2005 年年初成立的报业集团有 24 家，报业集团通过兼并和重组，将分散的技术资源、出版资源、人才资源、资金以及社会影响资源进行了结构上的调整和整合，使得在计划经济体制中积累报业生产成本过高与资金困难等问题得到充分缓解，加上中国的报业集团的特色是以党报为龙头、以党的领导为核心的模式，在满足市场经济对新闻业经营要求的同时也实现了"党的喉舌"功能的目的。报业集团模式采取"事业化性质、企业化经营"的体制充分体现出社会转型期的双重体制下的矛盾和对立，报业集团化弊端突现。2001 年中央的 7 号文件颁布，预示着中国媒体新格局创建的开始，允许媒体跨地区、跨媒体经营，打破市场条块分割局面，建立更加规范的市场体系。

2. 新闻的经营性质日益显著

中国的新闻业在 20 世纪 70 年代末实现社会转型之前是单一的事业属性，基本上按国家事业单位的规定和要求，承担党和政府赋予的宣传报道任务。直到 1978 年年底中共十一届三中全会，实行改革开放，社会开始实现转型，中国新闻业的功能和属性才逐步发生变化，由进入 20 世纪 90 年代后，其产业属性日渐明显，双重属性的格局得以形成。20 多年的改革从信息产业的界定到文化的商品属性的认可，中国新闻逐步形成了以经营为核心的生态环境。在微观的层面，新闻逐步改变了长期重业务轻经营的做法，首先将广告和发行单独划为经营范围。按中国广告协会的统计，1981 年全国的广告额不过 1.18 亿元，仅占国民生产总值的 0.024%。但到 2005 年中国广告经营总额就为 1416.3 亿元，占 GDP 的 0.78%，比 2004 年的 1264.6 亿元增长了 12%，而比

2000 年的 712.7 亿元增长了近一倍①，占国民生产总值的 15.06％。特别是 1991—2005 年中国广告行业总体保持稳定的发展趋势，其营业额逐年增加，自 1995 年之后，其年增长率维持在 12％—34％，保持高速增长。发行方面：1999 年，成都商报社"借壳上市"成为中国报业第一股；广州建构了中国大陆报业发行市场典型商业化模式；而为了应对加入 WTO 之后与国际资本形成的竞争，2005 年中国开始创建全国性连锁经营许可权的报刊发行公司，以发行股份有限公司为运营实体，广泛开展报刊发行、投递广告、城市配送、数据库营销等业务。受众被看成客户，市场营销的观点和管理理念进入新闻与受众的关系管理中，"consumer relationship management"（客户关系管理）成为显学，媒体通过开展系统化的受众研究，通过优化媒体组织体系和业务流程，提高受众满意度和忠诚度，进而提高媒体效率和利润水平。就在这样的不断创新中，经营理念渗透到了新闻运作的各个环节中，渗透到了几乎所有的新闻从业人员的意识和行为中。

3. 新闻管理理念由行政管理向"经营管理"转变

有学者曾经从人的角度来概括中国新闻十几年来经过的"三部曲"：20 世纪 90 年代早期是出名记者的时期，90 年代中期是出名编辑的时期，90 年代末期至今是出经营者的时期。② 这一说法揭示出新闻管理从重视内容采编到报道策划、再到经营管理的发展道路。计划经济体制下，作为事业机构的新闻人员更多地是被要求强化国家理念、社会职责和公共意识管理，重政治素养和业务素质；部门与报刊社之间是一种从属关系，遵从的是指令式、督办式的管理理念；转型后的新闻逐步要求懂经营管理，懂市场和经济规律。在当今中国新闻市场环境下，"媒体职业经理人"被作为最佳新闻人才的标准提到了显著位置，"媒体职业经理人"是指那些熟知中国新闻国情，懂得新闻业务知识，具有一定经营管理理

---

① 王学文：《中国传媒结构与市场份额分析》，http：//www.gsei.com.cn/aboutgansu/ziliao/gqb-gk/200406/504166.htm，2004 年 2 月 27 日。

② 支庭荣：《媒介管理》，暨南大学出版社 2000 年版，第 84 页。

念及技能，以媒体经营管理为职业的经营管理人才。这些人一般应具有三种能力：一是把握政策的能力，有政治头脑和制度意识；二是熟悉新闻业务，懂得编辑和采访等基本新闻业务知识；三是企业经营管理的能力，懂得管理学、经济学、市场营销学、财务会计学等基本经管知识。

（三）传媒形成新秩序

国内学者将人类社会秩序分为社会实体、社会规则和社会控制三个构成要素。[①] 所谓社会实体即社会实践的行为主体，是社会秩序的载体，由新闻从业人员个体、不同的新闻从业人员群体和新闻机构构成；当具有不同意志的社会实体以及内部成员被要求遵从统一的社会规范时，社会控制就会启动，通过提供合理的可变动的形式解决其中的矛盾和问题。从中国社会改革的历史来看，文化体制的改革与中国社会本身的改革相伴随，早在 1979 年的 10 月邓小平在《中国文学艺书工作会议》上就有了关于文艺与政治、文艺与人民的深刻论述，为文艺与政治的区格和文化走向独立奠定了体制改革的保障；1985 年文艺团体实施承包经营，启动了文化管理的"双轨制"改革，标志着我国"文化市场"的地位得到承认，全国文化市场管理体系开始建立。1996 年十四届六中全会通过的《中共中央关于加强社会主义精神文明建设若干重要问题的决议》，重点强调遵循文化发展规律和发挥市场机制的作用成为中国文化体制改革的重要理论依据；随后 2000 年"文化产业"概念正式提出，它的提出标志着中国对于文化产业的地位的认可，它不仅启动了新一轮的中国文化体制的改革，更昭示着文化在中国社会发展新阶段的历史机遇，对重新认识文化的商品性有着决定性的作用。

所以，本书的传媒新秩序的确认以此为界，即 2000 年 10 月中国开始的"文化产业"转型后期。本书所指的"文化"，是指与社会意识形态以及与之相适应的制度和组织机构紧密联系的政府管理体制中，文化部系统、广电总局系

---

① 宫志刚：《社会转型与秩序构建》，中国人民公安大学出版社 2004 年版，第 40 页。

统和新闻出版总署系统所管理范围内的文化。我们以前对于文化的意义、地位和作用的认识是单一的，文化只是和"事业"、"工作"联系在一起的，文化属于意识形态，是喉舌，是阵地，是教育手段，是娱乐形式。而文化产业概念的提出，则反映了在市场经济条件下，文化除了上面属性依然存在外，还有其产业属性的一面，还有其价值规律发生决定性作用（指在部分领域）的一面。"文化产业"概念的提出，标志着我国对于文化产业的承认和对其地位的认可，进入文化性质认识的新阶段。

1. 传媒企业市场主体地位的逐步明朗

20 世纪 70 年代，新闻主体的性质与行政管理体制相对应属于事业单位。"在总体布局上，层层建立专业文艺团体，重复设置，人财物浪费；在结构上，单一公有制，全部文艺团体由国家财政包起来；在分配上，严重平均主义'大锅饭'，演不演，演多少场戏，演出水平的高低（作品水平的高低）与收入没有联系；在人事制度上，机构臃肿，存在行政化，机关化等问题"。[①]

20 世纪 80 年代到 90 年代中期，改革开放和市场经济的发展，促进了新闻媒体内部机制和经营管理的变革；一些新闻媒体率先走向市场，主动参与市场竞争。1978 年年底，《人民日报》等 8 家首都报刊联合向财政部递交报告，要求实行"事业单位、企业化管理"，报社仍属于事业单位，但允许从事一定的经营活动，所得部分利润可用于职工的收入及提高福利待遇，也可以用以改善报社的办公条件和技术装备水平。"这一报告获得批准后，实际上意味着延续了十几年的事业单位与企业单位在经济来源上的樊篱得以突破，报社从事经营的问题应运而生。"[②] 新闻媒体开始逐步建立竞争机制、激励机制和约束机制。1988 年，新闻出版署和国家工商总局联合发布《关于报社、期刊社、出版社开展有偿服务和经营活动的暂行办法》，规定："可以兼营广告；可以利用

① 韩永进：《我国文化体制改革历程》，http：//www.china.com.cn/chinese/zhuanti/whbg04 - 05/793495.htm，中国网 2006 年 4 月 3 日。

② 唐绪军：《报业经济与报业经营》，新华出版社 1999 年版，第 109 页。

经济、科技、文化、教育、法律、卫生、生活等方面的信息，为社会提供有偿服务；经有关部门批准，可以举办文化交流活动或文艺活动；可以同企业的主管部门联合举办新闻发布会，信息发布会，以及技术交流推广活动；经工商机关核准，可以面向社会开展摄影、扩印、制版等有偿服务；可以成立读者服务部，经批准，可以兴办各种讲座、培训班、辅导班、函授学校等文教活动；可以结合本身业务和社会需要，举办经济实体（如造纸厂、印刷厂等）。"①

报纸广告浮出水面、报业管理企业化、报刊自办发行等催生着传媒的市场主体的诞生。

20世纪90年代中晚期，人们的市场意识、经营观念开始与市场接轨，以组建报业集团为特征的市场文化主体出现，明确将文化主体的经济利润作为基本条件。到2002年年初，中国共组建了包括中国广电集团和中国出版集团在内的文化集团70多家，从地域上讲，涵盖到北京、上海、广东、江苏、浙江、四川等地；从经营主要业务上讲，有报业集团38家，出版集团10家，发行集团5家，广电集团12家，电影集团5家。在电影改革中还组建了电影院线30多条。组建集团方式多是以行政力量整合，资金来源单一。然而，集团虽然有了一定的形式和相应的组织结构，但未发生根本性质的改变。②

21世纪初期以中共中央的召开于2002年的十六大为起点，文化体制改革进入迅速发展阶段。重塑国有文化市场主体成为了重点，按照现代企业制度的要求，在改革试点地区和试点单位快速地推进国有文化企业的公司制改造，完善法人治理结构，一批大型国有文化单位按照产权清晰、权责分明、政企分开、科学管理的要求实现成功"转制"。明确划分公益性文化事业和经营性文化产业的双主体。通过分离改制和整体改制，直接将对外演出公司、对外展览

---

① 新闻出版署政策法规司：《中华人民共和国现行新闻出版法规汇编》，人民出版社1991年版，第529—530页。

② 韩永进：《我国文化体制改革历程》，http：//www.china.com.cn/chinese/zhuanti/whbg04－05/793495.htm，中国网2006年4月3日。

公转化为严格意义上的市场经营主体；将广告、印刷、发行、电视剧等一般节目制作部分分离出来，转制为企业，面向市场搞好经营；还通过股份制改造，通过上市进行资本运作，严格意义上的新型市场主体和法人实体形成。

2. 符合市场规律的传媒运行规则的构建

（1）传媒的现代企业运行规制的确立。改革之前所有传媒都属于事业性质、财政拨款，这种体制下，报纸只注意内容是否与党的喉舌功能一致。

——"事业性质，企业运营"模式实行后，剥离了广告和发行，将其按生产经营企业管理。

"文化产业"体制下的传媒事业单位的改革大体分两类进行：一类是经营性传媒事业单位转企改制。目前要转制为企业的传媒事业单位主要包括：除人民、民族语言、盲文等社会公益性较强的出版社以外的出版单位，科学技术、竞技体育、音乐美术、生活休闲等报刊社。对这一类传媒事业单位，重点是进行体制机制创新，完善法人治理结构，建立规范的现代企业制度。有条件的要进一步加快产权制度改革，实行投资主体多元化。另一类是党报、党刊，由国家主办，实行新的事业体制。其职责依然是发挥其喉舌功能和宣传作用。改革的重点是实行宣传与经营两分开；实行企业事业分开后，把从事业体制中剥离出来的广告、印刷、发行、传输部分和其他产业，转制为企业，面向市场，搞经营。①

（2）利用资本市场发展传媒业。文化体制的深入改革形势揭示了传媒业发展的新规制，实行公益性与经营性分类，党报党刊、电台、电视台、广电集团（总台）的除新闻采编宣传以外的广告经营及节目制作业务被分离出来，改组为公司经营，并允许对出版发行、广告以及体育、交通、影视、综艺、音乐、生活、财经、科教等频道、频率有条件地进行公司化改组与经营。这些着力培育市场主体的改革思路和具体措施为传媒业改制企业，充分利用资本市场奠定

---

① 范帆：《对当前传媒产业改革发展的思考》，《新闻记者》2006 年第 11 期。

了坚实基础。2000 年 6 月发行量 40 万份、年广告收入超亿元的《成都商报》通过其下属的"成都博瑞投资公司"间接控股沪市上市公司"四川电器",成为首家上市的报纸业媒介；2001 年 1 月 4 日北京歌华有线成功上市,8000 万 A 股在上交所挂牌交易,当日以 32 元的价位开盘,终盘报收于 28.45 元。在中国专事 IT 业信息媒体而积累了财富,具有信息产业部背景的赛迪集团,日前收购了亏损的 ST 港澳并正式更名为"赛迪传媒","借壳"上市成功,成为继"电广传媒"之后第二只冠以'传媒'名称的股票。4 月背靠山东三联集团的《经济观察报》在京面世,5 月,由北大青鸟斥巨资 5000 万元参股的《京华时报》横空出世,再加上之前就已驰骋资本市场的电广传媒、东方明珠、中视股份,在中国的资本市场上,一批带有媒介背景的上市公司正在竭力打造"中国传媒概念股"这一全新的概念。①

（3）完善媒体发展的法律和政策保障。传媒在中国的特殊地位和功能使得它成为中国社会改革最后的处女地；正因为如此,在控制中改革和在谨慎中选择才能确保社会改革的所有成果。在这一点上中国的文化改革可以说是富有成效的,这可以在自市场经济体制确立以来所制定的相关政策和法律窥见其变化的保证性和推动力：

1996 年十四届六中全会通过《中共中央关于加强社会主义精神文明建设若干问题的决议》,提出了"改革文化体制是文化事业繁荣和发展的根本出路"；"改革要遵循文化发展的内在规律,发挥市场机制的积极作用"；2000 年的十五届五中全会通过《中共中央关于制定国民经济和社会发展第十个五年计划的建议》,首次提出"文化产业"概念,承认文化产业在国民经济中的地位。2001 年中共中央批转了中宣部、广电总局、新闻出版总署《关于深化新闻出版广播影视业的若干意见》,提出以"机构调整为主线,以集团化建设为突破

---

① 邢建毅、刘文明：《我国资本市场与传媒产业的融合与发展趋势研究》,《现代传播（中国传媒大学学报）》2002 年第 2 期。

口，在宏观管理体制、微观运行机制、政策法律体系、市场环境等 5 个方面的创新"思路。据统计，这一时期由全国人民代表大会常委会、国务院和中央文化管理部门陆续制定和颁发了 200 多部法律法规、政策性文件或部门规章，涵盖了舞台艺术、新闻出版、广播影视、互联网、文化经济等诸多领域，如《著作权法》、《广播电视管理条例》、《电影管理条例》、《出版管理条例》（2003）、《音像制品管理条例》、《印刷管理条例》。2003 年在党的十六届三中全会通过的《完善社会主义市场经济体制若干问题的决定》之后，提出逐步建立党委领导、政府管理、行业自律、企事业单位依法运营的文化管理体制，改革融资领域。2004 年党的十六届四中全会通过《中共中央关于加强党的执政能力建设的决定》，提出"深化文化体制改革，解放和发展文化生产力"的重要命题，积极快速地推动着中国文化产业的发展，使中国传媒产业获得重大成果。其后又相继出台了包括《关于促进广播影视产业发展的意见》（2004）、《中外合资、合作广播电视节目制作经营企业管理暂行规定》（2004）等在内的重要政策和法律规范。

随着传媒业改革的逐步深入，传媒的政策法规构建已经在明确传媒业市场主体、建立全国统一的传媒市场体系、培育传媒资本市场以及构建跨国传媒企业等传媒改革重点领域铺开，形成和西方国家一样细致缜密的传媒法律体系，确保传媒市场的合理性发展。

3. 党的执行力控制中的中国传媒

纵观中国传媒的发展历程，中国传媒经历了从政党的政治主张的宣传工具到提供社会信息平台再到公共话语平台构建的功能性转型①。传媒的价值诉求和传媒的经营策略发生了改变，但有两个显著的特点至今没有变：一是中国传媒的发展、改革、演变的历史，其实就是中国共产党党报发展的历史，这方面的研究当以胡兴荣的《大报时代——党报改革八十年（1925—2005）》为代表，

---

① 喻国明：《变革传媒——解析中国传媒转型问题》，华夏出版社 2005 年版，第 3—8 页。

这是一本以 80 年来特别是近半个多世纪以来中国共产党的报业改革为主线，全面地条分缕析其发展进程的专著。它揭示出从中国共产党成立之初到以党报为核心的报业集团化模式的建构，都充分体现了中国共产党对传媒的核心控制权和在社会文化发展中的领导权。

在文化体制改革阶段，中国共产党对传媒的掌控一方面体现在通过制定决定性的政策和相应的法律法规；另一方面在具体战术上进行了战略性的调整，总的原则是继续严格控制主流媒体和核心媒体，而边缘媒体、非主流媒体和媒体相关产业的经济形态交由市场决定。一是将文化体制改革纳入中国共产党对先进文化的建设这一发展战略之中，使文化发展的方向始终与党的建设发展方向保持一致，通过对党的建设方向的把握，控制文化发展方向；二是从对文化的直接管理转变为宏观的政策调控和有序市场环境的建构，在转制过程中着重强调要对新闻出版、广播电视业改革的领导，始终掌握对重大事项的决策权、对资产配置的控制权、对宣传业务的审核权、对主要领导干部的任免权等重大权力的控制[1]；三是通过对广电总局和新闻出版总署等核心管理机构构建起自上而下的全面控制体系。首先是控制产权。我国传媒企业的产权属于国家，国家作为出资者委托某个部门来经营管理，就目前来看传媒业的管理部门并没有真正成为这些国有资产的经营者，它们是事实上的各种媒体的控制部门；其次是在传媒业集团化建设、合并重组、上市融资等重大问题上的决策权在政府。[2]

控制策略变化的原因在于：现代传媒推动或支配了中国思想文化的发展动向，只有把握传媒才能把握社会；同时 20 世纪 90 年代以后，中国经过长期的改革开放，在政治、经济、文化与社会领域已经发生了深刻的变化，当代中国已经不再是原来意义上的高度一元化与板块化的。全能主义国家政权

①　《中共中央关于深化新闻出版广播电视业改革的若干意见》，2001 年。
②　翁杨：《我国传媒产业国际竞争力的政府要素分析》，《传媒经济》2005 年第 4 期。

在计划经济体制下具有广泛而深入的对社会基层组织细胞和个人的政治控制力与政治动员力，而在当下社会，网络的形成和全社会的市场化调整，非政治领域的自主社会空间开始出现；政治控制的范围逐渐缩小[1]。也就是说，转型后的中国，在经济领域内存在着的多元化，必然会带动起其他领域的多元化，比如社会文化、教育、娱乐、学术研究、非政治的社团等，在主流意识和文化以外形成众多的带有自组织系统的亚文化以及亚文化圈，对当下的社会主流意识和主流文化产生补充性作用。当然，如果任其发展，就会覆盖和颠覆主流文化。

也就是说，当代中国非政治领域的有限多元化与私域自由空间的扩大，意识形态的世俗化，以及一党体制为基础的社会动员能力与命令机制的存在，这三个特点所构成的中国大陆社会转型时期政治体制的最重要特征。[2] 这一特征直接影响和建构了中国当代日常生活中的新型的宽容的政治文化，这也为传媒在当下语境中的新秩序的形成以及传媒新发展提供了必要条件。

第三节　消费主义影响下的中国传媒

本节以西方社会文化思潮对中国传媒实践的影响为宏观的内部场域，将西方消费社会消费主义的发展演变以及全球性扩张作为研究中国传媒消费语境形成以及消费特征研究的参照，探究中国的消费社会相同的形成和发展特征以及新闻传播实践受到的西方思潮的影响。

---

[1]　萧功秦：《后全能体制与 21 世纪中国的政治发展》，《战略与管理》2000 年第 6 期。
[2]　同上。

一 西方社会消费主义产生的背景及发展

现代意义上的消费主义的起源与 19 世纪末的美国社会有密切的关系。第二次工业革命使资本主义高速发展。1870—1900 年世界工业生产比 1850—1870 年增加了两倍。作为新兴的资本主义国家，美国尤为引人注目。美利坚合众国成立一百年后的 19 世纪 80 年代，工业总产值占到世界工业总产值的30%，居世界第一位。1859—1899 年，美国的工业总产值从 18.8 亿美元增长到 114.07 亿美元。[①] 这一时期美国的铁路发展也十分迅速，1850 年铁路线达9021 英里，居世界第一位。"美国的经济已经做好了飞跃的准备"[②]。19 世纪40 年代开始，商业化的农业生产在美国出现，电气工业同时兴起，大公司大企业也随着产生。这是现代消费主义在美国产生的经济基础。美国产生现代意义上的消费主义的社会因素按照《资本主义文化矛盾》的作者丹尼尔·贝尔的分析是"幻觉剂轰动"取代了新教伦理。新生活方式的出现是因为美国人的感觉方式发生了变化，社会结构也发生了变化。"从美国社会高消费经济状态下新的购物习惯的发展，及其对新教伦理和清教精神（这两项准则支持着美国资产阶级社会的传统价值体系）的侵蚀中"，我们可以看出变化，[③] "经济冲动"代替了"宗教冲动"，换句通俗的话说：美国主流社会的生活价值观发生了变化。勤俭持家被炫耀式消费所取代。上中产阶级的美国人大多数于是耽于攫取更多的财富从而更奢侈地消费。

有研究表明，"家庭主妇"的消费、百货公司的发展，推动了美国妇女在购物、做饭、工作休闲等方面的消费风气。19 世纪末 20 世纪初美国城市休闲方式的特点是休闲的场所都在公园、舞厅、沙龙、电影院、赛马场、体育馆等

---

① 杨魁、董雅丽：《消费文化——从现代到后现代》，中国社会科学出版社 2003 年版，第 91 页。
② 同上。
③ 同上。

公共场地。一直到今天，这些项目仍然是西方消费主义文化的内容。在消费方面，广告起了推波助澜的积极作用。资料显示，1870—1910 年间美国日报类报纸的发行量增长了 9 倍。全国性的新闻机构和大报连锁机构也是在这一时期出现的，比如"普利策"的名字就是这时出现在媒体的。杂志上的广告给妇女带来新时尚理念，最后把读者变成了消费者。①

社会学家凡布伦（Thorstein Veblen）在《有闲阶级论》里把美国 19 世纪的消费风气用"炫耀式消费"的字眼来概括，这表明了早期美国消费的"贵族化"特征；进入 20 世纪 20 年代后的美国消费主义的显著特征是"大众消费"。有学者分析认为福特主义创造了工薪阶层消费模式。标准化规模化的大批量生产使工人消费得起住宅和汽车。"一天工作 8 小时，挣 5 美元"，就是福特主义用以吸引工人加入消费主义行列的重要手段。所以消费社会的大众性崛起"与以福特主义为代表的资本主义大规模工业生产方式有着密切联系，"② "在葛兰西看来，现代消费主义构成了资本主义社会劳动力再生产以及整个资本主义社会体系再生产的一种新形式。"③ 无论怎样，发端于福特主义的美国大众消费文化在 20 世纪 50 年代后期成了"现代资本主义的核心"。④

20 世纪 50 年代的美国因二战获利，一方面是经济迅速发展，物质财富也大量增加。马尔库塞说这时候的美国人普遍具有"幸福意识"：人们"最流行的需求包括：按照广告来放松、娱乐、行动和消费……"⑤ 所有的人在汽车、房屋以及各种日用的消费中寻找自己的精神寄托。另一方面，20 世纪 20—30 年代，资本主义国家陷入一场空前的经济危机之中，英国经济学家凯恩斯（Keynes）认为，经济危机发生的根源是资本主义社会有效需求不足。解决

---

① 潘小松：《美国文化研究中的消费主义问题》，http：//www.xinfajia.net/6622.html，2009 年 8 月 20 日。

② 罗钢、王中忱：《消费文化读本》，中国社会科学出版社 2003 年版，第 3 页。

③ 同上书，第 7 页。

④ 同上书，第 97 页。

⑤ ［美］马尔库塞：《单向度的人——发达工业社会意识形态研究》，张峰等译，重庆出版社 1988 年版，第 9 页。

经济危机应当鼓励消费和投资，于是鼓励消费的经济政策在资本主义国家得到广泛的重视与实施。消费主义也就成为支配人们消费行为的一种观念。[①]"商品及其流通方式的发展与商品的巨大丰富是形成消费主义文化的重要经济基础，"[②] 消费主义思潮便应运而生。此时，电视等大众传媒"顺应了资本主义经济发展的需要，为美国消费热潮的到来提供了充分的舆论宣传和引导"。[③]经济发展刺激了消费，消费欲望使"资本主义新教伦理"瓦解：人们不再认为勤俭持家是美德了。新的文化意识形态是消费而不是节俭。劳动与积累不是目的，只是消费的手段，享乐才是根本。"人们在休闲、消费和感官满足中接受了新的消费方式和生活方式……现代消费主义文化悄然形成。"[④] 丰富的商品和信用消费不仅迅速提高了美国人的生活品质，更带来了全新的生活方式和价值观。

美国消费主义的高潮出现在近 20 年，这与技术的进步和媒体的宣传有直接的关系。伴随着经济的进一步发展，西方国家纷纷从"成熟阶段"飞速跨入"高消费"阶段。在此阶段，广播电视等大众传播媒体发挥了巨大的威力，将商品的"符号价值"发挥到极致，制造出"模拟世界"，消解了"公共领域"和"私人领域"的界限，消费主义文化至此完全形成。正如鲍德里亚在《消费社会》的开篇所说的，"今天，在我们的周围，存在着一种由不断增长的物、服务和物质财富所构成的惊人的消费和丰富现象，它构成了人类自然环境中的一种根本变化。……我们生活在物的时代……"，商品消费改变了日常生活，改变了社会关系和生活方式，"改变了人们看待这个世界和自身的基本态度"。[⑤] 在消费社会里一切皆成为了消费品。

西方当代资本主义社会被称为"消费社会"、"富裕社会"。消费主义作为

---

① 雷定安、金平：《消费主义批判》，《西北师大学报》（社会科学版）1994 年第 3 期。
② 杨魁、董雅丽：《消费文化——从现代到后现代》，中国社会科学出版社 2003 年版，第 105 页。
③ 同上书，第 109 页。
④ 同上书，第 131 页。
⑤ 罗钢、王中忱：《消费文化读本》，中国社会科学出版社 2003 年版，第 1 页。

一种有相当影响力的消费观、价值观，在西方社会得到普遍的认同和广泛的传播。美国著名的马克思主义学者弗·杰姆逊指出，当代资本主义社会"已经没有旧式意识形态，只有商品消费，而商品消费同时就是其自身的意识形态。"①英国学者汤林森（J. Tomlinson）指出："资本主义的文化重点就是消费的行为过程与经验的商品化……资本主义文化的扩散，实质就是消费主义文化的张扬，而这样一种文化，会使所有文化体验都卷入到商品化的旋涡之中。"②

二　消费主义的全球性扩张

"消费主义是指这样一种生活方式：消费的目的不是为了实际需求的满足，而是不断追求被制造出来、被刺激起来的欲望的满足。换句话说，人们所消费的，不是商品和服务的使用价值，而是它们的符号象征意义。"③ 这代表着为消费而消费的"形式主义"意义上的社会行为，消费成了人类存在的基本理由。购物和消费成了消费社会的最高原则。作为一种生活方式，消费主义的最大特点就是对物质享受和感官享乐的迷恋。作为一种价值观念，物欲至上，物质主义和享乐主义成为生活的主导价值。

不仅发达国家将"拥有和使用数量和种类不断增长的物品和服务"作为主要的文化志向和"可看到的最确切的通往个人幸福、社会地位和国家成功的道路"（杜宁，1997），而且这也成了全球的趋势。马克思的预言也证明，"不断扩大产品销路的需要，驱使资产阶级奔走于全球各地。它必须到处落户，到处创业，到处建立联系。资产阶级，由于开拓了世界市场，使一切国家的生产和消费都成为世界性的了……它们的产品不仅供本国消费，而且同时供世界各地

---

① ［美］弗·杰姆逊：《后现代主义与文化理论》，唐小兵译，北京大学出版社 1997 年版，第 29 页。
② ［英］汤林森：《文化帝国主义·序言》，冯建三译，上海人民出版社 1999 年版，第 6 页。
③ 黄平文：《生活方式与消费文化》，载陈昕《救赎与消费——当代中国日常生活中的消费主义》，江苏人民出版社 2003 年版，第 7 页。

消费"。① 发达国家通过资本的转移和扩张，将消费主义伴着消费品的输出传播到世界各地，并随着经济的全球化而"自然而然"植入了世界各国。例如拿跨国公司来说，它们基本上是以西方国家为母国，以发展中国家为客国，它在第三世界的"登陆"是以消费主义的扩散为先导的。消费文化首先是在西方社会中形成主流，然后通过大众媒介对发展中国家进行单向传播。② 并且随着互联网络在世界各地生根并以惊人的速度扩散。传统的媒体——报纸、广播、电视、杂志、书籍等，都在陆续入驻互联网，使其产品和服务得以为人们普遍共享。现代传媒正在大大增进全球的沟通，不分国籍的人们，从最小的村庄到最大的都市，正通过电子媒介汇合到一起，从事娱乐、商务、教育、保健和其他人类活动。尽管不少国家为了自身的发展，在努力地寻求着与西方社会在"信息传播领域"的平等的对话权，联合国也不断地周旋于世界各国之间，以推动形成发达国家与发展中国家的"平等话语权"，并取得了富有实效的成果。③

以阿多诺和霍克海默（1947/1990）为核心的西方知识分子通过对文化产业的考察，对消费社会乃当代资本主义的这种新社会方式和形态进行了痛彻的批判。马尔库塞则认为表面上人们过着安乐的生活，是"快乐消费者"，但人们获得只是"虚假的需要"，人性被异化了，他说，"我们可以区别开真实的需要和虚假的需要。'虚假的'需要是指那些在个体的压抑状态中由特殊的社会利益强加给个体的需要：这种需要使辛劳、攻击、不幸和不公正长期存在下去……最流行的需要包括，按照广告来放松、娱乐、行动和消费，爱或恨别人所爱或恨的东西，这些都是虚假的需要。……人民在他们的商品中识别出自身；他们在他们的汽车、高保真音响设备、错层式房屋、厨房设备中找到自己的灵魂。那种使个体依附于社会的根本机制已经改变了，社会控制恰恰锚定在

① 《马克思恩格斯选集》第 1 卷，人民出版社 1972 年版，第 254—255 页。
② 杨伯淑：《从国际传播到全球传播：跨国公司的介入及其影响》，《新闻与传播研究》2003 年第 3 期。
③ 郭庆光：《传播学概论》，中国人民大学出版社 1999 年版，第 92 页。

它已诱发的新需求上。"①

　　然而，科技术的飞速发展对信息全球化和在科技技术上拥有绝对优势的发达国家在信息传递上拥有的"话语霸权"却一天天地实现着、扩大着，并产生着越来越大的影响。甚至有学者表现出了这样的焦虑，"跨国媒介公司的运作，切合了资本主义世界体系的运转逻辑与意识形态需要，媒介帝国主义的现象之所以发生，乃肇因于发达国家（尤其美国）的媒介波及、冲击了发展中国家，使得发展中国家的阅听人全盘接受资本主义的消费主义价值观，成为西方文化霸权的俘虏，并导致本民族文化传统的崩溃"（陶东风，1998）。由此可见，消费主义实际是一种为商业集团的利益所驱动、为大众传媒所推广、将越来越多的人群卷入其中的生活方式，是一种"文化帝国主义"和"媒体帝国主义"的产物。

三　西方消费主义对中国传媒的影响

　　20世纪80年代中期之后的中国，无论政治还是经济都发生了根本变化。中国社会由政治关怀开始向"富裕生活"的理想迈进，消费主义观念开始渗透到文化的创造和传播过程中。20世纪90年代以后，无论是国家意识形态文化或是启蒙主义的知识分子文化，无论是现实主义，或是浪漫主义、现代主义，都悄然退出或者被挤出了文化舞台的中央。曾几何时，曾经令人肃然起敬的人道主义的责任感和使命感在各种戏谑调侃下变得虚弱、甚至虚伪，在一种以宣泄和释放为目的的消费主义文化铺天盖地的席卷下，那个悲壮而崇高的普罗米修斯形象似乎正在从中国文化中悄然淡出。大众心目中的"英雄偶像"不再是20世纪五六十年代的黄继光、邱少云，不是70年代的"反潮流"代表，也不是80年代那些思想解放运动中涌现出来的思想先驱和艺术先锋，而是香港的所谓"四大天王"，是东方丽人巩俐、喜剧天才葛优，是好莱坞明星汤姆·克鲁斯、戴米·摩尔，是一

---

①　［美］马尔库塞：《单向度的人》，上海译文出版社2006年版。

代足球天骄贝克汉姆。这一切，标志着消费主义文化入侵中国。①

客观地审视消费主义的"进入"，我们不难得出这样的结论：一方面是全球化语境下，西方发达国家借助强大的经济力量对全球国家的"经济一体化"控制的结果，是借助建立在强大经济基础上实施文化帝国主义战略的归因；而另一方面中国围绕市场经济而建构的新社会体系本身以及为了更大的发展而寻求与世界的接轨也培植了逐渐完善的消费社会环境，从而使得西方消费主义思潮一拥而入，并深刻地迅速地改变了中国的社会生活语境。

在此，消费主义就成为了一个"复合性"话语，包括西方消费主义、中国的消费语境以及由大众传播共同建构的消费文化等。它们一起在与今天中国传媒互动影响中又共同建构了新的传播活动体系。为了实现市场经济利益最大化原则，其市场运行及生产行为不能不瞄准公众消费动向，不能不围绕消费旋转。正是由于市场经济着眼于消费的运作机制和西方社会消费主义思潮的影响，使当前我国大众传媒呈现出一定的消费主义倾向。②

笔者以为中国传媒呈现出的消费主义倾向的典型表现是"新闻的变异"。曹顺庆先生曾就比较文学学科理论范式的创新研究提出过"文学变异学"③的研究思想，作为一种方法论，他认为：（1）人类文学的发展历史中存在着不同文学体系的横向交流，在交流中本土文学吸收和借鉴异域的文学素养会产生出新的文学形态，比如禅宗文学；（2）文学在接受过程中更多地带有审美和心理的复杂因素，而这样的因素通过文化的"过滤"和"误读"形成的"接受性文本"是接受者的"想象物"，这种"想象物"既有个体的特征，更会作为"社会想象"而成为集体性的整体呈现。接受美学理论从更具普遍性的艺术规律着手，而文化阐释的方法则为我们的讨论提供了更多的维度。"文学变异学"的提出应该说不仅为比较文学的学科研究提出了一种全新的

---

① 尹鸿：《霸权与多元：新世纪电视文化随想》，《电视研究》2000 年第 1 期。
② 秦志希、刘敏：《新闻传媒的消费主义倾向》，《现代传播》2003 年第 9 期。
③ 曹顺庆：《比较文学》，四川大学出版社 2005 年版，第 28 页。

视角，也为今天新闻学的研究指出了更为有效的研究路径和方法，新闻作为一种"生产者式文本"①（费斯克）从传播者、信息、受众、媒介到接受效果的生产和接受过程中都始终存在着各种因素相互间的影响互动，大众传媒的"生产意义"和"接受意义"是不完全相同的（霍尔）。

所谓"变异"，原是生物学的概念，指同种生物世代之间或同代生物不同个体之间在形态特征、生理特征等方面所表现出来的差异。后来就衍生泛化到指某种事物相同类型随着时间推移在形式上，个性特征上发生了变化与差异。本书认为新闻的变异在现实中存在于三种层面上：

（1）制度影响下的变异。这种制度，包括大的制度，如资本主义制度、社会主义制度。也包括如集权似的自上而下的线性体制和私人占有、社会"原子个体"似的体制影响。制度影响对于变异有两个方面的作用。一种是制度明确地对新闻施加影响而使之产生的变异；另一种是新闻在某种体制下运作，久而久之由于利益的"屈服"而产生的一种隐性的，人们明知但又觉得"无法避免"的主观变异。

第一种情况在类似于直接的新闻规定和新闻检查中体现得比较明显。原本的新闻理念或设想是要追求新闻的真实和自由，但是出于社会调整和社会控制的目的，某种制度直接施加了一些限制和影响，以一些明确的规定和行动体现出来。但是初衷的良好不一定带来预想的结果。由于控制行为自身不可能做到很精确，制度本身的运作也是有缺陷的，往往演变成为过度限制或限制的某些方式、范围不当，这样，首先是新闻的自由发生了变化，再后由于自由以及独立精神的缺乏，新闻开始屈服于压力与控制，仅仅只是"但求无过"的运作，使得新闻失去了真实以及内容丰富、及时，适应消费者等要求特点，出现另一种模式的异化。这自然也是马克思的"人的异化"的本质。

---

① 在巴特的基础上，费斯克提出"生产者式文本"的概念。"生产者式文本"是"一种大众性的作者式文本"，它既是通俗易懂的，又是开放性的。很明显，费斯克所指的就是大众传媒所产生的大众文化文本。

　　第二种情况是制度没有直接显性的支配，但在这种制度（或体制下）不可避免自然发生的变异，李普曼在《舆论学》中曾写道："发行量是达到目的的手段，只有当它能够卖给广告商时，它才成为一种宝贵的财富。"① "报纸的售价低于成本，盈利来源于广告收入，读者支付给新闻的是直接或间接的广告费、广告商用间接获得的税收来购买发行量"。② 尽管李普曼在后文还有更加不同的深入阐述，使得这种情况会有或多或少的修正，但他至少反映了一种早期的客观存在。这种经济制度本身给新闻造成的压力，使得新闻一方面只有迎合受众；另一方面以"受众面广的幌子"来讨好广告商。"企业依赖他的一些广告主间接地向它的读者征税。"这样，一种变异至少在这种情况下发生了：为了获得那部分销路，它不能完全依赖较大范围的新闻，关于公众事务的新闻质量也不足以使很大量的读者在一些日报中产生偏见。这种金钱上的压力产生的变异常常存在，过去我们常常将其归于对资本主义的抨击。今天即使抛开这种意识形态的词汇，从经济范畴来阐述它，这种屈于利益在广告商和读者两者间互相平衡而非出于新闻本身责任的变异模式也是事实。

　　私有制和读者社会"单原态"的情况，也是变异产生的一种压力。李普曼在《新闻性质》指出："如果有一张敌对的报纸吸引住他们，那么这部分读者就会断然离开他。编辑是在极大的压力下工作，要根据读者对报道可能有多少兴趣来设想把新闻拔高或贬低。"③ 李普曼这话在私有体制报业中体现得尤其明显，而且他的此言论也带上了自己受私有理念影响的色彩和局限性。在报业集团都是相互私有逐利的情况下，彼此之间存在着残酷的竞争，同时，由于李普曼笔下的读者是"单个的"、"相互孤立原子似的"、易变的，而不像拉扎思菲尔德认为的存在一个意见领袖和相对稳定、较为团结的有承受力的群体，这种"几分钟就可能决定一个读

---

　　① 陈建云、严三九、郭建斌、吴飞：《中外新闻学名著导读》，浙江大学出版社 2005 年版，第 225 页。

　　② 同上。

　　③ 同上。

者去留"的理解，必然也会促使新闻往平庸性、非真实性方面的变异。

（2）技术条件制约下的变异。一方面是观察及视野方面的，"全世界记者整天的工作，也不能亲眼目睹世界上发生的所有事情。"[1] 有限的观察者、有限的视野面对的是无限的观察对象。在尽可能地接近真实的过程中，有很多技术可能是无法实现的。同时，观察的手段和工具在技术实现上是有缺失和误差的。这样，即使新闻从业人员不受到制度方面的压力，自身的弱点也能减到最小、无偏见的公正报道，他仍然会受制于无形的技术局限，这种技术局限使得新闻报道常常不是原态的描述，也不是直接的推论，而常常是"推论的推论"[2]。谁能控制最初的真实和过程中的改变呢？你推论所依据的前一环节又是不是推论的呢？真实与否呢？这成了一个无限反推的悖论。技术局限使得"噪音"的影响无处不在，这就自然形成了错误、失真、曲解，而这种"缺失不足"会累积到足够的程度和分量，新闻的性质就会发生变异。

还有一种情况来自技术局限在评价规则和纪录执行方面的影响。李普曼曾提出：新闻不是社会情况的一面镜子，而是一种突出事实的报道。任何偶然发生的事如果能被确定、具体化、衡量和定名称越多，则能报道的新闻也越多。[3] 我们看到了如果没有精确的"评分"和评估，新闻报道将会出现怎样的荒谬和无奈。新闻报道的取材前，需要先有一把尺子和纪录器，进行"前报道"的工作——固定、精确、明晰化材料。"那里有好的纪录器材，那里就有新闻报道的准确性"[4]，"新闻的确凿性与纪录体制有很直接关系。"但是，这个"纪录器"本身的局限呢？技术的有限性使得这个前统计、固定过程是有大量风险的，与真正的实际比较有大量的缺失，新闻记者如果采用这样的纪录，最初来源本身就带有了不

---

① 陈建云、严三九、郭建斌、吴飞：《中外新闻学名著导读》，浙江大学出版社 2005 年版，第 232 页。

② 早川：《思考和行动中的语言》，载张国良《20 世纪传播学经典文本》，复旦大学出版社 2005 年版，第 261—263 页。

③ 陈建云、严三九、郭建斌、吴飞：《中外新闻学名著导读》，浙江大学出版社 2005 年版，第 234 页。

④ 同上。

足，在后来的反复报道中将会放大这种不足。而如果跳过前记录阶段直接前溯到直接面对事件本身，又会遇到前述的有限视野问题，所以两方面都是会出现问题。

（3）客观可能及人性本身弱点影响下的变异。客观影响是因为很多情况客观不可测，无法量化，也就无法对新闻是否偏离原有方向进行评估和监测。而人的影响是指人必存的弱点对新闻内容有意无意的扰动。

首先是报刊宣传发行员①。新闻依赖于宣传员，公布的消息很多都是首先通过报刊宣传员传播的。但是一方面，宣传员也可能处于逐利和自保的需要，不具有太高的美德，"仅仅对他的老板负责，所谓的事实只是忠于老板所谓的自己利益"。②甚至"想要无约束的宣传的话，就去制造点什么事"。③这样，处于宣传者的特殊角色，既是审查者又是宣传者、把关人，新闻的本色在他这里就发生改变了。另一方面，即使宣传员自身有良好的修养和职业道德，但由于人的理性和判断能力是有局限的，而宣传员又充当中间的角色、给记者提供的情况是他希望公众知道的，他决定取什么材、说什么话、选择哪些内容，这种能力的无形的局限使得他本身就成为某种意义上的"噪声"。信息在通过他这个"筛子"时，既得到了过滤，也发生了变异。

（4）编辑和读者层面的，一方面编辑得到的是间接信息，他阅读的新闻，很少通过亲自观看事件本身来核实。这在来源上就先有风险，然后，出于极大的竞争压力和人性的自利，他要根据读者需要进行可能的修正。他要用自己的判断去思考怎样吸引住读者，要充分地唤起读者的共鸣。然而，读者作为一个数量众多而广泛的群体，他的口味普遍是世俗的、平庸的（人性的局限）。他常常喜欢大众化的猎奇而不是高雅的信息，这样两者一冲突，人性的弱点使得

---

①　19世纪中叶，在美国风行"报刊宣传"活动，这个活动就是一个组织为了自身利益和目的，雇用报刊宣传员，在报刊上进行宣传活动，以制造舆论，扩大影响；中国的发行员促销报纸为核心，但在整合传播的营销策略中也显示了销售决定新闻采编业务的特征。

②　陈建云、严三九、郭建斌、吴飞：《中外新闻学名著导读》，浙江大学出版社2005年版，第235页。

③　同上。

编辑选择的内容常常慢慢变化得迎合、奉承，产生低俗化的变异。再者，即使读者的爱好和欣赏是高雅的，也存在人性弱点的干扰，因为从受众方面出发，读者是存在对新闻的自己理解和重构的；读者是无意地带有了自己的感情色彩、偏见去选择新闻的，这种理解和感情来源于各自的生活背景，是多元的、无法统一、难以引导的。这样，大量的倾向是平庸的消息，少量的高雅爱好又是多元的，新闻在这多种因素影响下，也是会发生类似于"劣币驱逐良币"的变异的。

综上所述，新闻的变异是难以避免，客观存在的，主要有三种：内容方面的变异；失真的变异；庸俗化的变异。只能通过因素之间的相互冲突、新闻传播与新闻接受以及人工和技术的逐步协调去调整它。现代新闻与传统新闻的不同是它是在信息化、网络化背景下的，网络的"平等空间"可能会减弱制度影响下的变异，但也可能加剧商业化刺激下的变异；网络采访新闻，使得采访者常常可以跨过遥远的距离，直接面对事件本身和被采访者（如通过电子邮件直接采访），也缩小了有限视野和无限对象的差距，这样可以一定程度上减少信道传播过程中的失真度，但网络本身作为一种工具，又带上了技术影响下的虚拟和"伪语境"性，网络同样可以造成另一种新闻的变异，比如网络体新闻、视频新闻、虚假新闻等，当然这又是另一个可以深入研究的领域，本书略述于此。

第四节　文化创意产业视阈中的新闻

一　文化创意产业的界定和涉及范围

（一）文化创意产业的界定

当代文化创意产业的兴起源于创意产业（Creative Industry）这一创新理

念的发现和发明。创意产业、创意经济（Creative Economy）或译成"创造性产业"，是一种在全球化的消费社会的背景中发展起来的，推崇创新、个人创造力、强调文化艺术对经济的支持与推动的新兴的理念、思潮和经济实践。有资料显示，创意产业缘起于振兴英国经济的战略思考：1997 年 5 月，英国首相布莱尔针对英国作为一座老工业城市，其制造业已经失去竞争力，高福利国家的地价等指标又很高，客观条件决定不能再发展低端制造业的情况下，为振兴英国经济，提议并推动形成了一个创意产业特别工作组。这个小组于 1998 年和 2001 年分别两次发布研究报告，分析英国创意产业的现状并提出了"创意产业"发展的战略，并明确地将"创意产业"界定为："源自个人创意、技巧及才华，通过知识产权的开发和运用，具有创造财富和就业潜力的行业"。根据这个定义，英国将广告、建筑、美术和古董交易、手工艺、设计、时尚、电影、互动休闲软件、音乐、表演艺术、出版、软件，以及电视、广播等行业确定为创意产业。一些西方学者认为，文化创意产业中的经济活动会全面影响当下文化商品的供求关系和产品价格。

创意产业的发展建立了一条在新的全球经济、技术与文化背景下，适应新的发展格局，把握新的核心要素，建构新的产业结构的通道。笔者认为，创意产业其实质就是文化的商品化，它将社会的物质生产通过废弃的工业资源的合理开发和利用与社会的精神生产紧密联系起来，以人的智慧和知识为生产动力和核心，为知识经济时代的文化生产提供了一条非常科学合理而切实的路径，也为我们今天的文化的现代化转型提供了积极有效的途径。这一经验很快被世界各个老工业基地吸收，如中国香港、中国台湾、纽约，并在短短几年内迅速地被全球接受。

（二）文化创意产业的涉及范围

发达国家将创意产业定义为具有自主知识产权的创意性内容密集型产业，创意产业具有三大特色：第一，文化创意产业活动会在生产过程中运用某种形式的"创意"；第二，文化创意产业活动被视为与象征意义的产生与沟通有关；

第三，文化创意产业的产品至少有可能是某种形式的"智能财产权"。据此可以得出，文化创意产业就是要将抽象的文化直接转化为具有高度经济价值的"精致产业"。换言之，这就是要将知识的原创性与变化性融入具有丰富内涵的文化之中，使它与经济结合起来，发挥出产业的功能。显然，这是一种使知识与智能创造产值的过程。笔者认为，文化创意产业是市场经济发展到一定阶段的必然产物：科技的发展和技术的进步改变了人类对工作、休闲的态度，人们由关注工作内容本身到关注与工作相关的环境、关注与工作相关的"感觉"和情绪；新媒体的不断涌现消解着"私人"与"公共"的空间距离，同时推动着文化的消费性能的增强。显而易见，文化创意产业本质就是以创意和知识为核心将文化进行商品化的精神创造活动。

这就使得本书的研究具有了更为合理和坚实的理论基础，也更具备了研究的可行性和迫切性。根据创意产业的界定，传媒业就属于创意产业，在当下传播活动中，传播者越来越多地需要"创新"精神，才能做出市场需要的新闻产品，比如新闻的策划、节目的营销几乎就是今天传媒节目制作的基本要求和传媒从业人员应具备的基本素质，因而它符合"文化创意产业活动会在生产过程中运用某种形式的'创意'"的特性要求；"文化创意产业活动被视为与象征意义的产生与沟通有关"恰好就是新闻制作活动的核心，换句话说，通过新闻"制造"出来的产品是各种形式的"智能财产"，是记者、编辑、制片人等"把关人"通过对客观存在事实的"陈述"（一种认知的结果），这种"陈述"表现为各种不同的新闻产品，比如报纸上的各种体裁的新闻报道、电视节目中的各种栏目等。

笔者同样认为，创意产业理念在实践的层面上实现了当代文化与经济、科技的高度融合，不仅具有经济学上的意义，更具有文化和传播学意义上的意义，它实现了文化与现代科技的结合；文化与经济活动的结合，最终使社会能在某种程度上实现和谐发展，因此它正在创造着一种全新的社会生产形态，正如法国学者阿曼德·麦特拉在其《国际图像市场》一文中指出的："文化部门的不断的商品化以及相应的新传播技术的发展，已将文化置于产业结构与政治结构的中心。对于欧洲大部分国家来说，这是一种十分新近的情形。文化与产业之间的关系已经逐渐进入原先只集中于文化与国家关系的论争之中，并且已产生与现存文化定义的决裂。"① 笔者以为，它同样会极大程度地影响到一个学科的发展。

二　文化产业与内容产业

（一）"文化产业"的提出来源于法兰克福派学者阿多诺。他在《重新考虑文化产业》一文中叙述："文化产业是我和 I - brkheirrer 两人于 1947 年在阿姆斯特丹所出版的《启蒙辩证法》一书中初次提出"。该书的草稿中原来应用了"大众文化"这一词汇。②

从文化产业概念的思想渊源和历史演进来看，我们大致可以看到有三个阶段：第一是对资本主义"大众文化"进行批判的阶段。"文化产业"概念被阿多诺和霍克海默对"文化工业"生产中的"大众文化"的批判。他们认为大规模的生产，消解了艺术和文化的个性和纯度，消费者接受到的只是大众化的文化产品。文化产业成了"商品拜物教"的同义语。第二是用"文化"来定义商业产业。这种转变的标志性事件是英国寻求用文化重新界定商业产业，并通过实用艺术与商业的结合来刺激和促进城市的发展，即创意产业时期（1998 年前后）。第三阶段就是文化产业从理论的争论走到实践层面。随着经济的快速发展，文化产业的内涵所得到的前所未有的拓展，文化成为信息业和娱乐业的混合地带。进入 21 世纪后，在经济全球化的推动下，特别是在美国新经济影响下，世界各国纷纷把文化发展战略作为一种国家发展战略，把文化产业的发

① 金元浦：《什么是内容产业》，《中国文化报》2003 年 1 月 1 日。
② 王慧炯：《发展文化的几点看法》，《技术经济与管理研究》2002 年第 6 期。

展与综合国力的提高及可持续发展紧密联系起来。可见，从文化产业概念的提出，到争论，再到认同；从其理论研究到实践探索，再到成为一种国家发展战略，其内涵和外延都在逐步扩大。

文化产业在中国，肇始于全国政协与文化部所组成文化产业联合调查组于2001年对国内三省（直辖市）九市的实地考察，在总结各省实践基础上，调查组对文化产业作了如下的界定："文化产业是指从事文化产品生产和提供文化服务的经营性行业。文化产业是文化建设的重要组成部分，有关文化产业和公益事业两者共同构成了文化建设的内容。调研后初步认为文化产业主要包括文化艺术、文化出版、广播影视、文化旅游等四个领域。"[1]

其后，一件来自国家统计局的《文化及相关产业分类》文件，正式地将文化产业界定为"为社会公众提供文化、娱乐产品和服务的活动，以及与这些活动有关联的活动的集合。"[2] 根据上述界定，中国文化产业被分为三个层面：一是文化产业核心层，包括新闻服务；出版发行和版权服务；广播、电视、电影服务；文化艺术服务。二是文化产业外围层，包括网络文化服务；文化休闲娱乐服务；其他文化服务。三是相关文化产业层，包括文化用品、设备及相关文化产品的生产；文化用品、设备及相关文化产品的销售。具体包括：提供实物型文化产品和娱乐产品的活动，如书报出版、制作、发行等；文化服务和休闲娱乐服务，如广播电视、电影、文艺表演等；文化管理和研究，如文物和文化遗产保护、图书馆、文化社会团体活动等；提供文化娱乐产品和服务所必需的设备、材料的生产经营，如文具、印刷设备、广播电视设备、电影设备的生产经营等；与文化、娱乐相关的其他活动，如工艺美术、设计等。[3] 根据《文化及相关产业指标体系框架》的界定，以新闻出版、广播影视、文化艺术为主的行业为文化产业核心层，以网络、旅游、休闲娱乐、经纪代理、广告会展等

---

① 王慧炯：《发展文化的几点看法》，《技术经济与管理研究》2002年第6期。
② 国家统计局：《文化及相关产业分类》2004年4月1日。
③ 同上。

为主的新兴文化服务业为文化产业外围层，以文化用品、设备及相关文化产品生产和销售为主的行业为文化产业相关层。

我国文化产业主要从产出的角度、从所提供的产品及服务的精神文化性质着眼，主要是为社会公众"提供文化、娱乐产品和服务"、满足人们精神文化需求的产业。而文化创意产业，除了服务于个人的精神文化消费需求外，还服务于生产领域提升产品附加值、经济发展中提升产业结构的要求，明显突出"生产性服务业"的性质。

（二）内容产业

当文化作为一种工业形式进行大批量生产时，建立在其形式上的各种媒介所传播的印刷品内容（报纸、书籍、杂志等），音响电子出版物内容（联机数据库、音像制品服务、电子游戏等）、音像传播内容（电视、录像、广播和影院）、用以消费的各种软件等就成为日益重要和稀缺的资源，"事实证明，正是缺乏内容产业的有力支持，知识经济才落入低谷，面临着严重的危机。同样，正是短信这样最不起眼的'内容'以惊人的力量支持了新经济的复苏，支持了IT业的再度崛起。"① 由是，文化内容的生产显示出积极而超常的作用。欧盟在"Info2000 计划"中把内容产业（Content Industry）的主体定义为"那些制造、开发、包装和销售信息产品及其服务的产业"。内容产业的本质揭示出，文化产品的核心价值是其产品具有的精神内涵，即内容。形式各异、内涵多样的文化产品因其内容而有价值，因此也可以称为内容产品。随着信息技术在内容产品生产、传播和消费上的应用，内容产品的生产能力得到极大的提高，形成了数字内容产业，它涉及移动内容、互联网服务、游戏、动画、影音、数字出版和数字化教育培训等多个领域。它引领着当代文化产业发展的新趋势。这种内容产业以创意为动力，将各种"文化资源"与最新数字技术相结合，融会重铸，建立了新的生产和消费方式，产生了新的产业群落，培育出新的消费人

---

① 金元浦：《内容产业快步走向前台》，《新民周刊》2006 年 9 月 6 日。

群，并以高端技术带动传统产业实现数字化更新换代，创造出了惊人的经济社会价值，内容产业已逐步成为当代社会发展中的主流产业，被赋予了文化创意产业的时代内涵。

三　文化创意产业的启示："新闻"的产业属性

"产业经济学中所指的'产业'不仅仅单指'工业'或'商业'或其他单个行业，而是泛指国民经济中的各行各业。"[①] 从宏观上说，产业是指各种生产、经营事业。经济学中通常将它划分为第一产业、第二产业和第三产业。而从微观上说，产业是指各种制造或者供应货物、劳务的生产性企业或组织。由此可见，产业应该具有以下几个特点：一是必须从事生产或者经营活动。生产活动将资源转化成成品或半成品，供消费者消费，或供其他生产者使用。而经营活动，则是通过市场在生产者和消费者之间或生产者之间架起桥梁，使生产者所生产的产品，能为消费者所消费，或为其他生产者使用。二是产业的存在条件在于市场，企业生产产品的目的在于销售，通过销售，收回生产成本，并进而获得相应的利润，以扩大再生产。三是经营活动作为基本体征在产业化活动中起重要作用。

在文化创意产业的视域中，新闻属于内容产业的领域。当然这既包括它具备创意产业的特征，更包括它作为内容产业的特质。要强调的是文化从以前的纯意识形态，到承认其商品属性，再到发展文化产业，这既是时代发展的规律显现，更是对新闻本身规律的"知识性"认识的提高。文化创意产业强调文化资源与其他生产要素紧密结合，强调文化、科技与经济互相渗透、互相交融、互为条件和优化发展。文化创意产业要以创新为灵魂，强调人的主体地位和主

---

① J. 卡布尔：《产业经济学前沿问题》，于立、张嫚、王小兰译，中国税务出版社与北京图腾电子出版社联合出版 2000 年版。

导作用，使经济运行建立在文化、知识、智慧、价值观念、精神动力、人文环境以及高科技和文化发展所形成的巨大创新能力和高素质人力资源的基础之上。因此，文化创意产业在知识经济大背景下，成为一种新的运行模式。

本书认为以文化创意产业的新思路来看，"新闻"具有明显的产业属性：

（1）文化创意产业包括文化产品的生产和相应的经营两部分内容。传媒产品属于文化产品的范畴，有着一般的文化产品都具有的意识形态属性，但它又不是一般的文化产品。作为文化创意产业中的内容产业，传媒产品中大量的新闻作品，以提供有新闻价值的信息为主；新闻传媒所生产和传播的产品包括新闻作品、广告作品、娱乐节目和影视产品等，毫无疑问都具有丰富的文化含量。

（2）新闻传媒的另一部分产品，用于满足广大受众消遣娱乐的需要。这部分产品，更多地体现通常意义上的文化产业的属性。这是一种快餐式的文化产品，制作周期短，常常进行大批量复制式生产，包含着大众文化的许多内容。

新闻传媒所生产的某些产品，从一个角度看，可以说是以传递信息为主的信息产品；而从另一个角度看，它又是名副其实的文化产品。就新闻传媒本身而言，从它主要生产、传播和经营新闻信息产品和其他信息产品来说，它毫无疑问应当属于信息产业；而从它所生产、传播和经营的产品常常同时又是文化产品来说，它又有着文化内容产业的许多属性。

第二章　消费影响下的新闻消费表征

第一节　消费影响下的媒体经营新形态

本节笔者选择了多元报业经营格局、都市报现象、节目营销以及网络媒体传播等几种典型的新闻形态以及对这些新闻新形态的产生与社会消费的关联进行分析，意在揭示在消费活动影响下新闻传媒在新的新闻价值观的影响下建构了有别于传统新闻形态的消费新闻新形态。

一　多元的传媒格局

（一）报纸的集团化经营

报业集团（Newspaper Group）的概念最先起于西方，其定义为：在不同的地点同时拥有两家以上报纸的报业联合体，又称"报团"、"报系"或"报链"。[①] 中

---

① 唐绪军：《报业经济与报业经营》，新华出版社 2003 年版，第 403 页。

国从 1996 年广州日报报业集团的建立起到 2005 年共成立了 39 家报业集团，在极短的时间内完成了全中国报业资源的整体性调整，创造了中国报业前所未有的辉煌战绩，曹鹏在《中国报业集团发展研究报告》中总结报业集团化经营获得了"在税收、人力资源、基本建设、高新科技产业开发方面的政策性优惠；报业具有更高的知名度、可信度；获得更多的经济和人才资源"等方面的明显优势。迄今为止，我国建立的 40 家报业集团已成为中国报业的主导力量。中国的报业集团源自西方，是 20 世纪 90 年代末，报业面临网络媒介迅速普及、加入 WTO 后媒介生存环境变化等多重压力所作出的积极回应。"面对 21 世纪世界政经格局重新调整的历史机遇和挑战，复杂的国际舆论，中共中央对新闻舆论提出的更高要求，报业集团化成为中国内地舆论总体战略发展的方式之一。"① 江泽民总书记在十四大报告中指出，市场经济是一个系统工程，报业作为一个产业，也正随着整个国民经济一起向市场经济转轨。也就是说，报业集团化经营是中国报纸走向市场化的结果。

未来 10 年报纸出版资源将进一步向以党报为龙头的综合性报业集团集中，向以具备优质品牌和市场竞争力的行业专业报纸为核心的专业性媒体集团集中。跨地区、跨媒体发展将适时进入实质性阶段，为报业集约化发展创造条件。②

（二）多元的传媒格局

报业集团在整合了媒介资源的同时，解构了党报一统天下的传媒割据，形成了以晚报、都市报等并存的多元化局面。尽管我国报纸的结构经过历次调整，逐步形成了以党报为龙头、各门类报纸共同发展的态势。但显在的情况是，机关报订阅数下滑明显，原因在于：一是机关报本来就是适应干部和精英层看的指导各项工作的报纸，不可能广泛走进家庭；二是随着改革开放的深

---

① 胡兴荣：《大报纸时代》，南方日报社 2005 年版。
② 王国庆：《中国报业年度发展报告（2005）》2005 年 8 月。

入，我国出版物增长迅速，读者可选择的范围扩大很多，必然导致机关报订阅量减少。同时党报的影响力也日益减弱。

此时，晚报都市类报纸快速发展，至 2004 年，全国已经形成了庞大的晚报都市报方阵，尽管数量仅占全国报纸总数量的 14.8%，中心城市晚报都市类报纸已成为拉动全国报纸出版业增长的重要力量，同时也是自费市场和广告市场的主力。生活服务类报纸也日趋丰富；工青妇农等对象类报纸改变模糊定位，积极参与市场竞争；新型财经报纸脱颖而出，北京、上海、广州成为全国性综合财经报纸的中心，地方性综合经济类报纸日渐式微，纷纷向细分的专业经济领域转移；计算机类报纸率先由"媒体中心观"的传统发展思路向"资源中心观"转变；行业产业类报纸努力挣脱传统机关报的办报模式，向市场化的行业媒体转型；在行业专业类报纸的其他细分领域，市场定位更加准确，专业水平不断提高，市场化步伐日益加快，成为普遍趋势。[1]

（三）大型跨媒体、跨地区经营的报业集团出现

2001 年，国家广电总局、中央宣传部、新闻出版总署联合发布了《关于深化新闻出版广播影视业务的若干意见的通知》（中办发 17 号文件），对组建媒体集团、跨地区、跨媒体经营及媒体投融资等问题，提出了指导性意见：报纸、广播、电视的新闻网站，可吸收系统外国有企业的资金参与网站建设和非新闻宣传业务的经营。新闻出版总署在 2002 年 6 月 3 日颁布了《关于新闻出版业跨地区经营的若干意见》，明文规定各级新闻出版管理部门要向经批准进行的跨地区经营活动，提供良好的服务，并不得以任何形式进行地区封锁，否则将予以重罚。

中办发 17 号文件的出台，对一直小心谨慎的新闻政策具有某种超越的意义。它具有明显的产业政策特征，不仅把原有的能力发挥出来，还将创造出新

---

[1] 王国庆：《中国报业年度发展报告（2005）》2005 年 8 月。

的能力。① 政策放行之后，真正的媒体集团应运而生。比如，2001年9月，由北京市文联主管的《北京娱乐信报》加盟北京广电集团，成为由北京广电集团主办、北京人民广播电台、北京电视台、昆朋网协办的一张报纸。2001年12月6日，广电业的"超级航母"——中国广播电影电视集团成立。同时，报业市场开始有了资本运作，国企资本开始控制报业，推出新报等。对于传媒业的发展而言，中办发17号文件颁布的政策代表了新闻政策的趋势和走向：产业结构政策和产业组织政策分量加重、多种传播媒介利益要通盘考虑，若干大型集团的出现，对政策资源分配具有了制衡的作用。②

中国报业建立集团化的目的就是促进报业的整体发展，提升整体素质，提高经济效益，德国的记者协会主席赫尔曼曾总结出报业集团的成因：一是降低生产成本；二是节约管理成本，可以均摊市场开发、促销费用；三是能够更便宜地刊登广告；四是分担风险。③ 以中国的第一家报业集团广州日报报业集团为例，集团成立以后，通过市场配置，两年之后即成为年总收入达15亿元的④、集金融、房地产及商业于一体的"航空母舰"。集团化经营是市场经济下大众传媒走向市场的结果；同时它也推动了社会消费社会和消费文化的形成；营造了新闻作为消费品的现实的社会语境。

当我国传媒基本完成集团组建之后，2003年年初，中国开始了文化体制改革，强调以创新机制、转换体制、面向市场、增强活力为重点，抓好经营性文化产业的改革和发展，标志着我国传媒产业的新一轮的改革和布局变化开始起步。林如鹏以西方传媒集团的发展为参照，提出跨媒体、跨地区、跨行业发展是中国传媒集团作强作大的必然之路。陈刚则提出我国传媒集团存在三种扩张策略：1. 纵向扩张，渗透上下游产业；2. 横向扩张，谋求市场份额；3. 混

---

① 郎劲松：《中国新闻政策体系研究》，新华出版社2003年版，第132、136页。
② 同上书，第121页。
③ 曹鹏：《中国报业集团发展研究》，新华出版社1999年版，第80页。
④ 广州日报报业集团：《努力探索建立社会主义现代化报业集团的道路》，《新闻战线》1998年第4期。

合扩张，跨行业多元发展。① 上海文广新闻传媒集团提出 SMG 要完成两个转变：1. 为播出而制作节目转变为为市场而制作节目；2. 从地方性的广播电视播出机构转变为面向全国以及全球华语市场的内容生产商、提供商。②

由此可见，中国传媒的格局布阵趋势就是以市场消费为核心的，"从中国传媒新一轮的扩张的现实动向、可行路径及扩张资源来看，未来中国传媒将呈现三种态势：1. 在资源配置上将由行政配置转向市场配置为主；在现实路径选择上将由局限于同质媒体和区域范围内扩张转向跨媒体、跨区域扩张；在产业发展取向上将由从传媒产业自身拓展转向以文化、信息产业为主要指向的相关多元产业扩张。"③ 这意味着中国传媒的市场转型真正拉开了序幕。

二 都市报开创全新的传媒市场理念

（一）都市报出现的社会历史语境

在中国新闻学界，对"都市报"有着各种各样的定义；中国人民大学新闻与社会发展研究中心主任郑保卫教授认为：都市报是由党委机关报主办的，面向所在城市市民及周边地区城镇居民的，以反映和服务市民生活为主的综合性新闻报。④ 最早以都市报命名的城市综合性日报是分别于 1993 年 8 月和 1994 年 1 月，由贵州日报社创办的《贵州都市报》以及由陕西日报社创办的《三秦都市报》⑤。但最早赋予都市报典型特征的（如市民生活化特色和高度市场化运作），办得特别红火的都市报，无疑是 1995 年 1 月由四川日报社创办的《华西都市报》。它创造了创刊三四年，发行量超过 50 万份，自费读者比例

① 陈刚：《传媒集团扩张的三种模式》，《新闻战线》2003 年第 5 期。
② 李岚：《国有广电传媒集团的产业链接和品牌运营——上海文广新闻传媒集团总裁黎瑞刚访谈录》，《视听界》2004 年第 4 期。
③ 武汉大学媒体发展研究中心：《中国媒体发展研究报告》（2003—2004 卷），武汉大学出版社2005 年版。
④ 黄升民、周艳主编：《中国传媒市场大变局》，中信出版社 2003 年版，第 190 页。
⑤ 胡兴荣：《大报纸时代》，南方日报出版社 2005 年版。

高达 80％，年广告收入超过 1 亿元的奇迹，在都市报界获得了公认的领头羊的地位。

都市报的兴起既是社会经济和社会消费快速增长的结果，更是报业市场化的标志。① 从社会经济发展的角度来看，都市报的兴起有其深刻的历史语境：一方面是经济的发展使得人们越来越关注外部的世界，从经济政策到流行时装都影响着人们的生活。于是在市场的呼唤下，扩版和周末版报纸应运而生，与此同时，以休闲娱乐为主，以其知识性和趣味性吸引读者的晚报也欣欣向荣起来。另一方面更是中国社会经济改革和市场经济的发展推动了新闻体制改革所获得的成果。

从学术史研究的层面来讲，都市报的产生是中国报业共同面对的社会经济环境和报业自身改革合力的直接成果。外部社会环境可以归纳为三个方面，即（1）我国的人口结构已经向城市化发展。1994 年，城市人口包括从事第三产业和乡镇企业从事工作的人口已达到 6.3 亿，从事城市性工作的人口已超过从事农业的人口。这给都市报提供了一个非常广阔的发展空间。② （2）经济改革和市场经济的发展，带动了各行各业的改革，必然推动新闻业的改革，尽管这一行业具有特殊性（党的喉舌），但是经济法则进入新闻领域以后，新闻单位和新闻工作者的受众意识都不得不大大增强。20 世纪 80 年代中期，《人民日报》等新闻单位实行"事业单位，企业管理"的政策，推动了各新闻单位的新闻改革，各报纷纷创办符合大众口味的专版或者小报。（3）随着人民收入的增加，生活的改善，恩格尔系数（家庭食品开支与家庭总收入的比例）的下降，人们的文化消费明显增长，购阅或订阅一份报纸不再是难事。③ 显然，经济的发展和人们消费需求能力的提高是其主要原因。内部环境可以归结为（1）综

---

① 胡兴荣：《大报纸时代》，南方日报出版社 2005 年版。

② 陈力丹：《"都市报现象"的出现是报业发展的一种必然》，《都市报现象研究》，新华出版社 1998 年版，第 15 页。

③ 孙旭培：《走进家庭的报纸——论都市报的特征与特色》，http：//academic. mediachina. net，2005 年 11 月 28 日。

合性日刊报纸版面的扩版，带动并刺激了的新闻需求的增长，并培养形成了受众的新闻消费市场。按照报纸经营者的说法，报纸扩版的直接动机，一是为了增加报纸信息的全面性、丰富性；二就是为了增强报纸的可读性。报纸的扩版以及随后出现的周末版兴盛，都以扩大新闻的数量和新闻报道的报道范围为主要手段，报纸扩版注重增加"硬新闻"，周末版关注的则关注"软新闻"，尤其是周末版，它的新闻更多以"社会速写"、"经济广角"或"大特写"等形式呈现新闻事实，内容也多涉及日常经济领域，新闻贴近了群众，"周末版的出现，使得报纸的竞争力大增"①。报纸扩版获得的成功在坚定传媒人走市场化道路的同时积累起了报纸如何获得受众青睐的市场运作经验，这为都市报的产生开拓出了一条充满希望之路。（2）作为日报的"补充"，以报道"8 小时以外"生活的晚报明确地高举市民性的旗帜，以休闲娱乐为主，以知识性和趣味性吸引读者；同时以很强的服务性，从政策服务到法律服务、科技服务、市场服务、文化娱乐服务、健康卫生服务全方位为读者提供服务，而获得空前的成功。《羊城晚报》和《新民晚报》骄人的业绩和良好的传播效应，刺激着全国各地晚报纷纷仿效，掀起前所未有"晚报热"高潮。晚报实现了市场消费报纸的独立形态，而且获得了 20 世纪末期中国报业市场的"半壁江山"，有资料显示，截至 2000 年年底，晚报的期发行总量达 2100 万份，占 2000 年全国综合性日报期发行总量 5103 万份的 43％。从经营创收上看，全国 134 家晚报（有 7 家未统计）2001 年广告总收入达 59 亿 6045 万元，占全国综合性日报 2000 年广告总收入 135.亿元的 44％。此外，晚报还创造了一个低投入、高收益的神话。1980 年，《羊城晚报》投入 30 万，到 1996 年获广告收入 4 亿。② 可以这样讲，晚报成熟的市场运作经验以及巩固成熟的受众消费市场为都市报的进入奠定了坚实的理论基础。

---

① 胡兴荣：《大报纸时代》第 7 章，南方日报出版社 2005 年版。
② 同上。

（二）都市报的特点

都市报的特点表现在：（1）城市化报纸。一是指都市类报纸是在经济活动最为活跃、文化元素最为密集、最能代表一个国家现代生活方式的城市中出版的，因而它必然是对一个城市乃至一个国家主流的经济、文化和社会生活的体现；[①] 二是市民性，也就是说与农村人口相比，市民的消费性更强，一方面是日常生活所需；另一方面是对报纸的消费力强。这两方面决定了都市报的城市消费倾向，这一倾向必然推动社会的消费并进而刺激传媒本身的消费的快速增长。（2）内容上的"市民生活化"，即大众化和生活化。扩版的日报和周末报挖掘重大严肃新闻的可读性，强调新闻报道角度的创新，"不仅要新，而且要深，要有跟踪报道，要有深度分析，要有背景交代，要有发展预测"；[②] 晚报则以单纯的消遣性和娱乐性为主，以趣味性和服务性吸引读者；而都市报是全方位地报道都市生活，以都市的日常生活为题，将所有的普通百姓作为读者对象，受众市场更为广泛。

（三）都市报建构全新的新闻消费模式

第一，有明确的经营目的。以《华西都市报》为例。"当时，各报都以广告作为报业经营的重头戏，在搞好广告的同时，创办大量实业。然而，《四川日报》的党组成员讨论了报社广告收入下滑的问题之后，把原因归结到报纸本身，认为只有办一张令读者满意的报纸，才能得到丰厚的回报。此前，已有不少日报创办晚报的消息，《四川日报》社党组也认为要办一张城市晚报"，用小报补大报，以增加广告收入。[③]

第二，以广告经营为核心。都市类报纸初创战略就确定以赢利为目的，通过服务性、实用性、可读性的新闻增大信息量获得高的市场占有率，通过广告经营获得利润。都市报在广告收入和市场占有率方面表现不俗，1998年，全

---

① 胡兴荣：《大报纸时代》第 7 章，南方日报出版社 2005 年版。
② 同上。
③ 同上。

国 36 家广告收入超亿元的报社中，有 30 家是都市报，这 30 家报社的广告收入为 70 亿元，占全国报业广告总收入的 63.6%。[1] 到 2001 年，都市类报纸的广告刊登额达到 205.92 亿元，占全部报纸广告收入的 66.18%，比 2000 年增长了 15.72%，在各类报纸中增长率最高，广告费用增长了 28 亿元，市场占有率提高了将近 6 个百分点。[2]

第三，以发行促业务。比如"敲门发行"的经营理念实际上突出和强调了发行和市场的最大占有率在新闻活动中的重要地位，这应该为后来新闻体制改革的首要环节——发行的独立开启了前奏。

三 节目营销

（一）节目营销的含义

营销是经济学中的一个概念，美国营销协会把营销定义为："营销是引导商品和劳务从生产者到达消费者或用户手中所进行的企业活动。"日本企业界人士认为："在满足消费者利益的基础上，研究如何适应市场需求而提供商品和服务的整个企业活动就是营销。"也就是说营销是个人和群体通过创造并同他人交换产品和价值以满足需求和欲望的一种社会和管理过程。由此可见，企业营销是企业经营活动的必要和核心环节。

关于营销的意义和作用，经济学家归纳为：一是发现和了解消费者的需求；二是指导企业通过市场营销活动，分析外部环境的动向，了解消费者的需求和欲望，了解竞争者的现状和发展趋势，结合自身的资源条件，指导企业在产品、定价、分销、促销和服务等方面作出相应的、科学的决策；开拓市场，建立更多的分销渠道及采用更多的促销形式，开拓市场，增加销售，满足消费

---

[1] 方汉奇、陈昌凤主编：《正在发生的历史——中国当代新闻事业（下）》，福建人民出版社 2002 年版。

[2] 王丽丽、李莉：《"都市报"浅析》，媒体安都，www.MediaUndo.com，2004 年 2 月 17 日。

者的需要。三是满足消费者的需求与欲望，企业通过市场营销活动，从消费者的需求出发，并根据不同目标市场的顾客，采取不同的市场营销策略，合理地组织企业的人力、财力、物力等资源，为消费者提供适销对路的产品，搞好销售后的各种服务，让消费者满意。

20世纪90年代中期以后，中国传媒市场化程度不断加深，传媒的内容与市场、与观众的收视日益紧密地结合在一起，传媒内容开始表现出了鲜明的"产品"或者"商品"色彩。今天的大众传媒同时交错杂合着"宣传品、作品、商品"的三种属性。

节目营销在目前的中国传媒中更多地表现为一种观念、态度和思想方法。它是当下社会经济发展的产物。

（二）节目营销对传媒节目的影响

完整的节目营销通常包括以下几个环节：前期的受众定位与受众调查、中期的节目策划与节目录制、后期的节目测试与节目推广等。遵循节目营销的理念，传媒节目从节目制作的思路就要有所转变，即以营销定生产、以营销带制作，实现节目生产的大策划、大营销，实现节目制作与销售的良性循环和最大的市场回报。[①] 传统体制下的传媒节目，大都不存在营销问题，即使有部分节目走向市场，也是先将节目制作出来，然后一家一家地推销，[②] 既不能获得丰厚利润，也与广告代理不沾边。而节目营销就要讲究前期精确的市场调研，进行细致的市场分析；周密的节目策划与节目录制、后期的节目测试与节目推广，研究观众最需要什么节目、什么内容的节目、他们喜欢怎样的节目形态；研究节目的发行量、研究广告客源、研究节目生产的利润空间，在有了订单、有了节目发行量、有了效益后才批量生产，以营销定节目生产计划，以营销带节目生产。

---

① 袁莉：《构建以整体营销为导向的节目制作体系》，《新闻记者》2004年第8期。
② 同上。

（三）案例分析

湖南卫视的"2005 快乐中国蒙牛酸酸乳超级女声"在营销上成为中国的电视娱乐节目的典型。

首先，在内容上，节目实行了零门槛的参赛要求，想唱就唱，吸引了有着舞台梦想的普通女孩；实行了晋级赛制和"PK"程序，使节目变得有悬念和刺激，更加吸引观众；将参赛选手的观众短信支持率设为评价选手的重要标准，将选手与观众互动发挥到极致；观众的参与大大提高了节目的吸引力。

第二，在传播渠道上，除了通过卫星频道向全国播出，设了短信参与环节，使收看和互动更加容易外，还在决赛期间设立超级女声夏令营，邀请参赛选手的部分支持者到现场观看，将节目的内外市场以及两者的呼应作为节目的推销途径。

第三，选择了拥有全国一百多个城市的宣传报名路演，投入市场的 25 亿袋酸酸乳包装上的 Logo 和各大城市的选场灯箱的蒙牛集团作赞助，有效提高了节目的持续创新的能力。

第四，湖南电视台的品牌战略。湖南电视台将超级女声以天娱传媒公司来运作，制作目的是着眼于节目产业链的开发。天娱传媒公司以完全的市场化方式签下了参赛的优胜者，组织全国巡回演出，同时及时开发与选手和比赛有关的各种文化产品，比如比赛录像及李宇春、周笔畅、张靓颖等人气高涨的选手的比赛专辑灌录成唱片、CD 等，以及有关超级女声的各种图书、参赛选手的写真集、相关杂志；李宇春等人的大把的广告代言，对文具、饰品、服装、玩具的品牌授权和特许经营等，在实现了"超级女生"品牌塑造的同时，创造了巨大的经济价值。根据税务部门资料，按照手机短信收入征收 3％营业税的规定，超级女声单场就能创造税收 45 万元。

四　携带着经济资本的网络媒体

基于计算机的互联网是携带着经济资本而进入社会的，与传统传媒所不同的是网络传媒本身的"经济"特征：（1）网络设备的购置，从网站到终端用户的设备购置；从网站的运营到网络用户的日常使用都使得网络始终以"经营"为鲜明的生存特征，也就是说互联网的"产业属性"明显，具体表现为一是互联网用户规模和网络规模扩大迅猛，互联网出现大范围的赢利；二是互联网对国民经济的拉动力凸显。（2）在互联网使用方面，数据统计表明，18.2％的网民使用笔记本电脑上网，同比增长 800 多万人；网民平均每周上网 15.9 个小时，同比增加 2.7 小时，增幅为 20.5％。数据统计还显示，2006 年全国上网费用总规模已经超过 1200 亿元，这足以显示我国互联网巨大的市场规模和发展潜力[①]。（3）基于网络的各类经济活动频繁展开。随着互联网的发展，网络已经成为很多人工作生活的好帮手。目前大约有 2500 万人经常使用网上招聘，占总上网人数 1/5 的比例，1500 万人经常使用网络教育。在网上购物方面，所占比例则达到了 26％。本次对网上购物的调查结果显示，截至 2006 年 6 月，中国经常上网购物人数已达 3000 万，已经有 1/4 的网民经常在网上购物。[②]（4）互联网带动的产业价值链赢得巨大的经济收益。可以说网络媒体本身就是社会经济发展的直接成果，是消费社会的功能性载体和消费本身。

（一）基于网络媒体的各种业务的建立

经过短短十多年的发展，互联网已经对我国社会和网民的生活产生了深远的影响。在工作方面，数量众多的居民通过互联网寻求网上招聘、网络教育信息，目前大约有 2500 万人经常使用网上招聘，1500 万人经常使用网络教育。在生活方面，网络电话和网上预订正在迅速兴起，目前分别有大约 900 万人和 600 万人在享受网络电话和网上预订带来的好处。在娱乐方面，截至 2006 年 6 月份，在线影视收看及在线电视收看人数的规模已经达到 4500 万人，在线音

---

① 资料源自《CNNIC 第十八次中国互联网络发展状况统计报告》，http：//www. cnnic. net. cn/uploadfiles/doc/2006/7/19/103601. doc。

② 同上。

乐收听及下载（在线广播）人数也超过了 4000 万人。[①] 预计在未来一段时间内，网络视频、数字音乐会迎来更大的发展。

中国互联网络信息中心发布的"第十八次中国互联网络发展状况统计报告"结果还显示，浏览新闻、搜索引擎、收发邮件是网民经常使用的三大网络服务，三者的选择比例分别为浏览新闻 66.3%、搜索引擎 66.3%、收发邮件 64.2%，由此可见，适应市场消费需求而出现的各种新媒体正在成为新闻的载体。[②]

（二）适应市场消费需求的新媒体正在成为新闻的载体

新媒体研究权威人士熊澄宇这样定义新媒体："第一，新媒体是一个相对的概念，新相对于旧而言，报纸相对于图书是新媒体，广播相对于报纸是新媒体；第二，新媒体应该是一个时间的概念，这种新的媒体形态有它相对稳定的内涵；第三，新媒体还是一个发展的概念，不会终结在眼前的平台上。"由此，目前的新媒体应该就是指基于数字传播技术而出现的新的媒介形态。环顾今天的社会生活，我们可以看见越来越多的新媒体在不断地呈现，比如数字电视、移动电视、手机媒体、IPTV 等手机、楼宇电梯广告等。

由于新媒体除了具有报纸、电视、电台等传统媒体的功能外，还具有交互、即时、延展和融合的特征，充分释放了在传递信息上的自由、独立、个性和便捷的功能，成为社会日常生活的必需品，所以也成为最能体现新闻迅捷传递信息的需求的工具。新媒体已经成为当今传统媒体和受众迫切需要的新闻信息传递工具。解放日报报业集团社长尹明华就提出了从互动、品牌和资源三方面入手，依托报业发展新媒体的思路，他认为：一是利用手机网络和报刊互动。在第一时间用手机短信进行新闻网站报道及时动态新闻，网上编辑选择重要的突发新闻，在最短时间内，用手机报的形式发到用户手机上。二是利用手机报的彩信新闻，将每天发生的新闻通过彩信形式图文并茂地告诉读者。三是

---

① 资料源自《CNNIC 第十八次中国互联网络发展状况统计报告》，http://www.cnnic.net.cn/uploadfiles/doc/2006/7/19/103601.doc。

② 同上。

采用新技术手段，将内容进行不同的排列组合，产生新含量，产生新的经营价值。四是信息服务广告的互动，增强互动反馈信息，在了解客户读者需求的基础上，提供更好的服务，通过阅读需求充分满足带动广告增长。五是在突发事件中，利用手机和网站线性媒体实现及时跟进；开展电子报 i‑paper，等等。[①]

由此可见，以多元化报业格局培植的大众新闻传播市场；以都市报开创的市场营销理念；以营销建构的新闻内容生产体系；以携带着"资本"的网络和手机的新闻传播方式，它们一起共同建构了消费时代的媒体经营新形态。

第二节　消费影响下的新闻内容特质

在消费主义影响下，媒介和新闻的内容也在发生着巨大的变化。首先，受众的选择和喜好日益成为媒介制作新闻产品的目标。目前传媒以收视率、收听率和阅报率为产品好坏的衡量指标就是典型的证明；其次，贴近大众生活、软新闻和娱乐新闻性新闻在新闻类节目中的比例不断提高，而作为大众传媒生存命脉的广告剧增，这不仅改变了印刷媒介的文面形态，更通过它的符号形式创造着消费社会的幻象，创造了全新的社会生活的"尺度和标准"[②]，形成了全社会新的价值观；携带着信息的广告本身也成为消费社会语境中的特殊的新闻文本。最后，由于手机、DV 等全新媒体技术的急速发展，以新媒体为载体的新闻成为当代新闻内容的又一重要特质。

① 尹明华：《从互动入手　依托传统报业发展新媒体》，载《在第三届中国报业竞争力年会演讲》摘要，2006 年 8 月。

② 加拿大传播学者麦克卢汉认为，任何一种媒体诞生和使用都会带来社会学意义上的新行为规则、行为方式和价值观的改变。"以自动化为例，人际关系的新机制倾向于削减工作岗位，从积极方面看，自动化又为人们创造了新的角色，亦即创造了先前的技术已经破坏了的工作与人际关系中的关联深度"。——麦克卢汉：《理解媒介：人体的延伸》，何道宽译，商务印书馆 2000 年版。

一　走向大众的民生新闻

（一）民生新闻的含义

"民生"一词，《辞海》解释为"人民的生计"。"民本思想"根源于中国传统文化中，早在周代，五帝、夏禹重民而功业有成，桀、纣轻民而家国覆亡的史实，让周人对天命有了怀疑，产生了"敬德保民"的民本思想。春秋战国，尽管社会制度发生了根本变化，先秦诸子治国政见相去甚远，但"以民为本"却成为共识。墨家讲"兼爱"；道家"法天贵真"、"顺其自然"；法家循"审于法禁，法明著，则官治；必于赏罚，赏罚不阿，则民用，民用官治则国富。"[①]孔子开创了以"仁"为核心的儒家思想，使"民本思想"实现了理性化的飞跃；孟子尊"民为贵，社稷次之，君为轻"之理，成为中国古代民本思想的高度概括和集中体现。其后，汉武帝罢黜百家、独尊儒术，确立了儒家思想在中国2000多年封建社会的统治地位，"民本思想"逐渐成为中华文化的主流意识与价值取向。近代孙中山先生将这一词汇涵盖的意义扩大为"民生主义"，主要内容是平均地权、节制资本、发展物质生产以便国民安居乐业。在孙中山看来，"民生就是人民的生活——社会的生存，国民的生计，群众的生命"，[②]"民生"是经济活动的中心，政治活动的中心和一切历史活动的中心。[③]而中国近代新闻史上很早就有以"民生"为名的《民生日报》、《民生杂志》等报刊。

中国新时代民生新闻概念的提出，是与《南京零距离》这一档电视新闻节目联系在一起的。2002年1月1日江苏广播电视总台都市频道《南京零距离》开播以及所创造的收视率神话，使这种方式迅速成为全国各城市电视台竞相采用的新闻传播形式，并由此形成民生新闻的传播热潮，理论研究也随之而起。

---

① 刘玉明：《民本思想探源与评析》，《孔子研究》2006年第1期。
② 孙中山：《孙中山选集》，人民出版社1981年版，第802页。
③ 同上书，第825页。

笔者经过统计，截至 2006 年 11 月止，中国共创建电视民生类节目 97 种栏目，其中作为民生新闻发源地的江苏、浙江在 1994—2006 年共建有 24 个栏目；其他各省除了青海、西藏和宁夏以外都相继建立了民生新闻频道，尤其是 2002 年以后可以说是风起云涌，民生新闻成为中国新闻的一大景观。

民生新闻是中国新闻的独有特色，是中国传播业在社会转型时从集权机制下解放出来走向市场的探索过程中的实践摸索结果，就像江苏广播电视总台城市频道总监景志刚总结的一样："在我们的节目中，既有社会新闻、也有舆论监督，还有生活资讯，甚至时政新闻，反映的都是平民百姓日常状态下的衣食住行，以至于用任何一种传统新闻分类概念来概括都是片面和不合适的。……我们需要用新概念来概括并确认《南京零距离》这类已大量出现在我们新闻实践中的节目样态的内涵与价值。"[1]

由此可见，民生新闻产生的意义不仅在于揭示了新闻受到的市场和消费行为的影响，更从中国新闻史的角度揭出了这一变化的历史语境和新闻变革的中国社会转型与传媒体制变革的纵深的社会语境。

到目前为止，尽管理论界对民生新闻的认识存在较大分歧，有"新闻体裁"、"节目形态"、"价值取向"、"话语建构"、"新闻传播范式"等多种体认结果，[2] 但就民生新闻的本质特性来看，还是体现为采用平民的视角，站在百姓的立场，播报平民百姓喜闻乐见的新闻，评说百姓关心的事情，并为百姓排忧解难，从而体现出媒体对百姓的社会关怀[3]的一种现实的新闻形态。

---

① 《民生新闻：中国特色的新闻传播范式》，http://media.people.com.cn/GB/6018567.html，人民网 2007 年 7 月 23 日。

② 参见以下论文：孟建、刘华宾《对"电视民生新闻"现象的理论阐释——以安徽电视台〈第一时间〉为例》，《中国广播电视学刊》2004 年第 7 期；路璐《解析电视民生新闻的资源优势》，《传媒观察》2004 年第 6 期；陆晔、王硕、侯宇静《突破从"民生新闻"开始》，《现代传播》2004 年第 4 期；程前、陈杭《望诊电视民生新闻》，《中国电视》2005 年第 2 期；郑宇丹《民生新闻——主流意识的话语建构》，《南方传媒研究》第 1 辑，南方日报出版社 2006 年版，第 58 页；董天策《民生新闻：中国特色的新闻传播范式》。

③ 李舒、胡正荣：《"民生新闻"现象探析》，《中国广播电视学刊》2004 年第 6 期。

（二）民生新闻的价值取向

民生新闻是以民众的日常生活为主要内容，以民众的人生诉求为基本出发点，以民众的生存状况为关注焦点，以民众的视角表现民主价值和人文关怀理念，从民众的生存空间开拓资源的新概念新闻[①]。以此为标准，新闻的业务活动对传统新闻播报内容和方式产生了巨大影响：一是新闻题材来自百姓生活，通过热线电话、网站征集报料等方式从百姓身边获取有价值的新闻事件。2005年度中国评选出的十大民生新闻就是：全面取消农业税；抑制房价过快上涨；三大立法更富人性化；启动全国医改试点；打击官煤勾结；上调个税起征点；推进免费义务教育；重点流域区域加强环保预警监测；"安全网"确保民工讨薪不再难；新《公约》让贪官无处可逃等。从中不难看出，新闻题材的选择都是民众最关心、与民众生活最密切的普通老百姓生活的各个方面，包括水电资费、社会百态、消费打假、交通治安、买房看病、奇人怪事、升学就业等。二是报道立场的平民视角，即站在百姓的立场，用"平视"的目光看待百姓，更多地聚焦平民百姓和弱势群体，反映他们的生存状态。平民视角意味着新闻传播从以传者为中心到以受众为中心的转变。三是民众言说方式。这既表现为民生新闻的"拉家常"、"说新闻"的播报手段，更表现为让民众直接"出镜"在新闻报道中发出自己的声音，再加上电话热线、短信平台等交流形式，使媒体成为民众言说的公共领域。

（三）民生新闻与新闻的消费

马克思在《资本论》的"剩余价值理论"中，专门阐述了"非物质生产领域中的资本主义表现"。按照他的分析，非物质生产领域中的劳动成果有两种情况，一种是产品"具有离开生产者和消费者而独立的形成，……如书、画以及一切脱离艺术家的艺术活动而单独存在的艺术作品"；另一种则表现为"产品同生产行为不能分离，如一切表演艺术家、演说家、演员、教员、医生、教

---

① 朱寿桐：《论电视民生新闻理论的可能性》，《中国电视》2005年第12期。

师等情况"。① 作为满足受众信息需要而进行生产的大众传媒要想获得受众，就必定要体现出应有的受众的使用价值。从这个意义上说，大众传播中的新闻产品都应该是"能同别的产品交换的产品"，也就是说，都有潜在的商品属性。目前在商品经济日趋完善的体系下，新闻产品的这种商品属性开始得到承认，新闻产品在新闻市场上以各种形式实现了商品交换：一方面是受众直接付钱（报费、通讯社的订稿费、广播电视的视听费）以实现新闻消费；另一方面是商家成功地将传媒版面或时间的一部分卖给了广告，由这些广告客户以广告费的形式代受众向新闻媒介付费，从而使受众减少付费而又能获得相当的新闻消费。

　　显而易见的是，新闻的使用价值就是在于能够满足公众及时了解周围世界信息的需要，而这种需要正随着时代的发展变得越来越广泛、越来越多样。因此，作为一种劳动产品，新闻传播活动受经济活动规律支配的直接结果就是它必须根据受众市场的需要来进行生产。马克思指出："没有需要，就没有生产"，"没有消费，也就没有生产，因为如果没有消费，生产就没有目的。"② 这一观点深刻地揭示出生产和消费之间相互依存、相互促进的关系。由此观之，民生新闻实质上就是市场经济体制下，新闻传媒遵循市场经济规律的一种自觉的行为，是新闻产品的合理的"市场化形态"，它符合产品在市场生存的定律要求。从目前全国情况来看，2001 年《南京零距离》开通并一炮走红，不仅带动南京地区各家电视台相继推出《直播南京》、《绝对现场》等一批以民生新闻为载体的新闻栏目，更使得民生新闻及其运作理念开始得到业界的关注和追捧，民生新闻概念由业内提出并受到学术界的极大关注。如今民生新闻类的电视节目，已经在全国形成燎原之势，遍地开花。有些学者把电视民生新闻

---

① 中共中央马克思恩格斯列宁斯大林著作编译局：《马克思恩格斯全集》第 26 卷，人民出版社出版 1972 年版，第 442—443 页。
② 中共中央马克思恩格斯列宁斯大林著作编译局：《马克思恩格斯全集》第 46 卷（上），人民出版社出版 1972 年版，第 28—29 页。

的兴起，称为是继中央电视台《东方时空》、湖南卫视《快乐大本营》之后的"十年来中国电视的第三次革命"。①

可以这样说，民生新闻正成为今天新闻传播的主流，它十分符合市场经济对当代社会规律性的要求，从大众需求出发，题材内容、传播形式以受众为核心，将受众的日常生活纳入被传统新闻排斥的头条新闻视野中；将凸显权威地位的单向传播链条解构成受众参与的平等对话双向传播模式等。不管人们会怎样来考虑它的学科归宿，民生新闻实践及其理论概括寻求到了与中国社会制度、传统文化以及主流政治的导向性与受众收视欲望之间的平衡点与融合点②，成为"在民本思想的基础上适应相宜的政治语境，对原有新闻观念在某种程度上寻求突破的理论结晶"③。

二 娱乐新闻、新闻的娱乐化与娱乐传媒经济

（一）娱乐新闻成为独立的新闻类别

娱乐新闻起源于19世纪美国的"黄色新闻（yellow journalism）"④，一种观点认为它是随着大众化报刊扩大发行量，报业追逐利润不择手段竞争的产物。尽管美国新闻史学家莫特（F. L. Mott）在1941年的《美国新闻史》（*American Journalism*）中将它的主要特征归结为"使用煽动性大标题，整个报

---

① 方永明：《电视民生新闻兴起的背景分析》，《中国新闻研究中心》，http：//www. cdde. net/shouwnews. asp? newsid：7667，2004年12月8日。

② 李舒、胡正荣：《民生新闻"现象探析》，《中国广播电视学刊》2004年第6期；白小易：《"民生新闻"：一种具有中国特色的大众新闻——兼论南京"民生新闻"大战》，《中国电视》2004年第6期。

③ 朱寿桐：《论电视民生新闻理论的可能性》，《中国电视》2005年第12期。

④ 1897年间，纽约的《纽约世界报》和《纽约日报》竞争异常激烈。赫斯特不仅高薪挖走了《纽约世界报》星期刊的全部人马，而且还把《纽约世界报》星期刊赖以成功的滑稽连环画《霍根小巷》的主人公"黄衣少年"（The Yellow Kid）也放到了《纽约日报》的晚刊上。普利策则针锋相对，他控告赫斯特侵犯了《纽约世界报》的版权，又另请高手为《纽约世界报》星期刊再画"黄衣少年"。因而两报推销员所用的招贴画上都有了兴高采烈、东游西逛、咧嘴而笑的"黄衣少年"的形象。接着戏院开始上演"黄衣少年"的剧目，商店也推出了"黄衣少年"的广告，"黄衣少年"作为一种新的文化样式在整个纽约流行起来。参见张昆《简明世界新闻通史》，武汉大学出版社1994年版，第140—156页。

纸的版面给人以耸人听闻的假感；使用种种欺骗手法，或捏造新闻、闭门造车，或冒充科学，奢谈学术，或干脆自己制造新闻事件；为了达到煽动的目的，滥用新闻图片以及登载彩色滑稽连环画和一些肤浅而又富于刺激性的文字。"并由此产生"黄色新闻"就是"用极度夸张及捏造情节的手法来渲染新闻事件，尤其是关于色情、暴力、犯罪方面的事件，进而达到耸人听闻、扩大报纸销数为目的的新闻报道"的盖棺定论。但重新研读历史我们不难看到当时的《纽约世界报》和《纽约日报》在大众化方面所获得巨大经济利益和积极的社会影响力。徐均赛在《重新认识黄色新闻》一文中对美国"黄色新闻"对莫特的"黄色新闻特征"的观点以及产生黄色新闻的历史语境有较为深入的分析和梳理，正如他所认为的一样，黄色新闻展现了全新的新闻思想和新闻理念，是一种新的新闻手法或新闻思潮，[①] 黄色新闻"对后来的世界新闻传播事业产生了不可估量的巨大而深刻的影响"。[②] 这些影响归结为：它促使了美国政党报刊走向衰弱，廉价报刊兴起，1883 年普利策《世界报》标志廉价报纸取代政党报纸成为报刊的主体[③]；"黄色新闻"顺应了时代发展要求，实现了新闻业务的一大跨越，同时丰富了媒体传播功能，为报纸的现代化进程准备了条件；"黄色新闻"产生于 19 世纪八九十年代走向日趋消费主义社会的美国，这样的报纸在推动改革、关注弱势群体、独立批判精神体现了报纸的责任意识。[④]

　　中国对"娱乐新闻"的认识同样存在分歧，可谓毁誉参半。笔者认为这主要源于理论反思的欠缺与娱乐新闻实践"病症"同时并存所致。对中国的娱乐新闻发展作一个梳理是必要的：1987 年作为在中国内地极具影响力的《广州日

　　① 周立顺：《由〈世界报〉看美国"黄色新闻"》，http://media.people.com.cn/GB/22114/42328/76841/5255772.html，人民网 2006 年 11 月 26 日。

　　② 徐均赛：《重新认识黄色新闻》，http://www.zjol.com.cn/05cjr/system/2006/06/05/006656172.shtml。

　　③ 陈力丹：《世界新闻传播史》，上海交通大学出版社 2002 年版。

　　④ 周立顺：《由〈世界报〉看美国"黄色新闻"》，http://media.people.com.cn/GB/22114/42328/76841/5255772.html，人民网 2006 年 11 月 26 日。

报》率先提出，报纸要具有发布新闻、宣传政策、传播信息、提供娱乐、陶冶性情、介绍商品等多种功能，实现内容和形式的多样化。此后，在新观念的引导下，娱乐新闻进一步得到了发展。娱乐新闻最终从文化新闻中脱离出来，成为独立的新闻类别。20 世纪 80 年代末 90 年代初，娱乐新闻开始登上了文化新闻的版面。《解放日报》是内地第一个推出文化娱乐专版的媒体。世纪之交到目前为止，娱乐新闻的地位进一步提高，一些都市报设立了数个娱乐新闻版，有的报纸甚至只设立娱乐新闻版，将文化新闻纳入其中。

娱乐新闻产生于中国社会的转型时期，人们首先看到的是物质领域的飞速发展，市场经济进程的加速，刺激了人们长期被压抑的物质享受欲望和消费冲动，而娱乐新闻就很好地满足了人们的这一需求。从文化角度看，在社会转型期间，大众文化风靡于世，将市民大众作为主要消费者，以大众媒介为主要传播手段，人们有一定闲暇和经济条件去满足文化需求，他们更多关注细腻的生活、市井杂谈，关注离奇事件和琐碎新闻，在这样的过程中可以极好地放松自己的心态，缓解身上的重负和压力，于是娱乐新闻便有了广阔的市场。当传媒纷纷在寻求市场化，产业化的今天，娱乐的广泛需求为此提供了契机，这样，传媒产业化，娱乐产业化实现互动，"娱乐传媒"出现了。它与传统意义上的娱乐活动不同，它不是去体育馆进行体育活动，去博物馆进行艺术欣赏等传统意义上的娱乐活动那样具有物质性，而是直接作用于官能的娱乐活动，是信息化的娱乐活动，即传媒下的信息娱乐。当你晚上临睡之前，打开电视看看形形色色的综艺节目、体育比赛、电影或肥皂剧，或是打开收音机感同身受在耳边响起的那个似乎是在与你谈心的声音时，不需要专门付出额外的时间，经历和费用就可以享受到那种娱乐带给你的心情。伴随着互联网的普及，各种网上游戏、视屏点播、语音聊天、免费下载就生活在你的世界里。可以说，当代的大众传播活动在相当大的程度上就是娱乐传播活动。

（二）新闻娱乐化

中国传媒界出现的娱乐化风潮，是从《南方体育》的娱乐化体育报道营销策略和实践开始的。南方日报报业集团下属有《南方都市报》、《南方体育》、《南方日报》三份不同定位的报纸，在从 1998 年的世界杯到 2000 年的体育赛事报道上获得非凡的成绩：一是《南方都市报》在 1998 年法国世界杯期间，连续 43 天每天拿出包括头版在内的前 1/3 版面（当时日发 24 版），精编精制"世界杯特刊"，既培育出开创异类体育评论先河的"舞文弄墨"栏目，奠定了新锐体育报纸《南方体育》的风格基础，更使得创刊一年的《南方都市报》一炮而红，迅速超越同期进入市场的诸多媒体，成长为密集覆盖珠江三角洲城市群的主流日报，为综合型日报利用体育报道拓展市场空间，提供了成功案例。数据显示，世界杯特刊的成功，使《南方都市报》的发行量在当年年底迅速从原有的 18 万份提高到 38 万份，1998 年年底实现广告收入 2000 万元，是 1997 年（800 万元）的近三倍，1999 年，日均发行量已达 61 万份，实现广告 9000 万元；脱胎于《南方都市报》的《南方体育》，以作娱乐新闻的方式作体育报道，整体风格恣意狂放、个性张扬。2000 年 3 月创刊后，在同年 6 月的欧洲杯及 9 月的奥运会期间，全力推出"刺激 2000·欧洲杯特刊"和"悉尼奥运会特刊"，使得这份定位于嬉皮风格的生活类体育报纸，得到受众青睐，发行量在当年年底已飙升至 52 万份；《南方日报》以报纸营销的思路成功地探索出了传统大报与市场的多维结合。南方报业体育报道的成功经验就是把体育当做娱乐来做，嬉笑怒骂皆成文章，彻底打破了长期笼罩在体育赛事上的神圣光环，即所谓还原体育的娱乐本质，赢得了市场；以市场消费为导向生产新闻产品。接着，许多报刊纷纷效仿。《北京娱乐信报》在发刊词中明确提出，时政、社会、文体、资讯的新闻信息采用娱乐化、平民化的包装。又如《京华时报》，"京城全面清理黑保安"的消息可以上头条。正是在这股潮流的冲击下，《北京青年报》、《北京晚报》、《北京晨报》纷纷改版，做有娱乐性的新闻，让新闻更具娱乐性成为其后京城媒体的主流。这些做法和"娱乐新闻"有着相同的理念，即以尽可能软性、情感化甚至刺激性的内容和表现手段抢占媒介市场。

不仅如此，回顾中国内地在近 20 年的新闻改革过程中，伴随媒介市场化步伐加快，产业性质凸显，特别是 20 世纪 90 年代以来媒介大众化、市场化浪潮的勃兴：在报刊界，1991 年左右周末报纸盛行；1994 年左右晚报在全国范围内兴起迅速占领大片媒介市场；1996 年左右都市报以彻底市民化、平民化的姿态成为报刊新锐。在广播界，以经济台为主加上文艺台、交通台等各专业台涌现。无线电视、有线电视、卫生电视和教育台相继兴起……这种现象中绝部分都表现出较强的大众化、通俗化倾向，内容强调"软"、"近"、"实"（实用），这对改变以往我国媒介内容一味重宣传轻信息、重教育轻娱乐的状况，做到人民群众喜闻乐见极有益处。[①]

对于什么是新闻的娱乐化，目前学界的一致认识是新闻内容上的偏向软新闻（西方媒介称为"大众新闻"）或尽力使硬新闻软化。其表征是减少严肃新闻的比例，将名人趣事、日常事件及带煽情性、刺激性的犯罪新闻、暴力事件、灾害事件、体育新闻、花边新闻等软性内容作为新闻的重点，竭力从严肃的政治、经济变动中挖掘其娱乐价值。形式上的强调故事性、情节性，从最初强调新闻写作中适度加入人情味因素，加强贴近性，演变为一味片面追求趣味性和吸引力，强化事件的戏剧悬念或煽情、刺激的方面，走新闻故事化、新闻文学化道路[②]。

（三）娱乐成为主导

从 20 世纪 80 年代至今，新闻娱乐化现象在大众媒介中日渐兴盛已成为一个不争的事实。

中国报纸的娱乐化表现为从报纸到电视、从广播到网络，"娱乐"成为一个出现频率越来越高的词语，而一切与"娱乐"有关的节目，也成为各大报纸争相开发的重点。

首先是从内容上：（1）各类报纸的娱乐新闻版面增加，因娱乐新闻的新闻

---

① 林晖：《市场经济与新闻娱乐化》，《新闻与传播研究》2001 年第 3 期。
② 吴飞、沈荟：《现代传媒、后现代生活与新闻娱乐化》，《浙江大学学报》2002 年第 5 期。

性而使娱乐新闻成为新闻的重要组成部分，也成为新闻娱乐化的典型表征，本书的前面已作细致分析，在此简略；（2）增强了新闻性的副刊，目前不少报纸注重副刊的改革，其改革的核心就是以过去常用的通讯、特写来表现的主题，变成以副刊体裁的故事、散文、纪实小说、报告文学的方式来表现现实生活中的人和事，来反映社会热点问题和轰动性突发事件；副刊作品融进了更多的新闻要素，将知识性、趣味性、新闻性融为一体，副刊成为独特的新闻载体。例如《世界瞭望》刊出的《美国媒体掀起中国热》、《"神六升空"世界关注"中国追赶"的脚步》、《新一波禽流感威胁世界各国》等副刊，都是紧扣时代脉搏，紧扣新闻事件，在较为有深度的报道中融入了新闻要素。也可以说，这些稿件本身就是一则新闻。"报纸副刊的这种变化，无论其在体裁选择和内容的拓展方面，其实质都是在新闻化，即体裁上选择具有新闻表现力的品种，内容上更接近现实迎合时代要求和追求新颖性和时效性。因此，强化报纸副刊的新闻性，是今后报纸副刊发展的明显趋向。"① 报纸副刊的这些变化的产生，有学者总结为：一是报纸的主要职能是传递新闻，作为报纸副刊虽然也刊登文学作品，但与纯文学刊物承担的任务有所不同。报纸的副刊特别是党报的副刊，同报纸一样负有舆论引导、指导现实、教育读者的使命。可以说，报纸副刊是用另一种形式传递新闻。二是读者阅读习惯的变化也要求副刊强化新闻性读者选择阅读报纸，主要是想获得新闻；读者阅读报纸副刊，是想通过副刊活泼的形式更轻松地获得新闻和美的享受。② 副刊其实质就是软性的新闻，是新闻娱乐化的又一种形式。三是以老百姓的生活为主要内容的民生新闻所占比例加大，突出的表现是放大了新闻价值中的人情味、趣味性等因素，将硬新闻加以软化。这三者一起构成了今天新闻的主要内容，也占据了今天新闻的主要报纸版面。

① 黄祖松：《副刊与新闻》，《青年记者》2006年第23期。
② 同上。

其次，从形式上看，（1）讲故事的新闻写作所产生的新闻作品的"故事化"写作取向，新闻故事化主要借鉴文学创作手法，用讲故事的叙述方式来展现新闻事件。运用新闻故事化的写作手法写出的新闻，最大的优势就是耐看。美联社特写新闻主任布鲁斯·德西尔瓦说，以说故事的方式向人们提供的信息更容易被理解和记忆。因为这种方式让人放松，让人觉得有趣。以这种方式整合过的新闻素材将更加有效地吸引读者。因为读者看到的不再是干巴巴的事实罗列，而是真实的生活。（2）视觉化。文艺理论家高小康在20世纪末写道："'真实性'在本世纪发展过程中的一个跃变就是视觉化：电影、电视对故事话语的最重要影响就是使叙述话语视觉化了。视觉形象与动作使故事内容的显现方式由意象变成了直观，从而被常识理解为更严格意义的真实。"报纸是视觉平面媒体，不同于电视媒体的，它是静止的，是靠文字和图片共同来完成新闻传播任务的。报纸要吸引更多的读者就靠它的公信力，视觉冲击力和内容感染力。报纸的视觉冲击力一是体现在版式上，特别是照片在版面上的运用；二是新闻摄影作品自身的冲击力，通过照片抓住读者的视线。有资料显示消费为特征的都市报就强调摄影图片的运用，版面的设计，如《南方都市报》提出了"以视觉为中心"的图片运行机制；《新文化报》"让图片成为报纸新闻的卖点"；《东方早报》，将新闻视觉化与版面标准化、媒体个性化、评价市场化归纳为视觉传播时代的报纸四大特征。《钱江晚报》以"做亮报纸的眼睛"来用好新闻照片；《都市时报》在办报过程中以"视觉新闻定位"，来处理版面，狠抓大于文字的生动形象。它们都建立起了科学完善的图片运行机制；充分发挥摄影记者、图片编辑、图片总监等的作用；善于组织新闻摄影报道的策划；强调视觉设计的作用等。

中国电视经历了以综艺娱乐等单纯的娱乐节目抢占市场的发展历程，到目前，据2005年的《中国广播电视年鉴》统计的数据：中国全年的节目播出量是1001万小时，而各类节目的全国收视情况：通过CSM的调查我们看到，各类娱乐节目共占有53.3％的市场份额。一方面是频道数量激增，造成观众分流，电视媒体竞争加剧；另一方面是"受众"日益成为一种稀缺资源，各家电视台为了生存重新寻找竞争利器已经成为一种迫切需要。CNN 总裁特德·特纳的"新闻才是未来电视业竞争的真正战场"以及 CNN 在新闻领域的巨大成就，显示了未来传媒的发展的广阔空间和生存基础，"播报新闻"成为中国从央视、省级卫视、省级非卫视频道、城市台和境外电视媒体等电视台的竞相追逐的目标。其市场竞争的结果就是除了利用传播资源优势以世界和国内重大事件的报道为核心的"硬新闻"的争夺外，对于那些先天资源不足，势力较弱的台（各省级卫视、省级非卫视、城市台等），在国际、国内重大事件上它们无法也无力与央视、凤凰和其他省级卫星频道争抢"话语权"，唯一的竞争策略就是要避开硬新闻的竞争和拼抢，在新闻的"软"字上"小"字上做文章，利用"接近性"和"本地化"策略，探索适合自己的新闻道路，并最终造就了各地方电视台的本土特色的"民生新闻"，而民生新闻可以说就是新闻娱乐化的典型代表。

三　广告与新闻

（一）广告与社会经济的发展

广告是社会经济发展的集中体现。中国的传媒广告经营经过改革开放 30 多年的时间，从无到有，从少到多，获得了飞速发展，其中包括以报纸、电视、广播和杂志这四大传统媒介的广告和目前呈上升趋势的以网络为核心的新媒体广告，以报纸、电视、广播和杂志这四大传统媒介的广告占传媒广告经营中的绝大部分。据资料显示，20 世纪下半叶的中国第一条商业广告"参桂养容酒"，于 1979 年 1 月 28 日在上海电视台播映，其后广告就作为传媒经营的主要手段进入了大众传媒体制之中，1991 年中国广告市场总额是 35 亿元[①]，

---

①　黎斌、蒋淑媛：《中国 电视广告经营模式创新研究》，中国传媒大学出版社 2005 年版。

2002 年四大传统媒介的广告营业额总和为 456.6 亿元，2003 年为 548 亿，比上年增长 20%；2004 年 575.4 亿，比上年增加 5%。经过 20 世纪 90 年代后期的增长率下滑，特别是 2001 年广告业全行业的不景气之后，到 2002 年，中国广告市场和传媒广告增长率有小幅度的回升，整个广告市场的增长率超过了 12%，四大传媒广告增长率在 2002 年、2003 年超过了 20 个百分点，由此带动了中国整个广告市场的发展速度。2000—2004 年的 5 年间，中国广告市场经营总额的增长速度较为平稳，近 5 年一直保持在 10%—20%。① （见表 1）

表 1　　　　　　　　　2000—2005 年中国广告市场经营增长速度

年份	四大媒体广告增长速度（%）	广告市场增长速度（%）
2000	18	14.6
2001	7.3	11.5
2002	24.5	13.6
2003	20	19.4
2004	5	17.2

资料来源：《中国媒体发展研究报告 2003—2004 年卷》。

近年来，以网络广告为核心的新媒体及广告的增长势头极为迅猛。艾瑞市场咨询机构最新发布的统计报告显示，2005 年国内网络广告市场规模达到 31.3 亿元，比 2004 年增长 77.1%，是 2001 年的 7.6 倍，已经超过杂志广告（18 亿元）、接近广播广告（34 亿元），房地产、IT 产品和网络服务位列网络广告投放前三名。该机构预计，今年中国网络广告市场规模将达到人民币 46 亿元，比 2005 年增长 48.2%，2010 年中国网络广告市场规模将达到 157 亿元。② 根据信息产业部日前发布的《2006 年 9 月通信行业统计月报》显示，截至 2006 年 9 月底，我国手机用户达到 4.43 亿户，全国固定电话用户达到 3.693 亿户。手机短信已被公认为是继互联网之后的又一新兴经济增长点。此外手机报纸、手机电台等新的媒

---

① 《中国媒体发展报告 2003—2004 卷》，武汉大学出版社 2005 年版。

② 《当前中国报业的基本认识》，http：//blog.sina.com.cn/s/blog - 4a2947d001000531，2012 年 5 月 22 日。

体形态也如雨后春笋般冒了出来。据新华网上海频道消息，2005 年 7 月 11 日，由上海文广新闻传媒集团（SMG）研制的 "SMG 手机电台" 正式开播，标志着国内首个通过无线通信网络实现语音资讯实时或延时互动传播样式的诞生，它向手机用户提供近百种互动语音服务。除了通过无线通信网络收看电视节目、电影片段之外，专门针对手机制作的电视剧、胶片电影、卡通电影等也在运作之中。

显而易见的是广告的迅猛发展正是中国经济快速发展的直观反映，可以说国民经济快速增长是传媒业发展的经济动力，广告增长比例、指数与 GDP 呈正相关系。近年来，我国 GDP 每年增长 8％—9％，而且这种增长势头在未来几年不会改变。目前报业主要的收入来源于广告，广告收入占报业总收入的80％，而中国居民消费力上升也是传媒发展的强大推动力。人均国民收入1000—3000 美元是消费转型的关键时期，中国 2005 年人均 GDP 达到了 1700美元，影响文化消费的恩格尔系数近年来也一直在 50％以下（2005 年城市37.1％、农村 45.5％），这就意味着中国社会正逐步由生存型社会向享受型社会转变，意味着以广告为主导的消费社会的到来。

（二）广告与文化生产

广告在万众参与的宏大机制中，逐渐形成一种独特的文化。广告在创造和培育新的文化观念和文化形态方面，承担着先锋模范作用。广告已由从前的对市场销售系统的作用，发展为对企业商品研制、设计、生产、包装、销售等生产活动的全过程服务。广告充当着维持和发展社会化大生产的 "大量生产、大量消费" 的动力机制的配角。从一定意义上讲，现代经济活动实质上是以经济信息为纽带的情报活动。在这个宏大的情报活动舞台，广告文化扮演着信息媒介的角色，丰富传递方式和渠道。

迄今为止，广告已经是文化空间最为强大的符号系统之一。"今天，广告宣传甚至用女电影明星的特写照片，来标明某些产品的声望，用流行歌曲的曲调，来赞美它们的对象。广告与文化工业在技术上和经济上都融为一体了。到处是同样的广告，到处机械地重复宣传同样的文化工业产品，甚至采用同样的宣传用语。到处介绍和推广人们使用文化工业产品的技术、心理状态和经验。到处都宣传奇特的但又是令人信任的，轻松的但又是印象深刻的，富丽堂皇的但又是朴素的范例，以便吸引分散的具有各种各样意见要求的顾客。"① 事实上，广告已经一定程度地脱离了商业范畴而独立地成为一种的文化现象，形成了一种独立的行业：一方面是广告所提供的商品形象营造了一种欲望的社会生活幻象；另一方面是广告的形象传播本身就是一种文化生产行为，只不过这样的生产不同于一般的物质产品的生产，巨额的广告费支持下的广告生产与文化艺术作品生产之间其实在进行着一场文化权力的争霸之战：广告商可以依据一定的费用决定艺术作品的情节演变，选择演播的时间，提交某一个商品品牌充当节目的命名，并且每隔一段时间就随心所欲地腰斩一部影片或者一席精彩的访谈，广告操纵着一切。鲍德里亚认为，广告的真正效果是"通过信息有条不紊的承接，强制性地造成了历史与社会新闻、事件与演出、消息与广告在符号层次上的等同。"②

显然，广告传播包含了许多的价值观念、意识形态。在通常的理解中，广告是一种艺术，尽管在海德格尔看来，"艺术是源于作品和艺术家的现实性的基础上而又独立存在的纯然物"③。而在今天，审美的泛化与日常社会生活的审美化已逐渐显现④，艺术和日常生活的界限正在逐步消失，审美已经超出所谓纯艺术/文学的范围，渗透到大众的日常生活中，文化活动、审美活动、商业活动之间不存在严格的界限。维尔什认为："近来我们无疑在经历着一种美学的膨胀。它从个体的风格化、城市的设计与组织，扩展到理论领域。越来越

---

① ［德］霍克海默、阿多尔诺：《启蒙辩证法》，张云艳译，重庆出版社 1990 年版，第 154 页。

② ［法］让·波德里亚：《消费社会》，刘成富、全志钢译，南京大学出版社 2000 年版，第 130 页。

③ ［法］海德格尔：《艺术作品的本源》，载《林中路》，孙周兴译，上海译文出版社 1997 年版，第 1 页。

④ Eduardo de Fuente 在题为《社会学与美学》（Sociology and Aesthetics，发表于《欧洲社会理论杂志》2000 年 5 月号，第 239—247 页）的一篇文献综述中对此进行了富有参考价值的概述。他介绍了当代西方社会学与美学相互渗透的最新趋势，指出：西方的社会正在经历一场深刻的审美化（aestheticization）过程，以至于当代社会的形式越来越像一件艺术品。

多的现实因素正笼罩在审美之中。作为一个整体的现实逐渐被看作是一种审美的建构物。"① 由此，维尔什（以及其他的一些学者）实际上是把审美化看做一个深刻的、经过媒介而发生的、体现于生产过程与现实建构过程的巨大社会—文化变迁。在这个意义上，广告以其独特的内容成为社会文化产品的重要内容。

（三）广告与新闻

广告和新闻都是大众传媒的一种形态，尤其在媒体日益发达的当代社会，新闻与广告相伴随行，共同构成了今天的媒体景观。"新闻"与"广告"原本是完全不同的两种文本：新闻是客观存在的事物的反映，是新近发生的事实的报道，它的本源是事实，事实是第一性的，新闻是第二性的；广告这一术语原出于拉丁语，有"注意"、"诱导"等意思，是唤起大众注意某事物，并诱导于一特定的方向所使用的一种手段。可见，新闻和广告的区分是明显的。新闻强调客观公正、平等告知，广告则是自我宣传、劝说诱导；新闻的取舍处理取决于新闻事实本身固有的新闻价值，广告只要广告主付费即可发布；新闻以满足人们的多层次、多方面的信息需要为目的，广告以实现广告主推销自己产品或服务为目标；新闻用语严谨、立论公允，要交代新闻来源、有五要素等，而广告形式活泼多样，讲求符号制作的影响力、色彩以及图案效果等。新闻与广告是完全不同性质的信息文本。

广告与新闻的共同点在于：广告与新闻都是一种传播行为，都通过一定的媒介传播，它们的本质都是信息，新闻和广告都是对信息的传播，对信息内容的要求和表达方式有很多相似的地方。100 年前，美国广告界著名人物拉斯克说过，"广告是关于产品的新闻"；而现代广告学给广告概念下的定义就是由广告主以付费方式，运用媒体劝说公众的一种信息传播活动。从这个意义上说，广告具有新闻特性；同样新闻的本质含义就是对"新近发生的事实的报道"，

---

① 参见《日常生活的审美化与文化研究的兴起——兼论文艺学的学科反思》，《南阳师范学院学报》2004 年第 5 期。

那么一切"新的"信息，包括新产品、新方法、新观点等都能成为新闻报道的内容，从此意义上也可以说新闻也就具有广告的特征。也正因为如此，今天的新闻与广告走入混淆不清的尴尬境地。关于广告的研究是一个宏大的课题，也就是今天广告学科的研究内容；而关于新闻广告与广告新闻的实践误区以及由此造成的社会危害等也涉及对新闻与广告的管理的领域。本书仅从广告作为一种独立的社会文本与新闻文本的关系以及对新闻产品所产生的独特影响力方面探讨新闻作为消费品的复杂表征问题。

广告新闻化有很长的历史，综合其在各种媒体的表现形式，一般来说有以下几种：

一是用新闻手法来表现广告。早在 1835 年 7 月号的《东西洋考每月统计传》上就有这样的"新闻"，在一篇名为《广东省城医院》的文章中写道，"宽仁孚众，是耶苏门生生当所为。今有此数之门徒，普济施因……贵贱男女老幼，绪品会聚得痊"，[1] 这可以说是广告新闻化的雏形。这种形式主要表现为广告直接以新闻的形式出现在媒体上，或以新闻标题的方式来表现广告；或以新闻短片播发广告。这样的"新闻"既有故事情节，又因为制作的生动、贴切，具有极大的迷惑性和说服力，一般受众很难将其与新闻区别开，非常容易误导消费受众。

二是新闻广告。也可称为软广告或二类广告。美国传播学家巴格迪坎说这是"一种介乎新闻和广告之间的在商业上被称为'呢子上的绒毛'"，是广告客户用来"创造购买情绪"的东西。新闻广告没有明显的广告标志，但具有一定的新闻形式，从而借用了新闻的权威性和可信度，在一个特定的大众传媒的"环境"中进行传播。新闻广告正是基于这些优势成为广告客户偏爱的方式。软性的非新闻充斥于报纸版面、电视屏幕以及广播时段中。例如电视里的"经

---

① 转引自《广告新闻化的思考》，http：//www.textcn.com/Article/wenkelunwen/lunlidd/200609/15489.html，2006 年 9 年 21 日。

济信息联播"，广播中的"市场传真"，报纸上的"信息专版"、"企业风采"等；"企业新闻"是新闻广告中最为典型的一种。企业新闻就是利用一厂、一店、一品经验材料所作的有偿新闻报道。还有一种广告采用调查采访的形式发布，一般常见于电视广告中。在这些广告里，通过"记者"或"消费者"讲述自身体验与感受，介绍产品或服务的优点、特点。在广告中采用新闻调查采访方式，总体上产生了客观真实传播的效果。新闻广告，是指新闻单位以新闻采编、新闻报道的名义经营与发布广告，收取广告费或进行有偿新闻的行为。

三是形式上与新闻编排在一起的广告。这种广告的特点是报纸在版面中间的位置放上一篇广告，在广告的周围用新闻将其包围，不用很明显的鼓动性的词语，而是用叙述性的语言娓娓道来，在标题上也是和周围的新闻区别不是很大。这种形式的广告多以报纸媒体为多见。它在编排上将新闻和广告进行混合编排就会形成新闻与广告整体性思维，迷惑受众。

广告新闻化是经济发展到一定阶段的产物，市场的发展要求广告商要在媒体上宣传自己的商品，而新闻媒体要与市场经济接轨，必然在这两者之间会发生碰撞，媒体也有自己的经济利益，因此，广告新文化是传媒与社会组织在不规范的市场经济体制中对自身经济利益追逐的不规范的做法，也是经济发展的阶段性必然现象。

对这个问题的反思可涉及计划经济体制中新闻的意识形态属性与市场经济中新闻的双重属性转换和商品性认识以及实践等问题。对于广告新闻产生的原因，相关方面的论述比较多：或认为"媒体对广告新闻的出炉有着不可推卸的责任，如果说有偿新闻还要打着新闻的幌子做虚假宣传的话，那么新闻广告则直接以新闻的名义实施广告行为，也是与新闻报道的本质要求背道而驰的"。[①]大众媒介上有协同作案的罪行；或将广告新闻归入"有偿新闻"的范围，指出

---

① 李修远、龚楠：《发海难财？令人生疑的"新闻"与媒体良知》，http：//www.cyol.com/zqb/gb/zqb/2003-03/05/content_621557.htm，2003年3月5号。

"广告新闻的产生与谋求正当经济利益过程中的职能错位"有关，^① 认为是体制的问题导致新闻单位无法正当谋求经济利益，而受到市场的诱导做出的错误行为，正是"广告新闻"市场生存空间导致了广告的新闻化。或认为是"媒体队伍的迅速膨胀，对广告新闻的盛行起到了推波助澜的作用"，媒体急速扩张带来的生存压力导致经济利益之上。

笔者认为，广告的新闻化其实质就是伴随着媒介的"事业单位，企业化经营"的中国新闻体制改革直接结果，是对计划经济时代的新闻体制下的新闻的政治意识形态性的反驳。

四　DV 与新闻生产的民间话语

（一）DV——一种新的新闻生产工具

20 世纪 90 年代以来，DV 成为普通百姓进行影像表达的重要工具，揭开了个人影像传播的序幕。步入 21 世纪后，个人影像传播风潮在文化传播领域广泛地蔓延。这些影像因其采用功能相近、使用便携的 DV（数码摄像机）进行拍摄，并借助于 PC（Personal Computer）制成短片，而被称为 DV 影像。DV 影像的叙事风格迥异于主流媒体，当它们逐渐走出"窄播"的狭小空间，进入互联网、电视等大众传播领域的时候，就意味着一种全新的新闻生产形式——民间话语出现了。

DV（Digital Video）是一种正在迅速发展的数字影像技术，1997 年，第一款 DV 格式的便携摄像机在日本问世，它在诞生初期仅仅是为了在拍摄家庭录影的时候获得更高的影像质量。但是由于 DV 设备外形小巧、操作简单、价格便宜而成像质量较好，特别是它采用统一的数字影像格式，可以进行多代复制，而且与现有电视专业格式相兼容。这种"价格平民化、质量专业化"的

---

① 王泊：《有偿新闻的本质及其法律责任》，《声屏世界》2001 年第 7 期。

DV 数字影像产品一经诞生，便获得迅速发展，在短短几年之内就使影像制作从昔日贵族般的特权变成了普通大众的日常生活记录手段，以数字影像为手段的"DV 电影"、"独立制作"、"个人影像"等，近年来迅速风靡国内大中城市，同时也在新闻制作领域逐步走向主流：大学生电影节 2000 年起设立了"大学生录像作品大赛"专项奖（2004 年变为"大学生 DV 作品大赛"）；2001年，北京电影学院、《南方周末报》联合数家民间团体主办了"中国首届独立影像展"；2002 年，凤凰卫视联合多家知名高校举行了"中华青年影像大展：DV 新世代"；2002 年，上海电视台纪实频道开设了"新生代"栏目；2004年，教育部艺术教育委员会、北京市文联、北京市影视艺术家协会、北京广播学院及北京电视台联合主办了"全国大学生电视作品大赛"等。

（二）DV 与新闻生产的民间性

DV 打破了权力对历史影像书写的话语垄断。对时代的记录、历史的书写发生的根本性变化，DV 创作一开始还是用来拍摄孩子成长、外出旅游、家庭聚会等与生活相关的内容，处于一种分散、随意的状态。到后来，这些随意的、自发的、纯粹娱乐休闲式的拍摄，转入了人们的生活形态、周围事件和社会底层的记录上来。而长期以来强调节目影像质量的传统和已经存在大量的使用习惯的广播电视设备，并没有把它纳入自己的视野，除了在特殊的场合不得已偶尔使用一下还要标明"家用摄像机拍摄"外，电视人基本上没有把 DV 放在眼里。但是在今天，当 DV 机的增长率以每年 45％以上的速度遍布中国大地的时候，DV 已经向全世界证明真正意义上的大众传播时代到来了：传播者的大众化将改变那种传播者一直局限于少数拥有媒体平台的传媒机构的局面，逐步实现传播者的大众化、平民化和泛传播主体化，这意味着新闻史上乃至传播史上最具里程碑意义的一次革命的到来。电视节目的竞争很快改变了传统体制对新闻专业化的观念，DV 迅速走入电视传播的体系之中，其标志性的事件是民生新闻的节目样式的迅速崛起。

电视界运作民生新闻的成功，很大程度上是电视大胆运用 DV 手段的结果。用 DV 拍摄的民生新闻，是通过"社会趣事，生活投诉、家长里短、实用讯息"的提供，营造一个可以自给自足的相对封闭的空间。在民生新闻里，人们看到了多侧面的社会，多阶层的冷暖人生，多方的奇闻趣事。这种题材取向决定了其节目制作方式必须是大量长时间的贴身的拍摄采访，传统的电视设备不仅粗大笨重、电池待机时间短，而且对光线环境的要求比较高，对拍摄对象干预也比较多，机器设备比较昂贵，还需要经过训练的专业摄像师操作，更为关键的是这种传统的拍摄方式很难对大量的突发事件进行及时的现场拍摄。这些传统电视设备的短处正好是 DV 的长项，与广播级电视设备相比，它价格非常便宜，操作十分简单，而信号格式又能为专业设备所兼容，质量虽然差一点儿，但是完全能为观众所接受，特别是几家大的电视设备公司开发的专业 DV 摄像机，其图像质量已经能与传统的数码摄像机相媲美，而价格还不到它的一个零头，操作起来也十分灵巧。DV 新闻的一大特点，就是在于它的拍摄对象往往是社会底层相对"弱势"的群体，而民生新闻又恰恰是社会人文关怀的守望者。它常从最广大普通百姓的需求出发，用他们喜闻乐见的形式，反映老百姓身边的人和事，并常通过媒体为老百姓排忧解难。在民生新闻的策源地南京，江苏电视台和南京电视台的新闻制作部门，都在大量使用 DV 设备，有资料显示，江苏台《南京零距离》有松下索尼的 DV 摄像机 20 多台，南京台也有近 20 台 DV，陕西电视台的两档民生新闻栏目《阳光播报》、《都市快报》，共有近 30 台 DV 摄像机，而且是清一色的 SONY。据一项不完全的调查统计表明，在全国省级电视台的社会新闻栏目中，除了上海等极少数几个台以外，几乎都在大量使用 DV 设备。DV，这个当初以家用摄像机身份出现的"平民小子"，正在受到越来越多的电视机构的欢迎。

节目竞争的需要，使 DV 设备开始登堂入室，走上了传统电视新闻制作的大雅之堂。

（三）由 DV 引发的新闻改革

DV 在电视新闻领域的应用，为传统的电视新闻制作带来了一系列的变化。

第一，DV 的应用降低了技术运作成本，加速了电视新闻的扩张。电视新闻节目运作成本的降低，一方面缓解了电视台经济上的压力；另一方面也直接加速了电视新闻类节目的扩张、迅速增加了新闻的领域和内容。特别是 2003 年中央电视台新闻频道开播，综合频道每晚播出两集电视剧之后，地方媒体纷纷把开掘地方新闻资源作为创收的突破口，一段时间以来，各地新闻节目纷纷扩张，有的创办新栏目，有的拉长老派栏目，新闻节目量大幅增加。据不完全统计，仅 2003 年 5 月至今，全国省级和副省级城市台新增加的新闻栏目为 42 个，每日增加播出量近 600 个小时。按照以往的标准，全国要同时增加如此规模的新闻制作量，仅机器采购就要让几家设备供应商忙上几年。而这次地方电视新闻扩军却在技术上基本上没有什么大的波动。之所以如此迅速，除了竞争的紧迫感之外，大量涌现的价廉物美的 DV 设备起到了关键作用。

第二，DV 的一个最大特点就是个性化和大众化拍摄，它用平民视点观察和拍摄平民生活。笔者认为，与其说 DV 的这种个性化拍摄开辟了一种全新的新闻采集方式，倒不如说它选择的是一种立足民间、平视客观的拍摄态度。这种态度的特点就是把 DV 对准民间，以平等的眼光、平静的心态、平和的意识，平实地拍摄发生在普通百姓身边的人和事。这种"独立思考"的个性选材方式，打破了过去一些电视媒体只把国家大事、英模人物、好人好事作为新闻选材的准则，更多地融入了"民间生活状况"的新闻采集。DV 的应用扩大了电视新闻的来源，拓展了报道的空间。使用传统的电视设备，相关的拍摄制作人员必须经过较长时间的训练和大量的实践，才能比较熟练地掌握专业设备的使用技巧，而使用 DV，相关人员的培训则要简单得多。目前，DV 产品在成像技术、水平解析度、像素、变焦倍数以及液晶显示屏等各方面的技术已经非常成熟，操作的自动化程度也相当高，而 DV 的小巧则给拍摄更多的方便，特别是在许多特殊的场合，DV 具有传统设备无法比拟的优势。由于 DV 的大量普及，许多在以往看来不可能拍摄到的新闻现场变成了可能。如江苏电视台的民生新闻栏目《南京零距离》招募了 50 多人的拥有特定型号家庭摄像机的通讯员队伍，成立专门俱乐部，制定规程，这些百姓记者分布在南京的大街小巷，一旦遇到车祸、火灾等事故，他们都能在第一时间赶到现场，生动记录下事件的全过程，有的还拍摄到很多现场独家新闻，在社会上引起较大反响。

第三，DV 的应用加速了电视新闻报道视角的转变。近几年，伴随着文化需求的不断增长，对新闻信息的需求也不断增加，并呈现出多样化的特征。人们不再仅仅满足于新闻信息的告知，更希望新闻能够体现社会对受众个人主体意识的重视，以人性化的报道实现与自己心灵的契合。在这方面，DV 爱好者为媒体和受众拓展了传播的空间，这些影像创作人把单向传播改变为受众的双向参与，使受众从信息的被动接受者变为主动参与者。民生新闻，主要是反映民情民意，老百姓是节目的主角，这无疑是一个能够实现电视新闻亲民化的新视角。杭州电视台的《新闻夜班车》栏目于 2000 年首开先河，向社会招募拥有 DV 的百姓记者，直接参加电视新闻拍摄、采写、编辑的整个过程，大大地拓宽了传统新闻的取材，在寻求电视新闻平民化的道路上，作出了一些有益的探索，使电视新闻亲民化含义得到真正意义上的延伸。

第四，DV 的应用也加速了电视新闻庸俗化的进程。每个硬币都有两面。民生新闻以贴近百姓、关注民情、服务大众生活为主，它比较具体生动，同时也不免琐碎、片面，过于日常化就会走向庸俗化。大量涌现的民生新闻在某种程度上也加速了电视新闻庸俗化的进程。因此，我们在享受 DV 为我们带来的经济便捷的同时，不要陷入另一个误区：民生的社会的新闻，毕竟不是电视新闻的全部。①

现在，江苏电视台的《南京零距离》，安徽电视台的《第一时间》，湖南经视的《都市时间》，四川电视台的《新闻现场》，重庆电视台的《天天 630》，福建电视台的《现场》和杭州台的《阿六头说新闻》等，这些电视台的栏目都

---

① 张溶：《DV：为民生新闻加油》，《新闻前哨》2004 年第 11 期。

已经在全国或者本省市展开了空前的 DV 新闻征集和评奖活动，以求征集到更多的民间影像故事。《南京零距离》约七成的新闻线索来自受众，部分新闻的摄制甚至就是由受众的 DV 人自己完成的。他们现在已经有了一支百人以上的 DV 大军。而上海《DV365》的 DV 节目提供人，则遍布全国，有几百人。让观众成为传播者，把 DV 融入主流媒体，把新闻做得越来越"平民化"已经成为部分电视台获取最大新闻价值的手段之一。

第三节 消费影响下的新闻叙事特征

在消费主义影响下的媒介经营模式和新闻内容都发生了变化，而新闻的叙事方式也出现了很多新的特征。新闻本身作为一种叙事的本体和载体，承载着新闻内容的特质。随着媒介新闻理念的不断进步、受众的主体地位的凸显，新闻的叙事方式不再局限于"倒金字塔"、"五要素"等严苛的规范，而是在不断适应时代的进步和受众的需要。为了配合民生、社会、公共等新闻形式的日盛，新闻文本的故事化叙述倾向越来越明显，并得到了广泛的认可和运用；真实性和纪实性的新闻要求，促使了带有纪录片性质的原生态新闻纪录节目的出现等。无论是网络文本的大众媒体表达，还是民间叙事文本的复兴，都传达出了新闻贴近受众、贴近民间的发展趋向。

一 新闻的故事化

（一）新闻故事化的界定

从 2005 年开始的四川卫视"天下故事"的频道定位开始，故事化的风潮真正涌向了高端。而在此之前，新闻故事化的特征已经在新闻领域有了非常显著的表现，成为了新闻运作中不得不提的又一中国媒体成功的模式。新闻越来越明显地摒弃了倒金字塔式、5W俱全等传统的新闻理念，多元化的社会需求正在颠覆传统的新闻叙述模式。把新闻事实包装成跌宕起伏的故事来讲述的"新闻故事化"潮流正在风靡传媒界。它给读者带来了全新的阅读快感的同时，也使传统的新闻价值观受到考验和质疑。比如四川卫视的"新闻连连看"是一档收视率极高新闻节目，该栏目自称是时政新闻、民生新闻之后的"第三种新闻"，该栏目以"新闻人物化、人物故事化"的理念，抛却新闻的时效性卖点，专事挖掘趣闻逸事，以此打造核心竞争力，抢滩四川新闻市场。[①] 研究者总结了这档节目的特点后认为：一是主持人和记者频繁出镜；二是各种时尚元素被综合运用，新闻旁白、音乐、表演、电视剧镜头剪辑穿插其中，极尽搞笑、逗乐之能事；三是镜头语言突破常规，一改新闻播报的平稳性，大胆采用分镜头，镜头晃来晃去、游移不定，路线呈不规则运动轨迹，镜头焦点也随着距离的远近而不停地推拉摇移，此种镜头风格，甚至纯粹娱乐新闻都不常采用[②]；四是凸显时空交错的文学叙事。一改新闻事实的线性结构，通过多元素的融入而形成了抑扬顿挫的播报风格，不仅拉长了每条新闻的时间，更扩大了新闻的容量。

"新闻故事化"在国外最早出现于美国CBS的《60分钟》栏目，在我国，是《东方时空》的子栏目《生活空间》首个把"讲故事"的理念带入了新闻报道，一改电视新闻在观众心目中单一、刻板的形象。之后，用故事化的手法去表现新闻事件和新闻人物的理念在中国迅速普及。

曾获普利策新闻奖的美国记者富兰克林曾说过："用故事化手法写新闻，就是采用对话、描写、场景设置等，细致入微地展现事件中的情节和细节，突现事件中隐含的能够让人产生兴奋感、富有戏剧性的故事。"简而言之，新闻

---

① 侯利强、施露：《评电视新闻节目"彻底故事化"——以四川卫视新闻故事化栏目"新闻连连看"为例》，http://www.baoye.net/bencandy.php? id＝26183，2012年5月17日。

② 同上。

是内容，故事则是传播新闻的一种特定方式和手法。而"新闻故事化"，就是运用电视等媒介语言以纪实、故事化的手法来做新闻报道。一般来说，我们所关注的"新闻故事化"是指一种"讲故事"式的新闻叙述方法，但它现在也已经从新闻生产的后期处理环节影响到新闻采集、报道策划等前端环节，甚至影响到一张报纸的编辑思想。比如《华尔街日报》就是以故事新闻为核心形成了独特的"华尔街日报"新闻风格，一种新的流行的新闻体裁。新闻故事化的进步意义在于它更注重新闻的社会影响力，在实现新闻价值的同时注意挖掘社会意义。故事化写作注重挖掘普通人的日常生活故事和代表时代发展趋势的社会故事，真实地表现百姓的生活，深入边缘文化或亚文化区域去寻找对社会的未来发展有意义的故事，以叙述性的表现形式来阐发深刻的话题。

（二）新闻故事化的表征

故事是叙事的一种，口头性是故事的基本特征，是故事之所以能够在社会存在并发展的基础，同时也是故事区别于其他文学体裁的根本标志①，故事口头性特征即是指：1. 内容的情节性：故事是以情节见长的一种语言艺术。故事的生命力在于流传，故事的流传说到底是情节的流传，可以说，没有情节就没有故事，因此"情节见长"是故事的自然属性。故事以情节为主，是为了满足人们"易讲"、"易记"需要的。2. 线索的清晰性：故事要求线索清晰，线索单一、简洁、有条理。3. 情节的趣味性：故事得有悬念，所谓悬念就是让人想听下去、看下去的动因，也就是作者有意设置一个疑团，让读者渴望得到答案，却又得不到，促使读者看下去，非弄个水落石出不可。4. 点子的超常性：如果一篇故事的情节性很强，线索也很清晰，悬念也有，文字也很流畅，读者看到背后却没有他（她）想得到的东西，就会有一种被骗的感觉，这样的作品同样也没有市场。这就是说故事要有超常性的"点子"，要有"高于生活"

---

① 谢元清：《故事创作谈之三：故事体裁的特征》，http：//www.storychina.cn/，2009 年 5 月 18 日。

的故事核，也就是读者想得到的"谜底"。因此故事要有包袱，一篇故事可以只有一个包袱，开头即设，最后才解；也可有好几个包袱，不断设不断解。5.语言的口头性：和书面语相比，口语具有通俗易懂、自然朴实、形象生动、朗朗上口、易传易记等特点，因此故事一般采用口语化语言，而不用文绉绉的、难讲、难记的书面语言。①

笔者认为中国新闻的故事化包含故事的新闻化和新闻的故事化两个层面：

一是故事的新闻化，就是把发生得离奇曲折的新闻事件写成可读性强的故事，也叫做新闻故事。所谓"狗咬人不能成为新闻，人咬狗才是新闻"。就是故事化新闻的典型表现。曾获得普里策新闻奖的美国记者富兰克林说："一个好的故事应该蕴含一系列情节、细节，当一个令人同情的人物偶然碰到一个复杂的情景，他的遭遇和反映就是情节的展开。"在我国各级电视台播出的新闻节目中，像中央台1993年创办的《生活空间》栏目，主题就是"讲述老百姓自己的故事"，或者以《百姓故事》、《社会记录》为代表的主题就是"讲述新闻故事"。新闻故事以新闻专题的形式出现，采用新闻的叙事模式进行材料的编辑，正如美国学者罗伯特·赫利尔德所说的："一个好的完整的新闻故事应该告诉受众'五个W'，即何人、何事、何时、何地和何因。"② 不过在新闻故事中，"何人"变成了故事事件里的主人公，"何事"变成了故事的过程，"何时"就是故事发生的时间，"何地"、"何因"就是故事发生的地点和原因；满足新闻"五个W"要素的要求，但新闻却具有了故事性的色彩。不仅如此，"故事中要有明显的矛盾冲突……强调冲突的紧迫性"，"要时刻保持故事的现场感和紧张感"，"提供给读者任何可能得到的细节。"③ 所以新闻故事比一般新闻占有更多优势，这些事件本身的复杂和曲折就能够给故事找到一个支撑

---

① 谢元清：《故事创作谈之三：故事体裁的特征》，http://www.storychina.cn/，2009年5月18日。

② ［美］罗伯特·赫利尔德：《电视广播和新媒体写作》，谢静等译，华夏出版社2002年版。

③ 同上。

点，稍加报道就能衍生出文学的艺术感。

二是所谓新闻的故事化，就是将故事化的手法运用到新闻报道中，运用讲故事的新闻叙述方法，采取轻松、活泼、幽默的讲故事方式，把新闻内容故事化、娱乐化，强调的是细节和情节，关注的焦点是人，从人的角度去关注事件对人的价值和影响，体现出浓厚的人文色彩和民本思想。又叫做故事新闻。曾获普利策新闻奖的美国记者富兰克林说："用故事化手法写新闻，就是采用对话、描写、场景设置等，细致入微地展现事件中的情节和细节，突现事件中隐含的能够让人产生兴奋感，富有戏剧性的故事。"在新闻故事化的创作，不仅关注事件的结果，而且更重视新闻事件的过程，注重展现新闻事故情节，挖掘人物的内心情感，刻画人物的个性，捕捉生动传神的生活细节，从而提炼作品的主题思想，拓展电视新闻的报道空间，以增强新闻的可视性。[①]

对于衡量新闻故事化的应用标准，认识认识存在分歧，笔者认为：从形式上，印刷媒体以特稿、专访、通讯（包括长篇报道）和系列报道为新闻故事化体裁；电子媒体以各类"讲述故事"定位的栏目和有"故事性特征"的栏目为新闻故事化节目。比如在《新闻连连看》的节目形态中，可以明显地体现出新闻故事化的种种特征，首先，在包装上它"变脸"为新闻彻底的娱乐化，主持人和记者灵活的出镜给新闻增添了别样的风采；在运作中将各种时尚元素的镜头语言、剪辑方法运用等综合运用于新闻中；在内容上充分体现新闻故事的人文化，在报道方式上用平凡的题材提炼深刻的主题，挖掘新闻事实中具有人情味的因素，情理交融，揭示人性闪光点。[②]

从内容上，用形象的事实说话，尽可能地寻找事件中蕴涵的戏剧性或含有幽默感的情节和细节。以人的视角写故事，通过描述人的生存境遇，从人性的高度入手，关注社会现象，捕捉生动传神的生活情境，展现人性的真善美，比

---

① 李世成：《电视新闻故事化刍议》，《中国广播电视学刊》2002 年第 5 期。
② 王炎龙：《故事化新闻栏目传播价值的多维思考——透视四川卫视〈新闻连连看〉》，《市场观察·媒介》2006 年第 2 期。

如《南方周末》头版的特别报道，大多既有深度又有可读性。近年来媒体流行的"讲述老百姓自己的故事"，就是捕捉到了普通人身上闪烁着的人性光辉和生命活力，显示了平淡中的伟大，琐碎中的崇高。展示了一种人性的崇高美。有多维的、立体的故事叙事视角，新闻故事化的常用视角主要有以下几个：①第一人称的叙事视角。将新闻事件中的人物作为叙事的主角，通过人物对现场的身临其境、耳闻目睹的观察和感知讲故事，增强故事的真实性和可信性，使观众在情感上自然而然地产生一种亲近感，对新闻事实的报道形成认同感。②公众代言人的叙事视角。记者像一个超脱的观察者，不动声色地记录下周围发生的一切，自己的个性深藏不露。如不久前凤凰卫视制作的专题片《火烧巴格达》，通过记者陈晓楠的眼睛，观众看到了大战前的伊拉克的形势。这个几度经历战火的国家，如今已满目疮痍，人民生活极度困难。这种公众代言人的叙事视角，使读者对事件有了深刻的认识和理性的思考。③第三者的叙事视角。即借他人的眼睛对事实进行客观的叙述。1998年美国普利策新闻奖获奖作品《德博拉的选择》：德博拉·盖恩斯一动不动地看着他，他的脸埋在黑色的鬈发中，两条眉毛又浓又弯，他是一个矛盾的结合体；是恶魔又是天使，是凶手又是救星，他就是在诊所中开枪的歹徒，他的脸映在她的脑海中挥之不去。读者从中获得的材料是叙事主体的一系列丰富经验的组合，记者在借用第三者叙事过程中，把事件凝固在某一瞬间，通过人物的眼睛复原当时的场景，吸引读者完整地阅读故事。①

（三）新闻故事化的消费诉求以及思考

1.《华尔街日报》的启示

《华尔街日报》（*The Wall Street Journal*）是美国乃至全世界影响力最大，侧重金融、商业领域报道的日报，创办于1889年，《华尔街日报》的创始

---

① 刘寒娥、张丽萍：《故事化——新闻写作的一种思路》，http：//www.people.com.cn/GB/14677/21963/22065/1958574.html。

人查尔斯·道和爱德华·琼斯在 1882 年成立"道·琼斯"公司，在纽约金融区活动，以为商业客户收集、摘抄商业信息为生。19 世纪末的美国正值经济飞速发展的高峰，"道·琼斯"公司的客户量不断扩大。于是公司的两位所有者在 1889 年正式创办了这张报纸，以适应蓬勃发展的商界对信息日益增大的需求。创办初期的《华尔街日报》发行范围非常窄，在很长时间内没有形成自己的风格。直到 1931 年，巴尼·基尔格尔担任该报主编。这位主编在任期间，对报纸进行了大规模的改革，内容包括：在不影响表意的前提下，用平实的语言报道商业信息；提供对来自政府的新闻的详细报道；避免使用艰深晦涩的商业术语和行话；扩大报道范围，不仅仅局限于经济领域的报道等。这些改革措施奠定了《华尔街日报》后来发展中的一贯风格。基尔格尔去世的时候，报纸的日均发行量超过了 100 万份，并且成为全国性的主流大报，对美国和全世界的商业、金融领域产生了巨大而持续的影响。

该报的新闻特写，常以一个具体的人或事开头，然后慢慢展开，引出主题。这种写法由于引人入胜，很受西方新闻学者的推崇，被称为"华尔街日报文体"。"华尔街日报体"指的是《华尔街日报》惯用的一种新闻写作方法。其行文特点是：从某一独特具体的事例（人物故事、场景、细节）写起，经过过渡段落，进入新闻主体部分，叙写完毕以后又回到开头的事例（人物故事、场景、细节），有时也用总结、悬念等方式结尾。早在 20 世纪 30 年代，该报就开始注重增加"解释性报道"（interpretative reporting）的比重，对新闻事件提供背景，并为适应普通读者的阅读能力，注意顾及经济报道和评论问题，尽量减少行话，用一般读者也易理解的英语来表达专门术语的内容，交代事件的来龙去脉，从而作进一步的分析和说明。另外，《华尔街日报》以深度报道见长，对题材的选择非常谨慎。该报的记者选题的平均周期为六个星期。1999年，美国《哥伦比亚新闻评论》评选"走向 21 世纪的美国 21 种最佳报纸"，《华尔街日报》名列第三，原因在于"其调查行报导所保持的高品质和挖掘精神"。《华尔街日报》的新闻报道已经形成了自己的风格和特色，以新闻故事

(NEWS - STORY) 见长,如头版上常见的一种新闻写作形式,即在报道非事件性新闻时,开头往往先讲一个与新闻主题有关的人物故事,通过这个人引出所要报道的新闻,进而一步步展开、深化新闻主题,使本来抽象、枯燥的非事件性新闻,因人物的介入变得容易赢得读者的注意,以人情味提高传播效果。这样做的好处是通过讲述新闻人物生活发生的变化,使读者的关注点落在与自己一样的普通人身上,不知不觉地被带入新闻主题,从而增加了新闻的人情味和贴近性。这种写法使本来面向社会中上层人士、一般以严肃的政治话题为头条新闻的《华尔街日报》,引起了更多读者的共鸣,拥有了更多的普通读者。实际上,《华尔街日报》新闻故事显示,新闻不仅是公而告之,而且还要引人入胜。

2.《华尔街日报》的启示

该报的新闻故事之所以被称为"钻石体新闻",在于这类报道的开头均是关于普通人的生活情景,具有穿透力,很容易将读者引导到他们熟悉的情景中,然后由这样的生活故事转而讲述一种新的经济现象。结尾,再次进入另一个相近的生活情景,与开头讲述的情景呼应。读者只要想到这类生活情景,就会联想到这类情景说明的经济现象。这种写作方式的结构特点是"感性—理性—感性"。以讲述普通人故事的方式,报道了生活中的经济新闻。

新闻报道在西方发展的开端时就被为两类:一类是"信息模式";另一类就是"故事模式"。夏德森(Michael Schudson)曾在《挖掘新闻——美国报纸的社会史》(*Discovering the News:A Social History of American Newspapers*)中通过与客观性相关联的新闻表现手段及其源起、目的的考察,就提出了早期新闻报道的两种模式——"故事模式"与"信息模式"。[①]夏德森用美学理论来论述"故事模式",认为对于报纸上的大多数新闻,娱乐性或其消费价值更为重要。报纸的主要任务是为读者创造令人满意的美学体验,帮助人

---

① [美]夏德森:《挖掘新闻——美国报纸的社会史》,陈昌凤译,中信出版社2002年版。

们解释其生活，使其与所属的国家、城市或阶层相联系。记者走出门通常是为了获取故事，而不是事实。另一种新闻模式是提供"纯信息"，认为新闻所提供的事实，在一定程度上应是未经加工的。他引用本杰明（W. Benjamin）的观点：信息是传播的新形式，是资本主义充分发展的产物，其典型的特点是表现真实性。信息的首要目的是使其本身能够被理解。尽管信息可能并不比过去的各种情报更精确，但和早些时候的情报不一样，信息必须听上去可信。因此，根据本雅明的分析，信息是和讲故事的精神不相容的。伯恩斯坦（B. Bernstein）在著作中称之为"阐释性编码"，即把所有内容都明确陈述出来，不留下任何含蓄的或难以理解的东西。① 由此可见，对新闻故事化的期求是一种人类的本性，也应该是媒体满足观众的需求根本性手段。人们希望在资讯的基础上，看到更多的新闻细节，了解更多相关的背景；在语言表达上，新闻写作要注意文字的可读性，新闻所选择的典型人物或事件既要有新闻所要求的感召力，又要有文学的艺术魅力。这就是《华尔街日报》给我们的启示。

二　网络文体

（一）"网络文体"概念界定以及类型

从传统的文体观念来看，"网络文体"还不是一个成熟的概念，但这样一种"文体现象"已经是显而易见的事实。迄今为止，人们对"网络文体"的认识有较大差异：或认为网络文体是以为书写工具的信息形态；② 或认为是基于网络平台，综合运用音、画、文字等多种元素的有传受互动性的表达方式。③ 笔者认为对此概念的认识应该包括两个方面：（1）网络技术性的层面。即"网

---

① 转引自王又锋《故事新闻与新闻故事》，http：//www. cddc. net/shownews. asp? newsid＝6304，2010 年 7 月 17 日。

② 议宣：《网权论》，http：//www. fw265. com/lunwen/jiaoyu/3394. html，2006 年 5 月 8 日。

③ 赖浩锋：《网络文体推动新闻报道"变脸"》，《传媒观察》2004 年第 9 期。

络文体"是一种基于网络的信息表达形态，与传统媒介不同的是这种形态具有"隐匿性"、"参与性"、"及时互动性"以及由此形的"随意性"、"非规范性"等特征；（2）基于网络技术的写作方式和过程也全然异于传统书写的"规范态势"，网络文体的书写更受到机械和非理性的控制。网络媒体通过书写形态的改变形成了社会新的意识形态，因而对于网络文体的认识应该是基于网络的媒介属性基础上的网络书写新形态，以及由此而形成的独特的文化形态。

所谓"书写新形态"是指基于网络技术而形成的网络写作的自由、独立和游戏的特性，网络文体不仅以其大众、匿名、互动、自由的发表、传播和游戏的写作形态彻底颠覆了传统写作的权威、精英、控制和线性写作，尤其在表现形态创造了全新的样式：1. 比特显示。打破了物质文本的时空限制，无体积和重量，可无限止复制，以光速进行传播，文本价值会因读者的增加而越来越高。2. 实现了全自动排版式写作，利用电脑软件如 Office 2000、WPS 2000、写作之星、Works 等，自动生成。3. 独特的网络语言，简洁是它的灵魂，个性是它的风格。4. 多媒体形态，综合图像、音乐、符号等综合手法，形成图像式文本。这些特征显示网络文体相对于传统文体来说是"更加开放的、非限定性的，同时具有生产性和颠覆性的"。①

（二）网络文体的类型

以此为据，笔者将目前网络上的"书写新形态"分为：E - mail、BBS、ICQ 博客、聊天室、电子邮件、帖子、签名档、公告版、标记语言等。

1. 博客

Blog 是 weblog 的缩写，中文是"网络日志"，就是以网络作为载体，简易迅速便捷地发布自己的心得，及时、有效、轻松地与他人进行交流，集丰富

① ［法］罗兰·巴尔特：《写作的零度——结构主义文学理论文选》，李幼蒸译，时报文化出版企业有限公司出版 1992 年版。

多彩的个性化于一体的综合性平台。博客的概念在1998年12月份提出，第一个bsp也在1999年8月份建立，但到了2000年才真正开始流行。2005年是全球互联网以及博客发展具有里程碑意义的一年，这一年全球博客数量突破1亿，而在中国这一数字则达到了1600万。这标志着博客正式从精英走向了大众，互联网发展到个人化时代，并从商业化进入社会化阶段。博客是互联网时代媒体界的商业化属性的集中体现。

博客自1998年诞生之日起便显示出它在新闻传播方面的强大力量。1998年著名的互联网独立撰稿人，麦特·德拉吉向他的世界各地的近5万名邮件订户发送了被主流媒体拒绝的克林顿的性丑闻事件报道，并在半年时间内引领了美国"舆论导向"，差点导致总统克林顿下台，"德拉吉事件"第一次让世人见识了博客的力量。2001年"9·11"事件爆发，对其报道最真实、最生动的描述不是《纽约时报》，而是那些幸存者的博客日志。2002年，多数党领袖洛特出言不慎，博客网站紧盯不放，直接导致其下台。2003年，《纽约时报》执行主编和总编辑因被博客揭露真相而后下台。2003年，博客登陆中国。这年，王吉鹏在博客中国上要求清除互联网黄毒的一系列文章，直接触发全国上下互联网扫黄运动的开展。2004年6月，个人网站《中国舆论监督网》上发表了一篇题为《下跪的副市长——山东省济宁市副市长丑行录》的文章，其中详细记载了李信和举报人李玉春之间的恩怨纠葛以及李信涉嫌贪污、受贿、绑架、故意伤害等多种违法乱纪行为。文后还附有数张这位副市长下跪的照片：李信满脸忏悔之色，神情异常沮丧，甚至涕泪横流。该文很快在各大网站的网页上广为流传。南方周末迅速介入，在调查取证后，于7月22日刊出《副市长跪向深渊》一文。此事引起山东省委的高度重视，李信很快遭查处。[①]

博客以个人性和交互性的特点创造了全新的"叙事结构"。个人性是博客以私人日记、杂感等形式书写的自由言论，不受传统媒体的把关人筛选过滤限

---

① 《南方周末》2004年7月22日A5版。

制，信息的接收者、发布者与传播者集于一身。交互性是指信息的传播与反馈可以及时完成。与传统媒体及其门户网站相比，博客利用技术上的优势，实现了信息和观念的自由传播。与 E-mail、BBS、ICQ 相比，博客形式则更为完整、严肃，具有正式出版物的形态，它不仅仅是"信息共享"，更体现了"思想共享"的深层内涵。《中国博客宣言》指出："博客的出现，标志着以'信息共享'为特征的第一代门户之后，追求'思想共享'为特征的第二代门户正在浮现，互联网开始真正凸现无穷的知识价值。如果说，黑客代表了互联网技术野蛮的张力，而博客则代表了重建互联网秩序的向往。"[1]

博客的开放性营造了真正意义上的哈贝马斯的"公共领域"，哈贝马斯认为公共领域首先是我们社会生活中的一个领域，它原则上向所有人开放。在这个领域中作为私人的人们来到一起，他们在理性辩论的基础上就普遍利益问题达成共识，从而对国家活动进行民主的控制。客观上说，网络具备了公共领域最核心的因素——公共性。由于互联网提供的技术可能性、开放讨论平台以及内部强大的搜索、超链接手段，各种组织、团体以及个人都可见于网络空间中，自由地表达自己的思想；公民也能通过网络更轻易地获得资讯，再进行讨论，这样的形式可以使他们能行使自己的社会政治权利，进而推动社会的民主过程。阿特休尔曾一针见血地指出，媒介是权力的媒介，而博客是一种超级简单的个人网页工具，被称为"2分钟上手的发报台"，[2] 在博客中，新闻的信息传播就不再是"把关人"特权，非权力化的议程设置和信息交流活动使得人们主体意识空前独立，言论自由领域空前开阔。[3] 在这个虚拟空间，权力与资本的影响被解构，信息在此自由流动，观念在此自由碰撞，信息及舆论的民间力量即可达到对公共权力、公共事务等的监督和影响。

---

① 《博客成第 4 种时尚交流　方兴东感谢微软》，http://tech.sina.com.cn/i/2004-11-11/0954457568.shtml。

② 林士蕙编译：《博客：个人新闻台，2 分钟上手!》，《E 天下杂志》2003 年第 5 期。

③ 张顺军：《博客与新闻传播》，《新闻前哨》2005 年第 1 期。

2. 电子邮件

电子邮件（Electronic mail，缩写为 E - mail），是指通过一定的通信网络（Internet、局域网）在两台或两台以上计算机或终端之间进行电子文本信息传输与交换的一种技术。放在网络文体的角度来看，我们关注的是这个传输的电子文本。

电子邮件是 Internet 最早提供的服务之一，是 1972 年由 Ray Tomlinson 发明的。与传统信函相比，电子邮件所具有的优势显而易见。传输速度快，从原来的几天、几十天减少到几秒钟；即写即发，不用贴邮票，跑邮局；使用费用较低；开发性广，即使是一些非 Internet 用户也可以通过一些称为网关（Gateway）的计算机与 Internet 上的用户进行电子邮件的收发。

电子邮件刊物是直接发送给订户的重要的网络传播形态，可根据不同需要制作成 txt、doc、html、pdf 等文件格式。据研究显示[①]：目前国内的电子邮件新闻刊物主要依附网站制作发送，如千龙网新闻社区的《千龙周刊》，到 2002 年 9 月 9 日已发行 22 期；中华传媒网的《传媒双周刊》，到 2002 年 8 月 15 日已发行 45 期；山东视网联的《传媒透视》，周一至周五每天发送，到 2002 年 9 月中已达 150 期，是目前反映业界动态最及时、内容最丰富的电子报。其发刊宗旨是传播媒介观察传播现象透视传播信息交流传播学术争鸣，订阅发送为上海索易 www. soim. com，电子邮件报刊制作发送专业平台。

3. 帖子

发帖与跟帖是现在网络信息交流的重要手段之一，其文本就是"帖子"。"帖子"能实现其交流功能的场所是电子公告牌与虚拟社区。

电子公告牌（Bulletin Board System，缩写为 BBS），是一种以提供信息交流与交互讨论服务为主的网络服务系统，它包括了讨论区（论坛）、精华区以

---

① 闵大洪、曾凡斌：《中国新闻传播专业网站评析》，《新闻与传播研究》2002 年第 4 期。

及电子邮件、聊天室、网上游戏等。在讨论区发表的文章就是"帖子"。讨论区按照不同的话题可以分出许多类别，用户可以根据自己的兴趣或需要进行选择，在讨论区里还可以选择只浏览不参与，也可以发表意见、参与讨论。精华区正是将最受欢迎的话题或帖子集中起来供用户阅读。

虚拟社区（Fictitious Community），也被称为 CLUB，是类似于 BBS 系统的一种网络服务系统，但它提供的功能更为强大。它包括了：公告栏、讨论组、社区服务、会员列表、在线聊天等，可以说以虚拟的环境尽可能地提供现实社区所能够提供的各种服务手段，为网络上有着共同兴趣、观念或需要的人们营造了一种社区环境的感觉。

同样的，在虚拟社区的讨论组发表的文章也是"帖子"。

4. 签名档

签名档一般是指用户在论坛注册时进行自我说明，自我表达的文字，它往往会在用户发帖或评论时显示出来。在电子邮件中常使用。由于签名档文本所具有的节省时间和自我展示的功能，因此从文本的外观结构到语言的选择运用，都带有一定的鲜明的个性特色，甚至也有书写情志、表达感情的场所。

5. 个人主页

在万维网（WWW，指互联网中最主要的一种多媒体信息服务系统，许多人常常会把它与互联网混为一谈）的环境中，信息服务都是通过网页的形式提供的。网页就是一种基本的信息页面，用户可以通过它获取信息。如果个人申请了空间，将自己制作的某一内容的网页上传到某一服务商的服务器上，就形成了个人主页。

由于主页往往是人们访问网站时浏览的第一个页面，因此它制作、设计的好坏会成为影响网站访问率与网站运营的重要因素。个人主页无论是属于个人网站自身的还是挂靠于某一服务商网站的，都体现出了鲜明的个性色彩与文面风格。它是在一定的文字、文章基础上形成的，它体现了网络经营者的编辑、传播理念。

6. 砖文

砖文是一种介于杂文和骂人方言之间的，以批判为目的，以幽默和笑骂为武器的一种网络文体。砖文兼有杂文的特质，又有骂文的泼辣。既讲究批判又讲究谩骂。它采用杂文的假托、幽默、曲笔等表现形式，在笑骂中抨击现实生活中的各种人文现象，参与社会批判和建设。当社会进入网络时代之后，随着更多的民众参与到文化建设之后，乡土的、快速的文化迅速蔓延，那么这种文体的诞生也就成了必然。它依托网络的自由、开放和匿名性的特点。

（二）网络文体的独特性

网络媒体内在地改变了作者的思维与写作方式，也改变了作品的存在方式乃至整个写作活动的方式。总体而言，网络写作特点可以归纳为：（1）即时性，网络写作是即时的，边写边发表是其突出的特点。（2）游戏性，网络写作是边想边写，在互动中写作，有一定的游戏性质。（3）同步性。网络创作是一边创作，一边就有网友的反馈。作者与读者之间的互动贯穿整个网络写作的始终。（4）匿名性。与署名的纸媒体交流不同，网络交流具有很大的反抗性或另类性。（5）非线性，网络写作借用电脑的链接功能和丰富的表现力，在不同的媒体、文本之间穿梭往来，不同的因素相互影响和交叉，形成网状结构，大大拓展了思维的自由空间。

因而，"网络文体"作为一种新兴媒体的编排方式和文体写作方式，基于网络媒体本身的表现特征和受众需求，在媒体的文体处理上有了新的特征和创新：

1. 超文本链接的显著性。超文本标记性语言是网络的主要语言之一，网络的超文本、超链接特性赋予了网页编排巨大的灵活性。由于网站首页的编排模式借鉴了杂志目录的形式却又超越了纸质媒体的传统编排模式——各大网站的首页一般不登载全文，而是汇集了各种栏目、图片和标题，只待受众点击才能阅读全文。这种编排模式既简洁活泼，又使得网页中新闻等各种内容分门别类地、有重点地呈现在一张网页中，并且各条目按照重要度和关注度进行详细排列，让受众在接收新闻等网页内容时能够一目了然，各取所需。这符合了当代人快速的生活方式和阅读习惯，为受众提供了阅读便利的同时，也加强了受众对于网络媒体的依赖性。

2. 新闻链接的深入性。网络以其独具的无限链接性和强大的搜索引擎，为新闻的可深度开发和相关链接提供了技术支持和信息支持。也因为在网络浏览新闻中，受众能够享受到强大的新闻背景查询和相关信息搜寻服务，因此"新闻链接"接成了媒体的常用手段。网络媒体的开放性、易检性和超链接性为受众对新闻进行全方位、立体化解读提供了方便有效的途径。比如在 2006年 11 月纪念长征胜利 70 周年的新闻中，设置了"长征影视"、"长征文学"、"知识问答"、"外国人看长征"、"长征访谈"、"主题博客"等各种背景资料。这些"资料链接"、"背景链接"有利于使新闻深化、使信息透明化、使传播方式多样化。

3. 网络互动的快捷性。网络为了调动受众的参与性创设了多种互动方式：网络论坛（BBS）、网上调查、网站热线、E－mail、网络即时互动工具（QQ、MSN 等）。这些互动方式的最大特点就是自主性大、时效性强。特别是在"网络论坛"上，各种观点交汇，成了名副其实的"观点的集市"。

4. 网络信息的可视性。随着技术的进步，网络媒体开始融广播、电视的优点于一身，开通了"图片总汇"、"网上直播"、"视频报道"等栏目，充分发挥了网络的可视性特征，顺应"读图时代"的信息需求，用这种更加直观的方法体现新闻的价值。"两会"期间，许多网站就开设了视频点播节目，如新华网"两会特别报道"中专门设有"视频版"；央视国际网设有"视听两会"、"视频点播"。这些视频专区不但可以在新闻发生时进行"网上直播"，受众还可以在错过电视音画后在任意时间段不限次数地在网络点播，极大方便了受众的新闻需求。

（三）网络文体对新闻叙事结构的创新

"网络文体"发展至今，虽不完善，但已基本形成自身风格：形式多样，版面活泼，互动性强。这一创新体例对传统媒体的新闻报道产生了深远的影响。新闻报道的叙事结构开始发生变化：其一，网络新闻叙事融合传统媒体的精华，形成了独具特色的"网络文体"——以网络为平台、综合运用音、画、文字等多种元素突出形式多样性、传受互动性的表达方式，拓展了新闻报道方式的种类；其二，"网络文体"的发展成熟推动了传统媒体新闻报道样式的革新，促使传统新闻报道方式的叙事结构创新。

1. 网络的网页目录编排创造了报纸的"头版导读"叙事结构。网络的超文本、超链接特性赋予了网页编排巨大的灵活性。网站首页的编排模式借鉴了杂志目录的形式却又超越了纸质媒体的传统编排模式——各大网站的首页一般不登载全文，而是汇集了各种栏目、图片和标题，只待你点击才能阅读全文。这种编排模式简洁而活泼，促使报纸头版的编排方式产生了革命性变化。[1] 受其影响，许多报纸的头版常采用"图片＋标题"的形式形成"头版导读"的新闻报道新形态。头版导读的盛行正是借鉴了网络文体的做法，报纸的这一效仿无疑具有积极意义：版面活泼了，读者可以迅速地浏览全天报纸的主要内容；报纸则增强了在市场竞争中的实力。电视媒体同样也从中吸取了营养，新闻节目的"内容提要"、连续剧的"精彩片段介绍"即是这一方式的变通，旨在抓住观众的注意力，提高收视率。

2. 网络的视频音频型塑了报纸的图像化传播。纸质媒体的缺点之一在于用静态的方式报道动态的新闻，而文字又具有极强的抽象性，不利于再现生动、直观的事物；网络媒体融广播、电视的优点于一身，开通了"网上直播"、"视频报道"等栏目，对事件进行"本真"的呈现。受其影响，报纸的版面开始大量使用图片、照片来强化视觉效果，吸引读者，通过"视觉冲击力"来扩大新闻影响力和影响度。

---

[1]　赖浩锋：《网络文体推动新闻报道"变脸"》，http：//xz.bokee.com/64/2004－04－09/6762.html。

3. 网络的超级链接成为报纸深度报道的主要实现形式。网络媒体的开放性、易检性和超链接性为受众对新闻进行全方位、立体化解读提供了方便有效的途径。这些"资料链接"、"背景链接"有利于新闻的深化、信息的透明化和传播方式的多样化。① 受其影响，"新闻链接"被频繁运用于报纸的深度报道中；"新闻链接在报纸上的广泛运用，把网络媒体中的'受众立场'的观点内化到报纸的编辑理念中。它链接的内容可以是具体的新闻文本，也可以是新闻图片、示意图表等，改变了过去报纸读者在'导读'前提下平面化、线性阅读方式和一维的思考空间，为读者对新闻进行多层次、立体化的理解提供了一个较为理想的平台。"②

4. 网络互动推动了大众传媒的双向互动传播模式。网络的技术性实现了受众的及时和参与的目的，实现了传播意图与传播效果及时互动，极大提高了传播行为的有效性。网络媒体的互动优势使"受众本位"思想得到广泛认同，受其影响，传统媒体一改唯我独尊、居高临下的姿态，开始注重与受众之间的沟通，各式各样的传媒互动行为产生：电视除利用电话、E‐mail、手机短信之外，观众还可以直接参与到节目中去；报纸则开通新闻热线、有奖报料热线，调动读者参与的积极性。互动不仅促进了传播者与受众之间的良性互动，提升了媒体的亲和力，而且为媒体获取更多的新闻信息资源和反馈信息开辟了重要渠道，使媒体与新闻信息资源、新闻受众资源更加紧密相连。

三 原生态的新闻纪录节目（Newsreel）

新闻纪录片（Newsreel）是纪录片中的一种。纪录片的研究本身是一个宏

① 赖浩锋：《网络文体推动新闻报道"变脸"》，http://xz.bokee.com/64/2004‐04‐09/6762.html。

② 同上。

大的独立的学科，本书无力也不可能对此作系统甚至是"窥一斑而见全豹"的研究，本书只是试图将新闻纪录片作为新闻的典型代表，通过其制作观念和形态改变的简要陈述，来说明新闻叙事的新闻消费性表象。

（一）早期的"新闻纪录"观

有学者将我国的纪录片分为影戏时代（1932—1949）、英雄时代（1949—1983）、平民时代（1983年至今），①或政治化纪录片时期（1958—1977）、人文化纪录片时期（1978—1992），平民化纪录片时期（1993—1998）、社会化纪录片时期（1999年至今）。②历史的分期见仁见智，但都揭示了一个共同的规律，中国的纪录片以及对纪录片的认识都经历了从政治意识形态的"传声筒"到尊重传媒本身规律的过程。结合本书论述的需要，笔者以后一种分类为鉴。

中国早期对纪录片的认识在早期的纪录片研究理论中可以见到。1989年中国广播电视出版社出版的《广播电视简明辞典》将纪录片定义为，"用新闻纪录电影的手法，以摄影或录像手段对政治、经济、文化、军事、历史事件等做比较系统的、完整的报道"；③"通过非虚构的艺术手法，直接从现实生活中选取形象和音响素材，直接表现客观事物以及作者对这一事物的认识的纪实性电视片"④等，强调明确的政治主题意识，强调对材料的过滤与选择。笔者认为，在此观念的指导下，中国早期的纪录片大多属于"写意派"的作品，奉行"在经验世界的广阔天地中发掘出最有特征意义的、最有趣的、最可塑造的和最有表现力的东西，并且把自己的倾向性和思想意图异常鲜明地表现出来"⑤的制作原则，只是在中国特殊的语境中，早期的中国纪录片就变成了"政治宣

---

① 陈国钦、夏光富：《电视节目形态论》，中国传媒大学出版社2006年版，第226页。

② 何苏六：《中国电视纪录片史论》，中国传媒大学出版社2005年版，第1页。

③ 《广播电视简明辞典》，中国广播电视出版社1989年版，第75—76页。

④ 钟大年：《纪录片创作论纲》，北京广播学院出版社1997年版，第33页。

⑤ "写意派"的代表人物贝拉·巴拉兹就旗帜鲜明地将纪录片定义为"一种介于单纯纪录现实和企图解释现实之间的奇妙的中介性艺术形式"。参见贝拉·巴拉兹《电影美学》，何力译，中国电影出版社1978年版，第166页。

传"的专题片了。

专题片与纪录片之间的差异表现为：纪录片画面所表现的，与被拍摄对象之间有一段共同的时空轨迹，而专题片基本没有；纪录片主要依赖画面传达编导者的意图，专题片主要依赖旁白传达编导者的意图；纪录片是被记录的事物本身告诉观众是什么，而专题片是编导直接告诉观众是什么；纪录片必须在事情发生时同步进行拍摄，如果事情已经结束了，纪录片也就不存在了，而专题片则不然，事情已经了结，可以采用一些能让人联想的画面，用旁白告诉观众；由于纪录片与被拍摄对象必须保持同时空流程，因此制作周期相对长，专题片可以直接拍事情发生的结果，不必顾及与被拍摄对象保持同时空流程，因此制作周期相对短；纪录片讲求透过画面所折射出来的深层含义，而专题片常常是直抒胸臆；纪录片更见摄影的功夫，专题片更见编辑的水平；纪录片除了体现现实的价值，还具有永恒的历史价值，而专题片则更注重现实的价值。[①]也就是说与新闻专题不同的是，纪录片是用一种相对真实客观的纪录方式引导观众去关注某一种现象，某一种心态，某一些变化，使观众在收看、接受的过程中逐步地产生观点和结论；是逐步地将人们的思想导入深层空间的思考过程。所以纪录片是不可能像新闻性节目那样直白、犀利、具有强烈的针对性和快捷的时效性等。相反，纪录片的魅力就在于它纪录的是现实社会、人文思想的存在形态；是一段历史的存在；它有着更现实、更深远的教育意义、艺术品味和思考价值。[②]但从中国传媒发展的历史来看，第一个发展阶段——中国早期的20世纪90年代以前的纪录片是"先写好解说词，再根据解说词去拍摄画面的专题片制作方式"，"大型专题片的拍摄视角都是自上而下的，都是宏观的，是从中央电视台国家视角这样的一个角度出发的"[③]。

---

① 周雪：《走出困惑 走向成熟》，《电视研究》1997年第11期。

② 冷冶夫：《纪录片新解》，http://www.people.com.cn/GB/14677/21966/2403227.html，2004年3月22日。

③ 吕新雨：《当前中国纪录片发展问题备忘》，http://blog.sina.com.cn/s/blog_4944ed9c01008er8.html，2012年3月25日。

（二）中期的"新闻纪录"观

进入 1992 年以后，在中国传媒观念的转变中，中国纪录片从观念到形态都发生了较大的改变，"纪实"成为纪录片的重要手段。随后出现的纪实主义潮流，促成了中国纪录片语言、风格、题材、视角、叙述方式等方面的一次转型。"凡是对着真的个体生命（人类、动植物、细胞等活体物）、真事、真景象、真氛围而创作的电视作品，并有 10—15 分钟以上长度的片子"① 成为纪录片的定义；凡是"对社会（包括政治、经济、文化、历史和军事领域的事件或人物）及自然事物进行纪录、表现的非虚构的电视节目种群。"就是纪录片②。笔者认为，这个时期的纪录片，在遵循个性的基础上，将纪录片的主题通过"选择拍摄对象、确定拍摄角度和对现象的解释表现出来"，这样的表达有别于过去的艺术化形态，形成了"外部世界的影像第一次按照严格的决定论自动生成，不用人加以干预，参与创造"③ 的真正意义上的纪录片。正如有学者所说的纪录片，在中国的语境下是作为"专题片"的对立面出现的，这个词在 20 世纪八九十年代中国的历史语境中是以反叛旧有的习惯方式获得意义的。④ 20 世纪 90 年代以后的纪录片，我们很少再做大型的集体性的创作，而是强调个人性，强调创作者的重要性，强调要摆脱作家预先写好的文本，这种"新纪录运动是指人文精神的关怀，对社会底层的关注，这种自下而上关注的视角"，也才是真正意义上的纪录。⑤

（三）当下语境中的"新闻纪录"观

显而易见的是，在这样"真实"的背后隐藏着深刻的观念与价值的问题，既有制作者的主观意图更有社会的"集体无意识"，因而当大众文化逐渐开始

---

① 陆晔、赵民：《当代广播电视概论》，复旦大学出版社 2002 年版，第 223 页。

② 童宁：《电视传播形态论》，四川大学出版社 2003 年版，第 259 页。

③ ［法］安德烈·巴赞：《电影是什么》，崔君衍译，中国电视出版社 1987 年版，第 11 页。

④ 吕新雨：《在乌托邦的废墟上——新纪录运动在中国》，http：//www. cul - studies. com/old/bbs/read. asp？boardid＝42＆bbsid＝220。

⑤ 吕新雨：《当前中国纪录片发展问题备忘》，http：//blog. sina. com. cn/s/blog _ 4944ed9c01008er8. html，2012 年 3 月 25 日。

繁盛以后，"新的模式化和僵化，使纪实主义的美学风格日益成了一面空洞的旗帜"。① 随着中国飞速走向经济大发展时期，市场经济的车轮滚滚开道，知识分子思想界急剧分化，精英文化日益被大众文化所取代，那些动辄就彰显文化品位的纪录片不再吸引观众的眼球。到了 20 世纪 90 年代中后期，随着国内电视台逐步走向商业化，纪录片创作逐渐走向衰落。1997 年中国电视纪录片理论研讨会在"纪录片与观众"的标题下集中凸显了中国电视纪录片界对目前所面临问题的思考和抉择，理论界和创作界各种不同的观点形成了不乏尖锐的碰撞：（1）中国电视纪录片发展的运作模式，栏目化生存与个性化发展的关系，生存与发展的土壤何在；（2）纪录片思想的意义；（3）对纪实主义美学原则的反思；（4）探求新的美学语言的可能性。② 将娱乐性、审美性、教化性与启蒙性等元素在节目中有机地结合，并在文本的结构中达到一种平衡关系成为中国纪录片的追求。

独立纪录片作为一种新形态的纪录片生产方式诠释了一种新的"纪录"理念，独立纪录片采取"原生态"的创作手法，创作者与采访者生活在一起，采取"全天候"拍摄方法，按照时间顺序全面反映某一段、某一人，某一领域的日常生活。从美学来看，"原生态"纪录片对真实性、客观性更为器重，离生活原生态更接近，基本上没有什么避讳与掩饰。独立纪录片的特征是：（1）创作者一般不属于体制内，他们的创作没有商业化和播出的压力，往往把镜头对准中国社会体制之外的边缘人，倾听他们的隐秘心声与情感陈述，贯注着人道主义关怀精神和个性特征。（2）用平视的眼光观照这些社会最底层的人物，从平常中隐喻深刻的哲理。传统纪录片中创作者身份是"他者"，居高临下；而原生态的创作者采取等同身份的地位，消解了创作者与被访问者的界限，"纪录"常常是被访者行为的一部分。（3）它更尊重被摄人物的人格与性情，注重

---

① 吕新雨：《我们为什么需要纪录片？——中国电视纪录片发展现状的反思》，《南方电视学刊》1999 年第 1 期。

② 同上。

与被摄人物的交流和对话，具有明确的文化思考和人文关怀，并且这些作品以强烈的个性化，风格化特质突破纪录片的陈腐模式与思想禁忌。[①]（4）纪录叙事的故事化等。

笔者认为纪录片的制作方法的改变，从专题片到纪录片再到今天的原生态纪录片，正是新闻纪录片从意识形态属性的领域一步步走向市场化产品的演变结果：专题片是国家电视台的行为，往往是国家电视台作为它的一种社会"责任"，作为国家意识形态功能的体现，是自上而下对中国社会的一种观照[②]；纪录片从另外一个角度去关注非主流的人员、边缘的人群，对社会底层的关注，强调一种自下而上的平民视角。应该说从反映事实的角度来说这两者应该是事实的两个侧面，代表的是全然不同的新闻理念和价值旨趣；但在中国的特殊语境下，专题片的确代表了中国的典型新闻的理念，而且也事实上成为中国新闻的肇源，"所谓的专题片，不过是纪录片的一种结构方式，至多算是一种较为特殊的结构方式。"因此早期的中国纪录片的制作手法就成为今天分析原生态新闻片的参照系。

可以这样说，从新闻专题片到某种意义上的纪录片的发展过程可以看出新闻记事手法的"变异"，而这样的变异正是新闻由意识形态工具回归新闻规律的明证，它内含了新闻文化的大众化的题旨，更是以受众需求满足为主导的"受众"市场观的体现。

相对于原生态的新闻纪录片而言，传统纪录片还是属于一种"建构式"的叙事结构，有明确的主题，通过纪实的手法收集资料，然后围绕一个中心，剪辑编排而成，比如通过专题策划进行素材原始采集的方式制作的新闻节目。这一类的节目以中央电视台的《社会纪录》、《新闻调查》、《纪实》为代表。《新

---

① 程素琴：《另一种记忆：对独立纪录片的反思》，http：//www. oursee. com/html/jilupian/2006_01_04_14_12_744_3. html，2006 年 1 月 4 日。

② 吕新雨：《当前中国纪录片发展问题备忘》，http：//blog. sina. com. cn/s/blog_4944ed9c01008er8. html，2012 年 3 月 25 日。

闻调查》是以一个具体的新闻事件为切入点，强调在采访过程中逐层探究、层层剥问，通过新闻原始的纪录表达媒体意见；而另外的一种节目形态便是以《纪实》为代表的新闻纪录节目，以历史、现实的新闻素材为原始素材，运用大量原始影像和录音通过剪辑，充分展现时代新闻本身所体现的魅力。所谓新闻的原生态纪录节目，主要是指在新闻的策划和拍摄制作中，尽量以新闻原始发生顺序和情境为主，以原始记录为新闻素材，力图凸显新闻的极其真实性和原生态性，目的是给受众以真实的震撼。

（二）原生态新闻纪录的典型案例

1. 被誉为中国首部"没有虚构，不加渲染"，原生态呈现发廊妹真实生活的纪录片《姐妹》，以一间 20 多平方米的发廊为中心，纪录了来自浙江衢州的一对亲姐妹和她们的同工的真实故事。五位姐妹被作者李京红"贴身"跟拍 3 年，从 2000 年年初—2003 年年底辗转 8 省近 300 小时的镜头，全面展示了她们最赤裸裸、最隐秘的真实生活。在记者的镜头下，章桦和她的姐妹们的生活被原原本本地记录下来。她们的感情生活有着惊人相似的痛苦经历：有的离婚，有的遭男友抛弃，有的苦苦等待杳无音信的孩子的父亲……为了生存，为了孩子，她们苦苦与命运搏斗。为了拍摄《姐妹》，作者与片中的主人公共同生活了 3 年，足迹跨越 8 省，从最初的拒绝、驱赶甚至扭打到最后的同意、接受并完全融入主人公的生活中，作者是"完全"原生态地再现了社会中这一群人的最真实的生活，乃至今天在纪录片中涉及的几位主人公以侵犯隐私权向法院提起诉讼向作者要求巨额赔偿。该剧没有演员，只有主人公。《姐妹》曾在全国几十家电视台相继播出，在浙江、广东、湖南等地引起巨大的反响，收视率直迫最火爆的电视剧！在湖南，十几万条短信涌向电视台的新闻热线。浙江省委副书记周国富亲自到衢州接见了剧中人——章桦姐妹。《姐妹》的图书和VCD 也陆续推出。

2. 湖南卫视的《变形计》是湖南卫视继《超级女声》后重点研发的一档生活类角色互换节目，"纪录片＋真人秀"模式的创新节目，号称"新生态纪录片"。这档节目结合当下社会热点，寻找热点中的当局人物，安排他们进行互换人生体验，参与节目的双方就在七天之中互换角色，体验对方的生活。节目同时全程每天 24 小时跟拍，粗加剪辑，原生态播出。

2006 年 6 月，《变形计》首发特辑《我是我儿子的"儿子"》在湖南卫视午间板块《播报多看点》播出，节目中，一个练摊卖衣服的父亲和正读初一的儿子互换角色，父亲去儿子学校读书，儿子去市场卖衣服。全程纪录了这对父子通过一周角色互换，相互体验对方生活，最终达到相互理解的故事。结果儿子在痛哭中悔过自己对父亲艰难谋生的不理解，父子感情得到升华。播出后社会各界好评如潮，国内诸多教育、心理等方面的专家给予高度评价。收视也取得全国上星电视台同时段前几名的好成绩。鉴于节目良好的反响和奇迹般的收视率，湖南卫视决定于九月晚间"730"黄金时段推出《变形计》。之后的选题包括《网瘾少年》、《高三师生母女互换》、《老孔变村官》等，均在媒体和社会上引起了巨大的舆论反响。

节目关注时下热点新闻，挖掘新闻中带有社会普遍意义的内涵，通过精心设计的节目形式放大这些内涵，并谋求解决寻找某些热点问题的解决之道。比如《变形计》即将推出的第一个主题"网变"特辑，就是针对"网瘾少年"这一社会问题精心制作，希图借此可以唤起人们对这一问题的关注，而后谋求对策。另外，心理学认为，体验是人们达到相互理解的最佳途径。从节目策划方面看，其主要意图便是全程以真实性方式进行纪录。七天的全新互换生活全跟踪、24 小时不停的纪录，成为了节目最吸引人的策划点。此时的个人生活几乎没有隐秘性而言，全程在摄像机的监控下。乡下娃连续七次的哭泣、第二期中母亲失态地大哭、第三期省政协委员的低三下四……这样一种"全真"的呈现，从节目所达到的效果来看，一方面满足了受众对于节目内容的新鲜感和好奇感；另一方面更充分释放了受众的心理满足感。

还有以《江湖》、《八廓南街 16 号》、《铁路沿线》、《盒子》、《群众演员》、《北京弹匠》等为代表的一大批 DV 纪录片。

（三）原生态新闻纪录片的对新闻报道的影响

原生态新闻纪录片的实现了由"讲述老百姓自己的故事"，到"老百姓自己讲述的故事"的平民化新闻观，纪录片开始进入平民化时代，人们不再满足于传统纪录片的那种客观的展示和冷静的拍摄，而是将自己的感受想法通过镜头表现出来。

1. 主题的小型化：原生态纪录片的选材多是小事件、小人物，或者是小角度，从而显示自己个性的题材，比如在 2001 年 9 月民间影像在《南方周末》、北京电影学院导演系、北京"实践社"等单位的联合支持下，创办了"首届独立影像展"（随后凤凰台还专门开设了一个名叫《DV 新时代》的栏目，专门播放北京广播学院学生等 DV 创作者的作品）。展出的作品是自 1996 年以来独立制片的纪录片，《铁路沿线》（铁路沿线的盲流）、《盒子》（同性恋）、《群众演员》到《北京弹匠》等都是反映社会弱势群体生存状态的。

2. 题材的"个性化"：传统纪录片注重社会类、经济类、人文类、风景类、教育类等重大题材的反映；而原生态新闻更偏向于社会日常生活，通过具体的小事，在平淡、平凡中彰显社会现实的深刻。

3. 制作的"非技巧性"：传统纪录片，拍摄手法非常主观，常利用摆拍、布置现场，以实现他们心中的形象；但表达的主题、思想或者是拍摄的目的非常客观，只是想记录下社会当时的环境、状态，以便以后作为历史文献资料。① 今天的"原生态"纪录片，回到了当时最原始的卢米埃尔兄弟的那种无意识的、纯客观的"当场抓住的自然"。纪录片不再是精英思想的呈现，也不再是学者艺术家的研究；而是普通老百姓的日记。在功能齐备而又极具私人化的设备帮助下，每天记录周围的人、事、物的点点滴滴，体现对真实世界的真情实感，生活的真实代替了艺术的真实。传统纪录片往往追求完美的画面、流畅的运动、规范而富于激情的解说；而"原生态"纪录片往往画面阴暗晦涩、构图随意、镜

---

① 《DV 纪录片——技术发展带给艺术创作的变革》，http：//www.ourdv.com，2005 年 9 月 6 日。

头摇摆不定、流于生活化的自然表达,是一种纯私人化的感知世界的方式。

4. 发布的"自由性":传统纪录片属于大众传播,在"戒备森严"的传统体制下,要经过严格的审片过程,许多不符合政府意图、投资方利益或被认为"不阳光"的片子,哪怕是耗资巨大,也会胎死腹中;而互联网的开放性提供了信息发布的"自由性",与纪录片相比,任何人都可以随时随地地上网发布自己制作的"原生态"纪录片。互动式的互联网络,改变了传统媒体的单项传播模式,DV 纪录片的发布除了上述大众媒介外,大多数分布在各大小型放映厅、高校、个人影展以及互联网上,尤其是互联网:传统纪录片大多提供制作好的成品,受众与传播者较远的空间距离使得传授双方无法直接交流,导致成品的解读受到极大限制。而 DV 纪录片作者可以利用网络,通过文字上传创作心得、建立自己的网站、论坛,发起谈论话题,与浏览者实时交流,以促进浏览者对其作品的深刻把握;可以实现超越时空的保存、观赏和更为广泛的传播。

显而易见,尽管"原生态"纪录片的作品,大多"粗制滥造、缺乏意义"[1],但它的意义更多地体现在新闻创作理念的改变,在"原生态"的影响下,纪录片由反映宏大叙事的精英文化走向反映日常生活的大众文化的过程,其实质就是新闻走向市场,实现其商品属性的问题。

四 新闻的方言言说

(一)"方言节目"概念界定与节目影响力

1. "方言节目"概念界定

《现代汉语词典》对"方言"的解释是"一种语言中跟标准语有区别的、只在一个地区使用的话"[2];"方言(dialect)是一种以社会化或地域化为标志

---

[1] 《DV 纪录片——技术发展带给艺术创作的变革》,http://www.ourdv.com,2005 年 9 月 6 日。

[2] 中国社会科学院语言研究所词典编辑室:《现代汉语词典》,商务印书馆出版 1978 年版,第 302 页。

的某个语言的变体，它由特殊类型的句子结构、语汇及发音所组成。"可见，方言是一种以社会化或地域化为标志的某个语言的变体，作为"一方之言"，方言是一种文化，像不同种类的语言一样，每一种形式的语言都包含了一定的民俗习惯、文化传统、心理积淀等信息，含义丰富深刻，具有独特的使用价值和文化价值。拥有十多亿人口的汉民族，在历史上是由多民族融和而成的，由于地域、经济社会发展等多方面的原因，形成了纷繁复杂的地方方言。就现实社会而言，某个大的语言体系（或者说语言的共同体）内一般都会存在着标准语言和方言这两种相关而相对的语言，但这两种语言的在社会中处于完全不平等的地位中。标准语言的地位高而方言的地位低。标准语言与方言的不同位势决定了它们具体的应用语境存在区别。高位势语言一般多用于社会公共事务中，比如新闻广播；相反，低位势语言就只会用于日常谈话等其他非正式的语境。随着大众传媒的高度发展和对社会生活的全面覆盖，标准语言就在大众传媒和国家语言政策的双重推动下成为了唯一的"公共语言"。

20世纪90年代以来，方言在中国大陆的大众媒体的出现频率却不声不响地高了起来，且大有勃兴之势。一方面是以《秋菊打官司》、《有话好好说》、《寻枪》等为代表的影视作品；另一方面是广播、电视、报纸的专题及新闻类的方言节目相继创办，以及所创造的极高的收视率。这些现象使得方言正在冲破传统的标准语的优势地位而呈现主流化的趋势。

方言节目是指相对于标准普通话而言以一方之言为节目传播语言的节目，主要表现为各类以方言为言说手段的广播电视新闻节目和电视剧、专题节目等。尽管方言节目的发展可以追溯到中国电台建立之初和新中国成立初期，但可以认为那是一种特殊的为实现广泛宣传的目的以及播音员普通话不过关等历史原因的产物；1956年为了满足建设现代文明国家的需要，国务院发布了《汉字简化方案》和《关于推广普通话的指示》，标志着我们国家进入了整个语言规范化工作阶段，进入以政府为主导，有计划、有领导、有目标、有步骤、有措施的全面的展开时期①，此后，方言在大众媒体中一度消亡沉寂；但到 20 世纪 80 年代中期以后，借助互联网、地方电视广播等电子媒介的力量再度勃兴。近年来，方言节目以凌厉的势头迅速成为了各地方台和卫视台的收视亮点和当家法宝。据笔者的不完全统计，从 1994 年第一个方言新闻节目《阿六头说新闻》到 2006 年 11 月间，全国各地共创建了近 40 个频道的方言类节目，可谓遍地开花。

2. 方言节目的影响力

2004 年 8 月，在由国家广电总局和中广集团主办的中国国际影视博览会"全国百佳栏目"评选中，以方言播报和主持、突出地域特色的重庆电视台的《雾都夜话》和杭州西湖明珠频道的《阿六头说新闻》榜上有名。

2004 年 10 月，浙江大学广播影视研究所、杭州广播电视集团、《中国广播电视学刊》在杭州联合举办了"全国电视地域新闻表达方式研讨会"，以方言作为地域新闻节目表达的方式成为与会专家代表的关注热点、焦点问题。

2005 年方言节目在广州、杭州、重庆、成都获得成功后，更成了各地方电视台着力打造的新闻节目。宁波电视台 2 月 1 日推出的方言节目《来发讲啥西》每晚 9：30—10：00 播出，现在是宁波广电集团最高收视率的自办节目；扬州电视台 6 月份推出的用扬州评话主持的方言类节目《今日关注》，拥有超过电视剧时段两三倍的收视率。四川经济频道把该频道的《麻辣汤》、《串串香》及《四川房地产》等节目都实行了方言化。

此外，在方言栏目方兴未艾的同时，一批方言电视剧也在各大电视台上播得如火如荼，如正在央视和各地热播的《武林外传》、赵本山的《马大帅》，广东台的《外来媳妇本地郎》、上海台的《老娘舅》、天津台的《杨光的快乐生活》、四川的《王保长新传》等这些电视剧在当地播出时都创下了极高的收视率。

人们对方言类节目的欢迎实质上说明了一个问题，它体现的是对家乡和自

---

① 《教育部就〈汉字简化方案〉等发布 50 周年答记者问》，中国网 2006 年 3 月 22 日。

我的一种认同，一种对本土文化的自豪感和亲近感。方言电视剧突出的文化特征是地域性，这种地方性是文化识别和建构文化认同的一个重要层面。

（二）新闻方言节目的表征

鉴于本书研究主题的限制，本书只将新闻的方言言说作为研究的对象，以确保研究的准确性和针对性。因此，本书将"电视方言新闻节目"、"广播方言新闻节目"作为研究范围与对象：

1. 新闻内容的贴近性：在新闻传播学中，求近心理是受众在接受信息时最基本的心理因素。研究表明，受众在亲近友好的状态中，双方心理协调的情况下，最容易接受新闻信息，传播效果也最好。近年来的新闻改革，无论在新闻的采写上，还是在新闻的播报中，都提倡要用平民化视角，改变原来那种居高临下的纯粹说教的方式，就是为满足受众求近心理的一种表现。

方言说新闻正是满足了受众的求近心理。方言节目一方面是利用地域性新闻资源；另一方面借鉴了民生新闻的报道视角，更多地从普通受众的立场和角度出发，用大众的观念和标准来判断新闻的价值，回避国内外的重大事件，将报道范围界定在特定的区域，突出地域特色；播报内容以区域类人们身边发生的一些新鲜有趣的、关系到老百姓切身生活的甚至是家长里短的事儿。

方言的新闻素材几乎都是源自老百姓日常生活和体验的原生事件，这种关注底层民生的"衣、食、住、行"，一反常规性新闻的宏大、严肃、生硬和陌生感的新闻，更加贴近百姓生活，具有强烈的平民化色彩，充满了浓厚的生活气息，让观众觉得亲切自然，触手可及，满足了观众的心理需求，更容易引起普通百姓的共鸣，从而拉近了节目与观众之间的交流距离。

2. 新闻叙述故事化：即将生活事件以故事化的叙事方式加以呈现。高小康在《人与故事》中写道："故事中的社会关系与行为方式可以来指称自己所处的社会关系中的人与人的关系以及人的行为方式。"① 人们喜欢听故事，不

---

① 高小康：《人与故事》，东方出版社 1993 年版，第 17 页。

仅是出于认知和获得信息的需要，还出于通过他人以观照自身处境的深层需求。在这样的原则指导下，方言节目在讲述新闻时，往往以简要新闻和片段的方式做个"预告"片头，设置悬念，激发观众的好奇心；正式播报新闻时，主持人又通过提问、设置悬念、卖关子等方式，吊起观众的胃口；然后通过趣味十足的电视画面、声音解说和现场采访或情景模拟把真相一步一步告诉观众。一则新闻就像一部短故事片，剧情一波三折，扣人心弦，它展现的是一个事件的过程而不仅仅是一些碎片。这样生动活泼、趣味十足的叙述方式契合和满足了观众的"情节化"心理需求，通过适度激发受众的联想、想象等思维，让观众沉浸在故事之中。

3. 语言的本土性。"一方水土养一方人"。方言节目一般都具有鲜明的本土化色彩和浓厚的本土气息。它运用有地方特色的台词语言，其语法、用词、感情色彩都是地域性的，因此地方话中特有的并能被老百姓认可的语言魅力，语言的亲和力消除了与观众的陌生感，方言放大了栏目的亲和力，赢得观众。方言具备传播内容与受众语言上的接近性。语言是文化的、地域的，它不仅包含着思维方式，心理模式，还有很多超越语言的因素。它是在特定地域环境中形成的文化，承载和记录着这方土地的历史和原住民的情感。而且方言独具的调侃性和幽默性，为节目增加了娱乐的成分。

对此，许多学者有相同的共识：方言交流让人觉得像是隔壁邻居在和自己说故事，那种浓厚的本土气息，让人有参与其中的感觉；方言带给人的亲切感是普通话无法取代的；乡音情感是最朴实最亲切的，同一地域的人们用方言交流是彼此在语言上的认可，这种语言上的认可和乡音情感产生一种向心力和凝聚力。电视节目运用方言是从语言上实实在在亲近百姓生活，让主持人和观众以同样的语言进行交流。① 不容否认，方言新闻栏目有着不可忽视的优势，栏目形式生动活泼，内容贴近老百姓的生活，不少方言节目创造了

---

① 翁晓华：《〈阿六头说新闻〉电视新闻的趣味性探求》，《中国广播电视学刊》2004 年第 10 期。

当地收视率新高。①

3. 主持方式灵活：传统新闻一般是"坐着"播报新闻，正襟危坐、严肃端庄以和新闻的重大性和严肃性相协调和一致；而方言节目则通过改变主持人的身体位置来表现新闻的大众性和娱乐性，比如"站着"、"走着"、"说"新闻"拉呱"的演播室也布置得别具特色：它借鉴了说书场所的设置：一架屏风，一堵隔墙，一把折扇，一张书桌，一只古瓶，主持人在桌后一站，便有了在书场说书的味道，观众也便有了让主持人将自己带入妙趣横生的故事世界中的心理预期。

除了小幺哥，节目还另外设置了"主持人助理"的角色，或男或女，一般有两个，一个是给小幺哥"搭词"的，类似于相声中的"捧哏"角色，一般不出镜，只以画外声音的形式出现；另一个则是出镜与小幺哥客串表演的，类似于小品中的小配角。这两个"助理"总是在节目需要的时候适时出现，与主持人插科打诨，既有效地衔接起了上下两则新闻之间所造成的"中断"，为新闻故事的开始和结束牵线搭桥，确保了节目的流畅性，同时又把表演因素引入新闻节目，使节目陡生悬念，形式多样化。

（三）方言节目的消费诉求

尽管对方言节目的认识毁誉参半，有观点认为，现在的很多方言节目流于庸俗，方言仅仅是被当成一层包装纸。研究者分析了方言节目存在的社会环境，认为方言节目活跃的地区大都具备几个特点：经济发达，文化厚重而活跃，自然地理条件优越，生活悠闲而富足。而生活在这样环境中的市民，无不对自己的家园平生自信甚至自恋。因而像《阿六头说新闻》的节目给杭州人的不是新闻本身，而是杭州人对自我的一种认同，一种对本地文化与方言的呼应；还有一些研究者则旗帜鲜明地反对"方言言说"这种方式，他们认为广电媒体的"方言言说"以"本土化"之名游走在政治、法律、政策的边缘，在给

---

① 何静：《从"平民化的新闻表达"谈"方言说新闻"》，《新闻界》2006 年第 4 期。

自身带来利润的同时却增加了国家的相关行政成本。①

　　盛建国、胡德忠、刘晓丽等人对都市报运用方言的现象进行了探讨，研究者认为这是地域文化多样性的体现。他们认为，方言的运用，乃至以专栏、专版形式大篇幅见诸报刊，给都市类报纸增添了不少韵味，行文更形象、生动，表情达意更准确、贴切，对表现人物各自不同的性格特征，揭示人物的内心世界带来意想不到的效果；他们认为报刊适当运用方言，会有以下几个方面的现实意义：适当运用方言，追求的是新闻的进一步本土化，打造报刊的本土特色；增强了报刊的亲近性，渗注了"以人为本"的现代传播观；适当运用方言，便于方言中心区的方言言说者与非方言言说者沟通，从而营造出良好的社会环境。②

　　有学者更深刻地指出，日渐勃兴的方言电视文本正成为方言区居民实现自我认同、从事意义和快感的再生产的文化资本，同时折射出地域亚文化不满自身现状、谋求重新建构自我身份、提升自我文化地位的诉求，以及地域文化在日益边缘化过程中的去中心化与中心化策略。他们认为，20 世纪 90 年代以来方言影视的勃兴、方言在电视传媒的繁荣和全面扩张给人以措手不及之感，方言电视潜移默化地发挥意识形态影响，成为民间文化的传播方式和展示舞台。在市场化背景下的收视率逻辑中，电视作为一个文化生产场，势必以所在地区为目标市场、以区域性观众为主要定位，这时方言这种"独特的言语形式"可望成为连接观众的纽带，尤其在以展现地方风土人情为主要内容的文本生产中，电视视听合一的要求使方言运用成为真实性所安排的一种选择。同时，他还认为"似乎有必要把方言电视作为打开区域亚文化的一把钥匙，揭开笼罩在亚文化身上的层层面纱"。方言影视体现了方言区受众"对电视这种适合方言

---

　　①　程源源：《方言：包装纸还是文化牌?》，《视听界》2005 年第 1 期；俞虹、金姗姗：《直面方言播报主持》，《现代传播》2005 年第 1 期；邵培仁、潘祥辉：《新闻媒体"方言言说"的社会成本分析》，《现代传播》2005 年第 2 期。

　　②　盛建国、胡德忠、刘晓丽：《都市类报纸运用方言的现实意义》，《新闻前哨》2003 年第 8 期。

文本生产的视听传媒产生吁求，通过方言区居民社会文化生活的全景再现，在这个公共空间中产生文化自我认同，并通过跻身大众传媒，实现自身的经典化和文化层面的自我提升"的特点。①

从多元文化语境，特别是现代文化向后现代文化变迁的背景下来思考方言节目的流行现象，可见后现代化的一个显著特征就是边缘对中心的解构，就是多元化、平面化，是对深度与崇高的怀疑和疏离。后现代文化脱离了以二元对立为基础的历时性的发展模式，是以一种共识的平面性创造了一种开放的文化游戏。后现代社会不再是以往那种"一元定论"的社会，而是呈现出明显的多元化发展状态，人们的需求也不再是过去那种政治味浓厚的信息，受众更需要从电视上找到一种消遣娱乐，缓解工作和生存带来的压力。他们需要暂时放弃严肃、高雅，而寻求轻松、流行、时尚、刺激。他们希望从电视上得到生活的调剂，情感的交流参与，角色的认同和自我身份肯定。② 方言节目正是符合了这种多元化社会价值观下受众的多元需求。

---

① 韩鸿：《方言影视的文化解析》，《新闻与传播研究》2003 年第 1 期。
② 蔡尚伟：《影视传播与大众文化》，四川大学出版社 2005 年版。

第三章　消费对新闻的推进

第一节　消费推动了传媒的市场化运作

　　随着媒介资源的相对过剩，受众成为稀缺资源的现状日益明显。传媒市场出现"拐点"。"有数据表明，由于互联网、手机、移动电视、楼宇电视等新兴数字媒体的迅速崛起，报纸、广播、电视、杂志等传统媒体面临越来越严峻的挑战，受众和广告收入不断流失，覆盖面、渗透率和影响力正在出现下滑趋势。而传统媒体的同质化竞争，内容和盈利模式的趋同，导致经营上的微利化趋势。"① 在此形势下，传媒为了在激烈的竞争中获得生存，纷纷迅速调整战略，迅速向买方市场急剧转向。传媒营销的观念便悄然取代了过去的版面、频道的推销。中国传媒在运作方式上加快了市场化运作的步伐。

---

　　① 　喻国明：《传媒市场面临拐点》，《新闻与写作》2005 年第 11 期。

一 消费推动了新闻的产业化发展路径

时至今日，我们看到的是在经济消费的推动下新闻由最初的"事业的性质"、"事业性质，企业经营"到"市场主体"的性质的嬗变，这不仅揭示了人们对新闻自身发展规律的理性的认识，更显示出新闻在消费市场推动下的积极成果。如果说新闻作为一项党的宣传事业，在新中国成立以后的社会主义建设中成为构建执政党意识形态的重要工具和手段而获得了"神圣至尊"的霸权地位的话；1978 年以后的"以经济建设为中心"的国家发展方向的转向和在此推动下的社会经济活动的逐步繁荣，使得新闻的发展走向了"产业化"的道路。

人们将中国报业的"产业化"发展路径分为两个阶段：[1] 一是市场化阶段；[2] 一是产业化阶段。[3] 纵观中国新闻业的发展，中国新闻业从最早的依赖国家财政补贴，到 1978 年实行企业化管理，走向自力更生，报业在国家裁减补贴、报业资源逐渐实现市场配置的大环境下选择投身市场、研究市场：

1.1978—1994 年在新闻界回归真理认识的路程中，"信息"概念的进入引起中国新闻观念的巨大改变；对新闻是不是商品以及新闻在实践中生存困境的反思启发国人获得了传媒的发展必须走市场化的道路的观点；直到通过制度的方式确定了在确保新闻事业党的领导权和宣传功能为核心功能的企业化管理的探索之路。1978 年，财政部批准了《人民日报》等八家中央新闻单位试行企业化管理的报告，从此"事业单位、企业化管理"的办报模式开始取代传统的机关化办报模式，报业走上了"独立核算、盈余留用"的自我发展道路，

---

[1] 吴信训、金冠军：《中国传媒经济研究——1949—2004》，复旦大学出版社 2004 年版。

[2] 唐绪军：《报业经营的探索和改革——中国的报业经营》，《新闻战线》1999 年第 10 期；李良荣、林晖：《垄断、自由竞争、垄断竞争》，《新闻大学》1999 年夏季号。

[3] 王强华：《正确处理"双效"关系，搞好报社经营管理》，《新闻战线》1990 年第 3 期。

这成为中国新闻业走向市场化的指向和内在动力，新闻业在经济力的推动下获得活力。

2. 中国的产业化研究始于 1994 年的学界研究。[①] 中国的新闻"产业化"的实践虽然晚些，但也在 2000 年中央正式提出"文化产业化"之后获得了整体推进的契机：2001 年中共中央批转了中宣部、广电总局、新闻出版总署《关于深化新闻出版广播影视业改革的若干意见》。《意见》在强调要加强党对新闻出版、广播影视业改革的领导，始终掌握对重大事项的决策权、对资产配置的控制权、对宣传业务的审核权、对主要领导干部的任免权的基础上，提出了以集团化建设为重点和突破口，着重在宏观管理体制、微观运行机制、政策法律体系、市场环境、开放格局等 5 个方面的发展思路，促使了文化事业在市场化改革中的迅速发展。据统计，从 1990—2002 年，我国的报纸由 1576 种增至 2111 种，增长 34%，总印数达 351 亿份；各种期刊由 6078 种增至 8899 种，增长了 46%；图书从 74973 种增长到 154526 种，全国建成了一批大型书城，各种形式的连锁店 4000 多家，图书网点 7 万多个，图书销售额增长了 12 倍；广播电视播出机构从 1000 个增加到 1988 个，广播节目套数由 645 套增加到 1777 套，电视节目套数由 512 套增加到 1047 套，广播和电视的人口覆盖率分别从 73% 和 80% 增加到 90% 以上；有线电视从无到有，全国用户达到 9000 多万；2001 年中国音像市场销售总额达到 200 多亿，比改革开放初期增长了 1000 倍。[②] 组建文化集团是这一阶段文化体制改革的突破口。到 2002 年年初，共组建了包括中国广电集团和中国出版集团在内的文化集团 70 多家，从地域上讲，涵盖北京、上海、广东、江苏、浙江、四川等地；从经营主要业务上讲，有报业集团 38 家，出版集团 10 家，发行集团 5 家，广电集团 12 家，电影集团 5 家。在电影改革中还组建了电影院线 30 多条。[③]

---

① 吴信训、金冠军：《中国传媒经济研究——1949—2004》，复旦大学出版社 2004 年版，第 33 页。

② 韩永进：《我国文化体制改革的历程与新进展》，《出版参考》2005 年第 1 期。

③ 同上。

3. 2002 年开始至今,"塑造市场主体"成为文化产业获得独立发展的空间的体制建构,这与自 1992 年以来的中国市场经济的迅猛发展对新闻业的推动以及日益繁荣的社会消费行为所带来的新闻消费需求的增长密不可分。在消费的推动下,文化被划分为公益性文化事业与经营性文化产业;报刊业逐步建立以市场为主导的资源配置和调整报业结构的方式,媒体跨行业、跨地区经营被许可,民营企业进入报业市场;广播电视进入数字化和收费传播时代,[①] 针对受众的特定需求,频道更加专业化,[②] 传媒内容开始走产业化的道路,各个省级电视通过改版和节目营销,创建出异彩纷呈、市场占有率极高的节目品牌。[③]

二 消费确立了传媒的多种经营模式

随着广电集团的组建和传媒产业观念的变迁,探索多元化的赢利模式和以广告为主要收入来源的战略发展思路成为共识。2003 年,国家广电局将该年确定为"网络发展年"和"广播发展年",大力发展有线付费业务。2004 年,以"数字发展年"和"产业发展年"为目标,在繁荣了电视节目市场的同时,通过急剧增长的节目贸易获得了不菲的经济收益。与此同时,信息增值服务、网络电视、综合门户网站、手机电视、移动电视等相关的文化产业都成为电视产业发展的重要内容。同样,从中央到地方也都通过电视节目的质量的提高获

---

① 参见张海涛《走中国特色的广播电视数字化发展之路》,《世界广播电视》2004 年第 10 期;黄升民《2003:生死存亡——分析广电媒介变局的五个观点》,《现代传播》2003 年第 5 期;孟群《电视新闻节目的数字化制作》,《现代传播》2003 年第 4 期;陈强《数字电视的发展现状》,《现代传播》2004 年第 4 期等论文。

② 参见冯婷《频道专业化发展的"瓶颈"浅析》,《新闻传播》2004 年第 1 期;章彦《必视性才是重要的——兼谈 CCTV 新闻频道的传播理念》,《新闻传播》2005 年第 2 期;牛鸿英《央视新闻频道节目组合模式初探》,《电视研究》2004 年第 10 期等论文。

③ 黄升民:《出路在于内容产业化》,《传媒》2003 年第 5 期;赵子忠:《内容产业论》,中国传媒出版社 2005 年版。马荚男、刘颖:《品牌战略与电视产业发展》,《当代电视》2005 年第 1 期。

得了巨额广告的回报；通过对广告质量的提高吸引了更多的广告商。通过几年的经营，到 2006 年，尼尔森媒介研究常规监测的包括报纸、杂志和电视等三大主流媒体的广告市场达 3866 亿元人民币，较 2005 年有 22％的增幅，所有的媒体均保持了向上的增长态势，其中电视媒体在 2006 年的三大主流媒体广告市场中份额达到了 81％。①

制播分离是实现电视节目商品属性、解决节目制作经费的可靠途径，也是降低节目制作费用、增加节目产量的根本措施，更是提高电视节目质量、提高节目收视率的必由之路。"制播分离"的原意是"委托制作"，制播分离的概念来自于英文 Commission，最早起源于英国，原意是指电视播出机构将部分节目委托给独立制片人或独立制片公司来制作。电视业在我国一直都是资源垄断行业，电视台几乎独享相关的所有生产和播出平台资源。1999 年的"82 号件"提出了"网台分营"管理方针，这成为我国电视业制播分离的肇源。"82 号"文件向社会制作单位开放了除新闻、社教等类型以外的电视节目的制作权。自此，一系列民营电视制作公司如雨后春笋般迅速出现。1999 年 7 月，凭借 10 万元起家的民营制作公司"光线传媒"制作的首档节目《中国娱乐报道》一经推出就大获成功。1999 年 7 月 1 日，《中国娱乐报道》首播，当时播出的电视台只有 30 家，播出频道也只有每周 3 期。到了 2000 年 1 月 1 日，《中国娱乐报道》便实现了在全国 106 家电视台每日同步播出，每天 30 分钟，② 风靡全国。随后，顺势推出的《海外娱乐现场》、《娱乐人物周刊》、《音乐风云榜》等节目帮助"光线传媒"抢占了内地娱乐资讯市场的先机。"光线传媒"可谓开创了国内电视业"制播分离"模式探索的先河。它的经营线路是先找买家，"以销定产"，以流水线的作业模式将娱乐节目作为

---

① 2006 年中国媒体广告投放额达 3866 亿（和讯），http：//media. news. hexun. com/4574＿2058628A. shtml，2007 年 2 月 13 日。

② 段世文：《电视节目制播分离前景看好》，http：//www. people. com. cn/GB/channel6/33/20000327/24185. html。

一项工业来打造。"光线传媒"这一成功尝试是我国电视业"制播分离"实践的一个重要里程碑，同时也是带领民营资本源源不断地进入传媒这一"最后的暴利行业"[①] 的领头人。

同样传媒的市场化运作催生了中国的数字电视产业。2003 年 7 月 28 日，8 家数字电视相关企业在上海成立中国数字电视产业联盟，紧接着，全国有线付费电视联合体在北京成立，联合体致力于有线付费数字电视节目的推广，给观众提供价格合理、高质量的付费电视节目。[②] 2006 年年初，国家广电总局发布了《2005—2006 中国数字电视产业报告》，报告显示，截至去年年底，我国有线数字电视用户达到 439.3 万，比前年增长了 332.6 万户。截至今年年底，这一数字将突破 1000 万。[③] 2006 年年初国家启动大规模推广数字电视广播工程，希望通过数字电视的整体转换获得传媒产业的大发展。

2005 年开始中国传媒全面充分利用数字技术，通过实施传媒的"整合传播"战略，实现传统媒体传播能力的全面提升：（1）网络。国内互联网门户之一搜狐正式推出全新版"手机搜狐网"，并牵手中国新闻社、《羊城晚报》、《扬子晚报》等国内 8 省市权威媒体共同举办首届手机新闻图片摄影大赛。用户只需开通 GPRS，然后登录 wap. sohu. com 即可浏览各种免费新闻图片资讯。互联网启动新一轮"圈地运动"。（2）电视。2004 年 6 月份，上海文广新闻集团、上海移动和江苏移动在上海电视节上共同签署了战略合作框架协议，三方将共同开发移动流媒体及相关增值业务内容服务。这一举动，打开了国内媒体集团与移动运营商的合作之门。2005 年，上海文广又牵手多普达，在多普达手机上可直接收看上海文广旗下东方龙移动信息公司集成的所有电视节目；同样是 2005 年，中国联通与国内中央电视台新闻频道、央视 4 套、央视 9 套以及凤凰资讯台等 12 个电视频道联手推出"视讯

---

① 吕宏、夏文蓉：《制播分离的"新长征"之路》，《广告大观（媒介版）》2006 年第 4 期。
② 《中国媒体发展研究报告》，武汉大学出版社 2005 年版。
③ 《2005—2006 中国数字电视产业报告》，《广播电视信息》2007 年 1 月上半月刊。

新干线"手机视频服务。（3）通讯社。2005 年 7 月份，新华社江苏分社与江苏移动通信有限责任公司签署合作协议，共同打造"江苏移动新华资讯"业务，推进个人移动终端媒体，通过短信、彩信、WAP、流媒体等新兴传播方式的推广应用，为市场提供方便快捷、随时随地的新闻信息服务。据了解，"江苏移动新华资讯"可同时提供体育、科教、文化、娱乐、生活等节目内容，有"国内大事"、"国际要闻"、"综合新闻"、"文体娱乐"四大类、十余项小类的新闻，用户可酌情"各取所需"。（4）报纸。2004 年 7 月 18 日，北京好易时空公司和《中国妇女报》推出了全国第一家手机报——《中国妇女报·彩信版》。这张彩信报纸克服了短信容量小、格式单一的缺点，还可以实现用户和报人之间的互动。2005 年 4 月 5 日，浙江日报报业集团、浙江移动通信有限公司和浙江在线新闻网站决定，联手启动国内首张省级手机报——《浙江手机报》。2005 年 8 月，广东地区推出的"手机报纸"，该报几乎覆盖了当地所有的主流媒体，《南方日报》、《南方都市报》、《羊城晚报》、《广州日报》、《参考消息》、《新华快讯》等都涵盖其中。

　　显而易见，在消费的推动下，中国传媒实现了飞跃式的发展。

第二节　消费推动中国新闻传播观念跨越式转向

　　传播观念是传播活动在人脑里留下的概括的形象和表象，是传播活动在人的意识中的集中抽绎和凝聚，也是人们对传播实践的见解与评价。① 纵观中国新闻传播的实践，可以发现，在传媒环境随着经济的发展不断变化的情况下，中国的传媒体制在经历了三次大的变革以及世界传播技术飞速发展的推动下，

---

　　① 邵培仁：《传播观念断想》，《杭州大学学报》1997 年第 4 期。

中国传媒的传播观念实现了跨越式的发展。

一 新闻本位回归与公共话语领域建构

20 世纪 80 年代以前，中国新闻的事业性质以及中国报纸主体的党报性质，几乎所有的报纸都秉承着"宣传"的理念，将忠实地传递党的思想和方针政策作为传播实践的指导方针。从十一届三中全会以后，新闻业步入信息化、市场化时代，新闻为本位的新闻观念开始回归，对新闻规律的全方位、多视角、动态化的思考成为这一时代的主题。[①] 在市场经济条件下，大多数的媒介不得不考虑商品交换原则对新闻工作的影响，注意市场对媒体的选择因素。[②] 报纸属性的认识有了变化，由过去只看到报纸作为舆论工具的政治属性，发展为既看到报纸的政治属性，也看到它的文化属性和商品属性。[③] 于是，进入 20 世纪 90 年代以后，报纸的改革风起云涌，从扩版到周末版大战再到"三大报"的出现，中国报业在市场经济的推动下逐步确立了以：（1）强调新闻的可读性和接近性；（2）新闻的选择应该根据受众的需求来确定；（3）新闻机构的管理要与市场接轨等为核心的新闻传播观念。中国新闻的传播理念实现了从政治宣传工具到新闻是消费品的第一次转向。

信息概念及相关理论的引进引发了中国学界对新闻与宣传的关系，新闻媒介功能在社会生活中的定位问题以及新闻传播与传播信息的关系等问题的反思，[④] 推动了"传播信息"、"舆论监督"、"提供服务和娱乐"等新闻传播理念的扩展。在此基础上，在中国社会的市场经济建设的带动下，国家的公共意识日益强化和现代社会生活的公共空间开始出现。"民主参与、分散决策的社会

---

① 单波：《20 世纪中国新闻学与传播学》（应用新闻学卷），复旦大学出版社 2001 年版，第 3 页。
② 刘建明：《现代新闻理论》，民族出版社 1999 年版，第 344 页。
③ 方汉奇：《十四大以来的中国新闻事业》，《郑州大学学报》1994 年第 2 期。
④ 李良荣：《十五年来新闻改革的回顾与展望》，《新闻大学》1995 年第 1 期。

现实需要公共信息资源社会共享程度的极大提高"，① 将话语资源对广大民众开放，让人口占大多数的民众获得新闻报道的主要资源，让平民百姓和普通人物越来越多地被成为新闻的主角等传播理念的确立构成了中国新闻由"权力话语"向"公共话语"的第二次转向。

回顾 2003—2004 年的中国电视新闻，一个不容忽视的现象就是民生新闻的全面繁荣和公共新闻的后发崛起。② 民生新闻以平民的视角观照鲜活的日常生活，充分反映百姓的声音和情感。民生新闻与社会新闻的显著区别之一，就在于它的民生的视野、民生的态度、民生的情怀。③ 有学者称之为"十年来中国电视的第三次革命"；标志着"新闻价值观的改变和大众性、平民性的浮出水面"④。这样的民生新闻不仅是对长期以来新闻媒体"喉舌论"、"工具论"的一种反拨，更是新闻话语权力由上到下的现实性流动以及对电视新闻本质的回归⑤。民生新闻就是新闻走向消费市场的典型代表。

2003 年以《南方都市报》、《中国青年报》等报刊为中心的"孙志刚事件"报道以及受众讨论的热潮引导了一部法律的诞生；2004 年 9 月，江苏卫视《1860 新闻眼》对江苏公推公选 22 名副厅级以上干部进行了电视直播，由此"催生了公共新闻概念走向成熟"。⑥ 公共新闻概念开始进入中国学界的研究视野中。公共新闻学（Public Journalism）是 20 世纪 80 年代末 90 年代初在美国新闻界兴起的一个社会运动，是新闻界面对社会的批评和信任危机而提出的解

---

① 喻国明：《当前中国传媒业发展客观趋势解读》，《现代传播》2004 年第 2 期。

② 冉华、梅明丽：《中国传媒传播观念的演进与传播实践的发展》，《中国媒体发展研究报告》（2003—2004 卷），武汉大学出版社 2005 年版，第 147 页。

③ 朱德泉：《审视民生新闻的"是非曲直帅"——兼论新闻理念的演进及未来趋势》，《青年记者》2005 年 6 月 16 日。

④ 李幸：《十年来中国电视的第三次革命》，《新传播资讯网》2004 年 6 月 15 日。

⑤ 潘知常、邓天颖、彭海涛：《公共新闻：中国电视新闻的第二次革命》，2004 年 11 月 30 日，www. xslx. com。

⑥ 张恩超：《从民生新闻到公共新闻》，《南方周末》2004 年 11 月 4 日。

决方案。① 纽约大学新闻学系 Jay Raven 教授首次提出了"公共新闻"的概念，他认为："新闻记者不应该仅仅是报道新闻，还应该包含这样的一些内容：致力于提高社会公众在获得新闻信息的基础上的行动能力，关注公众之间对话和交流的质量，帮助人们积极地寻求解决问题的途径，告诉社会公众如何去应对社会问题，而不仅仅是让他们去阅读或观看这些问题。"② 公共新闻源于哈贝马斯的"公共领域"概念，根据哈贝马斯的理论，公共领域（public sphere）指一个国家和社会之间的"以阅读为中介，以交流为核心的公共交往"③ 空间，市民们假定可以在这个空间中自由言论，不受国家的干涉，"他们的阅读兴趣主要集中在当时的最近出版物上。随着这样的一个阅读公众的产生，一个相对密切的公共交往网络从私人领域形成了"④，在公共空间这个讲坛里，市民就他们的公共事务进行协商，进而引起一种话语的相互作用。哈贝马斯还进一步认为从文艺复兴开始，这种公共领域就和所谓古典的一切一起具有了真正的规范力量；不是决定于它的社会结构，而是意识形态本身就有着能够跨越数个世纪而保持稳定的延续性。⑤ 显而易见，公共新闻的出现既代表了中国当下新闻传媒转型创新的语境，更昭示着中国新闻对新闻本质的进一步的追思。如果说对新闻商品性的确认是一种新闻的社会学探究的化，公共新闻的出现和完善将是我们对新闻科学精神和理性的反思的真正归宿。

二 受众成为主导与受众素养教育

西方对受众的研究开始于 20 世纪 30 年代，最早的"子弹理论"认为媒介

---

① 谢静：《协商规范——美国媒介批评与新闻专业规范之建构和解构》，《新闻大学》2003 年秋季号，第 63—60 页。

② Jay Raven："Public Journalism：A case for scholarship"，*Change*，May 1995，pp. 42—43.

③ ［德］哈贝马斯：《公共领域的结构转型》，曹卫东、王晓珏、刘北城、宋伟杰译，学林出版社 1999 年版，第 4 页。

④ 同上书，第 3 页。

⑤ ［德］哈贝马斯：《哈贝马斯精粹》，曹卫东选译，南京大学出版社 2004 年版，第 40 页。

传播内容就像一发发威力强大的魔弹，受众则是射击场上的靶子，一击就倒；随着传播学的发展，人们逐渐发现受众不是任凭媒介摆布的群体，于是"有限效果论"产生，这个理论认为，"受众身上穿着好几件防弹衣，它们有效地削弱了媒介的影响力。"① 接着"两极传播论"、"沉默的螺旋"、"使用与满足论"等传播效果理论接踵而至。纵观西方受众理论研究的发展过程，我们可以清晰地看见其从"受众被动论"到"受众中心论"的发展演变过程。冷静思考西方这一理论演化的土壤，市场经济的萌芽、发展和完善就是其发展的深刻动力。

在中国进入新经济时代后，受众也逐步由"受教育者"获得了传播学意义上的受众地位；加入WTO后媒介的竞争以及以网络为平台进行的多元文化的碰撞与融合等传媒新语境的出现，潜移默化地改变了受众在传播实践中的地位和作用，受众在新闻传播中的地位越来越受到重视：在实践中传媒业要依据受众的需求变化随时调整传播内容和经营政策才能获得节目的高收视率；在理论上学界将受众接受信息的行为和心理作为一门独立领域不断加强研究。② 1985年陈崇山在《受众在新闻活动中的地位》一文中，明确指出受众是新闻信息的消费者，支撑着新闻事业的生存和发展。如果没有受众的消费，新闻媒介将荡然无存。③ 自此以后，中国新闻实践中受众经历了受众—阅听人—用户—消费者的演变过程，并最终确立了在网络传媒语境中的"中心地位"。网络传播成为传者与受众谁为中心地位的颠覆者。

今天的受众以及受众研究是建立在"使用与满足"和"受众是商品"的实践与理论基础上的。"使用与满足"在1974年由卡茨在其著作《个人对大众传

---

① 李彬：《传播学引论》，新华出版社1993年版，第117页。

② 从1982年起，中国社科院新闻研究所和首都新闻学会调查组进行了"北京地区读者、听众、观众调查"（以下简称"北京调查"）。从那以后，我国大众媒介受众研究发展迅速，特别是在社会主义市场经济的推动下，出现了受众研究的专业组织，受众理论的研究水平也有很大提高。在这种情况下，中国社科院新闻研究所先后于1986年和1992年举办了两届受众研究学术研讨会。

③ 陈崇山：《受众在新闻活动中的地位》，《新闻传播》1985年第1期。

播的使用》中首先提出，这个理论认为：（1）人们接触使用传媒的目的都是满足自己的需要，这种需求和社会因素、个人的心理因素有关；（2）人们接触和使用传媒的两个条件，接触媒介的可能性；媒介印象即受众对媒介满足需求的评价，这种媒介印象或成为评价是在过去媒介接触使用经验基础上形成的；（3）受众选择特定的媒介和内容开始使用；（4）接触使用后的结果有两种：一种是满足需求，一种是未满足；（5）无论满足与否，都将影响到以后的媒介选择使用行为，人们根据满足结果来修正既有的媒介印象，这在不同程度上改变着对媒介的期待。该理论正积极影响着中国的新闻理论与实践，对不同媒体语境中的受众心理和受众需求的研究正成为热点。传播的政治经济学研究起源于20世纪30年代的北美，政治经济学派关于受众的核心观点是把受众视为商品。该派的代表人物斯麦兹在其经典论文《传播：西方马克思主义的盲点》[①]中指出，商业媒介表面上生产的是一些新闻娱乐节目，但事实上这些节目只不过是一种媒体的"免费的午餐"，其目的是把观众吸引过来，然后再把这些受众，更准确地说是受众的注意力，出售给广告商，受众的听和看才是真正被出售的商品。这一理论目前正引导中国新闻学界从传媒经济的角度研究受众的重要地位。

受众成为主导的另一个主要表象是"媒介素养教育"成为显学。正如我们所见，信息技术的发展，大众文化得以崛起，文化不再是过去经典著作的代名词。由发达的媒体建构的这些文化和价值观往往有悖于传统文化，也有悖于正规教育所倡导的价值观。在这样一个由传者、机器以及受众"内爆"的时代，媒体这一携带着复杂含义的系统组合体就需要锐利的目光进行批判性"审美"。培养受众的媒介素养能力，使受众具有解读电视、广播、电影、广告、网络等媒体的各种信息的能力，对各种媒介信息的认知、反馈、取舍、质疑、提问和

---

① 参阅 Dallas Smythe, Counterclockwise：*perspectives on communication*，wesview press，1994；郭镇之《传播经济学理论泰斗达拉斯·斯麦兹》，《国际新闻界》2001年第3期。

制作的能力，以及对身边新近发生的事情的感受能力，就能获得传播与人类感知的平衡力。中国在继英国、加拿大等发达国家之后开始步入媒介素养教育的时代，尽管刚刚才起步，但受众学成为显学却从一个侧面揭示了中国新闻传播观的新建构。

第四章　消费对新闻的冲击

　　站在全球化的语境中，我们看见，受到西方社会的影响，中国的媒介产业正在经历着前所未有的变迁。这种变迁主要包括中国传媒产业的内部要素变革，即产业机构调整，呈现规模经济的特点；产业组织变迁，表现为以经营为核心的管理方式以及管理机制变革；产业供应链变迁，电视产业日益成为频道过剩而内容短缺的经济形态；产业技术变迁带来媒介产业生产、流通和消费形态的重大革命。其次是媒介产业的外部要素变迁，包括为媒体的新的运行机制提供一种制度上的合法性和较为合理的干预和保护并举的管理架构等。[①] 显而易见的是，由于中国新闻与经济长期的疏离以及在以政治为核心的集权式新闻体制中熏染着的中国新闻人以及受众，长期以来被培养而成的概念化的、公式化的以及严肃正统的新闻观念，在遭遇了西方文化以及西方传媒的冲击之后，又获得了中国变革的土壤，于是与19世纪美国初期的"黄色新闻"时代一样，走向大众的新闻出现了病相。

---

　　① 胡正荣：《导读：新闻业的市场转型及其社会效应》，见［美］约翰·H.麦克马那斯《市场新闻业：公民自行小心？》，张磊译，新华出版社2004年版，第3页。

第一节　有偿新闻

一　有偿新闻的含义

对于有偿新闻，学术界尚未有明确的界定。1990 年 12 月出版的《中国大百科全书·新闻出版卷》还没有"有偿新闻"这个词，1993 年 5 月出版的《新闻学大辞典》收进了这个词条。该词典这样解释："有偿新闻是新闻机构向要求刊播新闻者收取一定费用的新闻。一些新闻机构为解决经费不足的问题，达到赚钱以及其他目的，按占用版面大小（报纸）、播出时间长短和录制费用（广播、电视）向要求刊播新闻者收费。"① 有人说它"指新闻传播工作者为接受钱物或获取某种个人利益而以新闻的形式发布或报道的信息。"② 有说它"是新闻报道或明或暗地向被报道者索取一定费用的新闻活动"。③ 显而易见，"有偿报道"本质特征即新闻记者、编辑或媒体因接受钱物及其他利益而以新闻形式发布的信息。今天的"有偿新闻"范围不仅包括新闻机构，还更多地指新闻从业人员个体通过收受包括礼品、礼金、有价礼物等多种形式在内的"有偿报道"行为。学界将有偿新闻按"有偿"形态分为六类：（1）接受劳务费等红包、有价证券、礼品，获取各类消费、好处，如餐饮、旅游、入学、住房和为亲友解决工作问题等，这是最为典型的有偿新闻行为。（2）以

---

① 甘惜分：《新闻学大辞典》，河南人民出版社 1993 年版。

② 高雁鸿：《有偿新闻是对媒体公信力的透支》，《当代传媒》2005 年第 8 期。

③ 张小争：《有偿新闻的实质性危害》，http://media.news.hexun.com/1646 _ 650985c. shtml，新传播资讯网 2003 年 4 月 22 日。

新闻为诱饵换取经营利益（如广告、发行）或赞助。（3）以内参、曝光等为要挟，迫使对方提供钱、物、好处等。（4）媒体给采编人员下达创收指标，从而使有偿新闻堂而皇之地成为经营创收手段，如有偿组版、联办节目。（5）不同媒体、新闻单位（包括记者编辑）之间以获取不正当利益为背景而互相交换新闻。（6）某些中介、公关公司以赢利为目的，非法运作（实为经营）新闻。①

二 有偿新闻的成因

有学者认为在市场经济的快速推动中，有偿新闻在中国的产生和大量蔓延，经济的原因占主导地位，尤其是随着社会转轨而产生的新闻运行机制与社会经济机制的冲突更加剧了"有偿新闻"的蔓延。② 研究认为：（1）随着改革开放和市场经济发展的深入，拜金主义对我国新闻媒介产生巨大冲击。（2）在改革和市场经济发展中出现的一些问题促使"有偿新闻"盛行。比如在改革中出现的利益分配不均，教育、医疗和住房等领域的消费压力沉重，以及社会保障不很健全等问题，迫使新闻工作者想方设法增加自己收入，利用新闻资源收取钱财就成为首选。（4）传媒市场竞争激烈，媒介机构在社会责任和行业利益的权衡上不够稳妥。（5）新闻记者收入不高且地域差别较大。自身的生存压力迫使他们从事"有偿新闻"等工作。政府的意识形态考虑、新闻媒体的事业单位体制，以及新闻市场缺少退出机制，导致了新闻编辑人员和新闻部门领导人疏于对有偿新闻的管理外，新闻立法的缺失，在无法保护新闻舆论监督权的同时，也加大了治理有偿新闻的难度。

显而易见的是，目前我国新闻界职业道德领域的种种混乱和失衡，有着深

---

① 李发行：《有偿新闻的成因及治理》，《新闻前哨》2004 年第 1 期。
② 《"有偿新闻"的表现、危害、产生原因及解决对策初探》，http://blog.sina.com.cn/u/48d159ad010002sn，2008 年 6 月 20 日。

刻的媒介管理体制和运作机制方面的原因。① 一方面是传统的以国有产权为主导的传媒体制与资源配置市场化、市场管理法制化相矛盾。传媒结构整体失衡，竞争无序；传媒内部管理的行政性与外部管理的市场机制造成强烈冲突；加之传媒市场的区域性封锁，媒介资源无法真正实现市场化的资源配置，正式制度供给不足，促使传媒运行偏离了正常轨道。

所以，笔者更赞同这样的观点，即认为有偿新闻在中国的产生和大量蔓延，有其经济、制度和法律方面的多方面原因。② 研究认为：一是长期对媒体领域严格控制而出现的《新闻法》缺失导致有偿新闻的监管不力；二是新闻形成的话语霸权通过"有偿交换"实现了"看"是合理的行为；三是中国新闻单位的体制特点也为有偿新闻的普遍化提供了条件。作为一个企业，新闻单位的主要产品就是其新闻报道，其收入则主要来自广告和发行。在其他条件类似的情况下，新闻报道的质量在根本上决定了广告和发行收入的数量。有偿新闻即使对新闻报道的质量构成了损害，并进而影响了该新闻单位收入，但是由于收入减少不会导致新闻单位的破产，更不会对单位管理者的个人利益带来显著影响，管理者自然也缺乏强大的动力来实施有效的监督。同时以政策的宣传力度作为衡量新闻单位领导者的标准以及在广告和发行领域的不规范和非市场化行为，也在一定程度上弱化了新闻单位提高报道质量，减少有偿新闻的动力。

纵观历史可见，有偿新闻的出现，有其较为长远的时代背景，从学术史的角度来看，在自由竞争的商品经济繁荣时期，即媒介的商品化时期是有偿新闻的活跃期。我国著名新闻史学家方汉奇教授说，（我国）既然出现了商品经济，就具备了新闻商品化的历史条件。世界新闻史经过了这个阶段，中国新闻界正处在这个阶段。③ 有偿新闻随着商品经济的出现而出现，垄断经济是商品经

---

① 朱春霞：《社会转型过程中的传媒伦理道德》，http：//ppst. hunnu. edu. cn/ethics/article/show. asp? id＝387，紫金网站 2004 年 2 月 2 日。

② 贾鹤鹏：《论有偿新闻产生的制度和社会条件》，http：//www. aecna. com/dispArticle. Asp? ID＝101，2010 年 2 月 5 日。

③ 吴海民：《金元新闻》，华艺出版社 1995 年版，第 76 页。

济的高级阶段，所以西方国家至今仍然存在着有偿新闻现象，如迪斯尼世界
15岁生日之际，它邀请了9000名媒介的代表参加，而其中部分代表的费用
是公司提供的，而有关媒介至少向美国的各个角落播出1000多小时的新闻
报道。[1] 由于中西方的不同体制，使得有偿新闻的表现不一样，因受到严格
的媒介运作机制的限制，西方的有偿新闻基本能控制在比较理性的范围。[2]
要使中国的有偿新闻得到有效治理，使新闻业能尽可能地在市场和政治监管
中获得正确的路径，笔者以为，首先，要加强新闻单位的市场化改革和新闻
事业的法制建设。通过市场化改革，让新闻单位真正成为自负盈亏的市场化
主体，加强这一市场的竞争，才会让更多的新闻企业有积极性去打击有偿新
闻的行为。其次，通过制定并颁布《新闻法》，在实现保护新闻工作者的合
法权益的基础上对其进行有效的监督，用体制管理。最后，加强编辑记者队
伍的制度建设。通过具体的内部规范制定和执行，通过媒介自律形成良性的
新闻从业人员管理、激励和纠错机制，才能从根本上遏制和减少有偿新闻的
危害。

第二节　虚假新闻

一　对虚假新闻的辨析

新闻是反映社会生活的一种特定方式，是对新近发生或正在发生的客观事

---

① ［美］克里斯蒂安等：《媒体伦理学》，张晓辉译，华夏出版社2000年版，第49页。
② 张殿元、张殿宫：《三种传媒道德问题的跨文化思考》，《国际新闻界》2002年第5期。

实的报道。新闻以真实为生命。虚假新闻就是指未能真实反映客观事物本来面貌，带有虚假成分的新闻报道。^① 然而就虚假新闻的外延来看它却是一个复杂的概念。许多学者都对虚假新闻的形式作了不同角度的划分，在此基础上笔者将其归纳为两类：（1）指报道者凭空捏造事实，或故意改变事实原貌、编造情节加以"报道"的虚假新闻；（2）指新闻报道脱离和违背客观事实，未能反映事实真相的新闻失实。由于新闻失实在客观上造成了对"真实"的违背，所以学界也常将新闻失实归为虚假新闻之中。对于失实新闻的界定，学界有不同的认识：一是将新闻失实分为故意失实和业务失实两大类。故意失实是指明知失实偏为之，即新闻工作者个人或者新闻单位捕风捉影、向壁虚构、任意编造所谓的"事实"达到吸引读者眼球的目的，或为获取某种利益而有意隐瞒已经采访到的事实；^② 因记者业务水平问题而造成的失实即业务失实。二是分为整体失实与部分失实。整体失实是指没有从事物总体、本质和发展趋势上反映社会真实生活，^③ 或者说指在一定的历史时期，一个国家的新闻传媒在整体上没有反映出国家的本来的、基本的面目；^④ 部分失实是指内容或细节的虚假，具体包括新闻作品中存在虚假成分或者报道中的某些具体事实没有合乎客观实际，新闻作品中的六要素经不起事实的核对；违反常识的误导性报道，这类报道一般也都有消息来源或者可依据的现成材料，但是由于报道者自己的分析、判断、辨别能力不强，报道出来的内容与事实不相符。^⑤ 三是根据失实的显隐程度分为显性失实报道和隐性失实报道。显性失实报道呈明显态，借助生活经验或常情常理加以辨析就能察觉。隐性失实报道受众根据自己的生活经验和阅读经验

① 蓝鸿文：《新闻伦理学简明教程》，中国人民大学出版社2001年版。
② 冀晓萍：《试论报刊新闻失实的成因与规避方法》，http://media.people.com.cn/GB/22114/63480/63482/63489/4340842.html，2006年4月28日。
③ 魏金辉：《试论虚假新闻的表现形式以及对策》，http://jinhui2702.blog.hexun.com/3123768_d.html，2007年3月30日。
④ 杨保军：《虚假新闻表现的三个层次》，《今传媒》2006年第2期（下半月刊）。
⑤ 魏金辉：《试论虚假新闻的表现形式以及对策》，http://jinhui2702.blog.hexun.com/3123768_d.html，2007年3月30日。

往往难以明察。[①]

由此可见，在实践中凡虚假新闻都有一个共同特征，即新闻报道者离开新闻赖以产生和依存的客观事实，任意凭着个人的主观愿望或依据他人的意志去报道。

二 虚假新闻的表象及其危害

现实生活的复杂性以及新闻实践活动的主体性构成了当代新闻场域的复杂性，也使得以主观活动为主体特征的新闻实践活动受到的诸多社会因素的影响。虚假新闻也呈现出复杂的状况。

（一）整体性意义上的虚假新闻。一是指一个国家的新闻传播，在一定的历史时空范围内，对这个国家的反映报道在整体上是虚假的，或者是大面积失实的。[②] 比如中国在 20 世纪 50 年代的"大跃进"运动期间，60 年代中期到 70 年代中期的"无产阶级文化大革命"期间的新闻报道建构的"祖国山河一片红"、"到处莺歌燕舞"的欣欣向荣社会主义国家形象与实际的国家经济全面停滞的真实面目是南辕北辙的。二是指个体新闻媒体新闻报道造成的整体性虚假。表现在新闻传播实际中，就是媒体在各种可能因素的制约下，偏离媒体宣称的原则和信念，形成一些片面的、刻板化的固定报道模式。一些媒体把一些地区、一些人群、一些领域设定为自己长期报道的对象，但却仅仅报道这些地区、人群、领域的一面或几面，就是不报道全面，其结果是，人们难以真实了解这些地区、人群、领域的整体面目。[③] 三是总体性失真，在新闻工作实践中，有些媒体的新闻报道片面、偏激，只想着轰动效应，只想着吸引读者的眼球，没有从事物总体、本质和发展趋势上反映社会生活真实。

---

① 丁柏铨、周楠：《论新闻传播中的隐形失实》，《新闻与写作》2004 年第 9 期。
② 杨保军：《虚假新闻表现的三个层次》，《今传媒》2006 年第 2 期（下月刊）。
③ 同上。

（二）微观层面的虚假新闻。它是指具体在每一篇报道中直接表现出来的虚假新闻，在时间上具有及时性的特点。对于微观上的虚假新闻，学界归纳出数种具体的表现形式，比如有人就将虚假新闻的表现形式概括为十种：政治需要，公开造假；与己不利，隐匿真情；宣传典型，任意拔高；屈从压力，写昧心稿；唯利是图，编造新闻；粗枝大叶，调查不实；道听途说，捕风捉影；知识贫乏，不懂装懂；合理想象，添枝加叶；偷梁换柱，移花接木。① 也有人将其归纳为一是捕风捉影，用春秋笔法写报道，这种假新闻看似新闻要素具备，但报道的基本事实没有发生；二是凭空编造，玩文字游戏骗受众。这类假新闻对新闻界信誉伤害极大，群众反应也最强烈；三是文题不符，南辕北辙吸眼球；四是夸大其词，以一当十大造假；五是违反常识，以讹传讹。②

由此可见，虚假新闻的表现样式多种多样，而且变化性极强，令人眼花缭乱，防不胜防。

显而易见，虚假的新闻报道具有极大的危害性。孙云合认为虚假新闻一是误导舆论，危害社会。新闻报道具有舆论导向的社会功能，虚假新闻不仅浪费了受众的时间和精力，更使他们的感情受到欺骗和伤害，直至造成思想行为方面的误导，有碍整个社会的常态发展。更为严重的是，虚假新闻轻则对社会公众形成误导，引发公众思想的混乱，重则可能给社会带来不安定因素，造成社会的动荡不安，甚至引发社会动乱。二是损坏名声，丧失威信。虚假新闻影响党和政府的形象。从某种意义上说，新闻传达的是党和政府的声音，代表的是党和政府的形象。如果虚假新闻不断，不仅对社会和受众是严重的伤害，并且对于新闻界自身的损害也是不言而喻的。三是形成侵权伤害，造成经济损失。由于虚假新闻是不真实的，这往往会造成侵权，带来不必要的新闻官司。轻则要被拉上"社会法庭"听候审判，重则可能要被追究相关刑事责任，赔偿经济

---

① 参见郑保卫《当代新闻理论》，新华出版社 2003 年版，第 274—278 页。
② 包东喜：《虚假新闻成因与治理对策》，《新闻前哨》2005 年第 8 期。

损失。① 孙月沐指出，伪闻者，假新闻也。其有六害：解构崇高，玷污正义；传播谬论，扰乱人心；破坏诚信，冲击"公信"；无序竞争，扰乱市场；侵犯人权，伤害无辜；唯名唯利，败坏队伍。②

三　虚假新闻与社会消费

众多的学者研究认为虚假新闻产生的原因涉及从传媒体制到传媒个体；从报道技术到思想观念等多方面。蓝鸿文在其《新闻伦理学简明教程》中认为，从体制的原因来看，历史上的重大的失实报道都有其政治背景和政治原因，以及在当时特殊整体下产生的不正的党风和社会风气。③ 杨宝军也从中国虚假新闻形态的角度分析认为，中国的"大跃进"、"文化大革命"等特殊政治时期造成了中国传媒整体性的"新闻虚假"。而从传媒个体来讲，多数虚假新闻是由于新闻工作者没有坚定的政治信念，良好的道德修养，踏实的工作作风和娴熟的业务能力而造成的。④

更多的学者则认为今天的新闻实践中的虚假新闻既有新闻从业人员自我约束不够、职业道德观念薄弱等主观方面的因素，也有媒体商业化、媒体内部管理不完善、媒体竞争环境和队伍结构的变化及外部监督机制不健全等客观方面的因素，与社会的消费行为有着密切的联系。（1）媒体竞争激烈。据《国家统计局关于 1978 年国民经济执行结果的报告》和《2006 年国民经济和社会发展统计公报》披露，至 1978 年年末，我国共有报纸 186 种，年发行 109.4 亿份，而到 2006 年报纸总量达到 2119 种，年发行量高达 416 亿份；1978 年年末，我国仅有电视台 32 座、广播电台 100 座，而到 2006 年年末电视台发展到 296

---

① 孙云合：《虚假新闻的成因、危害及对策》，《团结报》2006 年 6 月 27 日。

② 孙月沐：《伪闻六害》，http://media.people.com.cn/GB/40698/3479189.html，2005 年 6 月 18 日。

③ 蓝鸿文：《新闻伦理学简明教程》，中国人民大学出版社 2001 年版。

④ 同上。

座、广播电台 267 座。媒体资源过剩，同质竞争、同城竞争加剧。为了争夺受众，扩大发行量，吸引更多的广告，几乎没有一家媒体不想抢首发新闻、抢独家新闻、抢可读性强的新闻，这给虚假新闻的出笼提供了可乘之机。（2）经济利益的驱使。一是由于媒体的急剧扩张，新闻从业者队伍和成分的日趋庞大、复杂，导致新闻从业人员的业务素质降低，许多新闻从业人员没有接受过正规的新闻训练，没有接受过职业道德教育尤其是职业操守教育，将"写新闻"作为其谋生手段，甚至出现了新闻造假"职业化"和"职务化"的趋向。[1] 所谓新闻造假的"职务化"，主要表现为新闻从业者在媒体默许、引导下制造假新闻，媒体联合社会撰稿人或社会集团造假。研究认为，散布于各行各业的业余撰稿人和自由撰稿人，将新闻的"专业化"操作当成为谋生的手段。二是在强大的竞争压力下，一些记者违心编造假新闻。尤其是在竞争激烈的传媒中，在实行工作量考核、淘汰制的传媒中，个别青年记者为了完成工作任务或者出于名利思想，不惜编造假新闻。[2]（3）社会转型期的受众市场的"浮躁与焦虑"导致受众的"娱乐性"消费需求的刺激。"这种转型期社会的心理症候使受众对那种意义深刻、指导性强、理论色彩浓的新闻信息失去探究的耐心；同时又使受众对一切新鲜事物（大到世界变故，小到个人隐私）怀有极其浓厚的兴趣。具有这种心理的受众并不把新闻看做是非常严肃、具有独特性的事物去接受，也并不希望从中有重要的发现，而是把新闻当做故事来读，满足自身对世界的好奇心和窥视欲望。"[3] 于是，在接受新闻信息的过程中，受众并不过多考虑新闻的真或假，低俗或者高尚，而只是从一些非正统的、轻松的、随意的新闻信息中获得消遣。（4）网络的日常生活用品化以及传播技术带来的便捷和匿名传播也为虚假新闻的产生起了推波助澜的作用。[4]

---

[1] 常红：《网络传播中虚假新闻现象剖析》，《新闻记者》2005 年第 6 期。

[2] 吕怡然：《鞭挞假新闻必须锲而不舍》，http://media.people.com.cn/GB/40628/3459442.html，2005 年 6 月 10 日。

[3] 盛芳：《消费文化与虚假新闻——新闻失实的社会语境分析》，《新闻界》2006 年第 2 期。

[4] 常红：《网络传播中虚假新闻现象剖析》，《新闻记者》2005 年第 6 期。

有资料显示，上海《新闻记者》杂志从 2001 年开始连续两年评出"十大假新闻"之后，每年都要进行《十大假新闻》的评选活动，"……原本只是游戏之作，偶尔为之，谁知却从此一发不可收拾：此后本刊又相继评出'世界十大假新闻'、'2002 年十大假新闻'，简直成了打假专业户。原以为假新闻从此销声匿迹，然而不曾料到，如同打开了'潘多拉魔盒'，假新闻如雨后春笋，越打越多。"① 就目前的新闻实践来看，消费繁盛、无序竞争、利益驱动无疑是其中重要的原因。②

第三节　新闻的低俗化

一　对新闻低俗化的界定

对"低俗"一词的理解，可以追溯到春秋末期的"先王之乐"与"郑卫之音"的雅俗文化论争。在中华民族的历史长河中，雅俗之争是一个永恒的话题。当时作为各方统治阶级的礼乐是"先王之乐"，包括皇帝、尧、舜、禹和汤都有自己的"雅乐"，这些雅乐流行于宫廷和上流社会；"郑卫之音"是郑、卫地区的民歌，反映百姓的喜怒哀乐。因为来自于下层人民而且不论从内容还是形式上都具有鲜明的古朴、粗糙、怪诞甚至怪异的特点，所以不能为宫廷和上流社会所接受，被排斥在主流文化以外。根据郑玄的《〈周礼〉注》："雅，正也，古今之正者，以为后世法。"雅反映出当时士大夫的政治理想、处世哲

---

①　陈斌等：《2003 年十大假新闻》，《新闻记者》2004 年第 1 期。
②　毕一鸣：《传媒生命力解析》，《当代传播》2005 年第 1 期。

学和人生素养追求，更成为千年以来儒家文化的审美标准并随着儒家文化话语霸权的确立成功能为主流文化的标志。笔者的回顾是想说明：第一，俗文化包含着低俗的意义，它是俗文化中重要的组成部分，要将俗文化与低俗、媚俗进行较严格的区分才能准确分辨当今的新闻文化现象，正确理解新闻的娱乐化与低俗化、庸俗化的关系；第二，千年以来的雅文化培养了带有"固定成见"的审美标准，这些标准里既包括传统文化的思想更涵盖着中国自近代以来建构起来的政治文化意识，或者说政治文化作为垄断地位的影响力。这样的背景导致了今天的人们对"低俗文化"存在太多的误读，而这正是新闻人无所适从学界对新闻应该走向何方的困惑之源。笔者认为，对新闻的"低俗化"的界定应该是炒作明星绯闻、搜罗奇闻怪谈、渲染凶杀暴力、炮制黄色话题新闻报道。

新闻娱乐化不同于新闻的低俗化。中国新闻界对新闻娱乐化的认识基于这样的定义：内容上，娱乐化最突出的表现是软新闻（西方媒介称为"大众新闻"）的流行或尽力使硬新闻软化。其表征是减少严肃新闻的比例，将名人趣事、日常事件及带煽情性、刺激性的犯罪新闻、暴力事件、灾害事件、体育新闻、花边新闻等软性内容作为新闻的重点，竭力从严肃的政治、经济变动中挖掘其娱乐价值。形式上，强调故事性、情节性，从最初强调在新闻写作中适度加入人情味因素，加强贴近性，演变为一味片面追求趣味性和吸引力，强化事件的戏剧悬念或煽情、刺激的方面，走新闻故事化、新闻文学化道路。[①] 该定义强调了新闻娱乐化现象的三个特征，即内容上注重软性新闻、挖掘硬新闻中的娱乐性因素和强调吸引力。显而易见，这样的定义混淆了直觉与理性的界限；将"娱乐"与"低俗"混为了一谈。

这样的认识带来了中国新闻从理论到实践对新闻低俗化的"认识误区"：

---

① 吴飞、沈荟：《现代传媒、后现代生活与新闻娱乐化》，《浙江大学学报》2002年第5期。

（1）认为新闻娱乐化就是新闻的低俗化。① 以"低俗"统概了所有的"轻松的"、"喜闻乐见的"的新闻娱乐信息，遮蔽了合理性的"娱乐"以及新闻的大众性；不仅如此，从美学的意义上说，"娱乐"的含义也应该是一个变化的概念，从内容到形式；不仅存在着客体性的因素也包含着主体性的因素，尤其是在图像传播时代，新闻本身"内爆"了从机器到人的认识，从社会文化到新闻实践等全部的社会要素，所以娱乐的形式会有所改变。（2）反主流的。这是一种由审美标准和原则进行新闻评论实践而产生的表象。涉及一个社会的深层的文化结构：是中国传统文化的雅俗观的直接表现，更是中国集权统治下的文化"主流意识"的表达，同样也是对文化商业逻辑的拒斥。② 因此这样的观点实际上就是精英意识形态意义上的低俗的泛化。

新闻正确界定"低俗新闻"，并以此来观照新闻实践，是客观地认识和正确对待目前中国新闻娱乐化的有效途径。

二　新闻低俗化的表象及危害

笔者赞同将"新闻低俗化"的表象归纳为以下方面，据中央政策研究室文化研究局有关专家提出，这一"公害"主要表现在：（1）少数媒体采用非常手段，比如通过偷窥的方式，把注意力集中在明星的绯闻、丑闻、诉讼和琐事上。（2）少数"时尚"报道热衷于对豪宅、盛宴、名车和其他奢侈品的

---

① 最近两三年的硕士论文集中体现了这样的观点。参见马黎萍《中国报纸娱乐新闻研究》，南京师范大学，2002年；柯涛《新闻娱乐化根源探析》，郑州大学，2004年；王欣《传播政治经济学视野中的新闻娱乐化》，武汉大学，2005年；杨金鹏《新闻娱乐化及其负面影响研究》，南昌大学，2005年；陈慕瑜《新闻娱乐化现象探讨》，暨南大学，2005年；涂琳《当代中国新闻娱乐化浅析》，华中师范大学，2005年；柯涛《新闻娱乐化根源探析》，郑州大学，2004年等论文。李希光《畸变的媒体》，复旦大学出版社2003年版。

② 苏常、杨雅琼：《超级女声"热"的"冷"思考——对〈超级女声〉的批判性解读》，《新闻知识》2005年第9期；赵金、贾广惠、罗筠、柏清、龚艳平：《解读超级女声》，《青年记者》2005年第10期等。

炒作，或者将性虐待等低俗的文化元素当做时尚标签加以追捧。（3）少数媒体以"性"为卖点打"擦边球"，以追求"眼球效应"。（4）少数媒体漠视苦难，轻薄死者，缺少人文关怀。（5）少数媒体渲染暴力色彩，过度追求猎奇。

新闻低俗化源于"俗文化"，是民间文化的重要组成部分，"俗"与"低俗"泾渭分明。通俗文化即大众文化，其俗近于通俗、民俗、风俗、时俗之俗；而"低俗"却是"俗文化"中的糟粕，是粗俗、鄙俗、庸俗，以至伤风败俗。

显而易见，新闻的低俗化会产生严重的社会危害：

第一，产生社会精神的涣散。将严肃而重大的社会事件当做"逗乐"的内容，通过暴力细节的渲染，图像、图片的选择以及恶意搞笑元素的加入，将真实的新闻事件"制造"成为了"伪事件"，新闻事件的历史语境、社会文化发展历史以及深刻的思想内涵全部解构成支离破碎的游戏片段，真实的事件成为了"戏剧"。于是，受众不再对深刻、历史、严肃和程序产生任何质疑，欣然地接受是他们唯一的选择。于是，社会就会整体性地丧失道义感、责任感以及对社会实践活动的深刻反思能力，观看成为唯一的行为，人们就不再对集体的、公共的实践投注其关注和兴趣，社会也就重回"愚昧的时代"。

2004 年 3 月的"马加爵杀人案"就是很好的注脚。一宗残暴的凶杀大案与严肃的法制案件，在媒体的报道中成为了"好看的故事"：3 月 15 日，随着公安部 A 级通缉嫌疑犯马加爵在海南三亚被捕，各媒体紧锣密鼓地掀起报道狂潮。截至 3 月 26 日晚，人民网的马加爵专栏中有报道 67 篇，在介绍马加爵本人时，不少报道的大字标题对其冠以"校园杀手"、"云大屠夫"、"混世魔王"等名，一些媒体的版面和网页还出现这样的描述："马加爵是一个具有同性恋倾向的人，与某大学艺术系男生存在同性恋行为"；"星象学家认为，马加爵生于 5 月 4 日，他的星象预示他有强烈的暴力倾向"；一家电视媒体更在

《新闻故事会》节目中宣称，他们将根据公安部发布的权威信息，对马加爵一案进行全程模拟拍摄，扮演者是与马加爵有几分神似的一位南方大学生。至于马加爵的作案和逃跑过程、警方的追捕行动、举报人以及社会的反映，媒体无不对其进行了最为即兴的戏剧化的渲染，如马加爵如何被发现，举报人与他的25万元奖金；错过奖金的各色人（保安、白领、乞丐、清洁工）等的表现等。媒体的低俗化报道，使马加爵落网后，社会上衍生出许多让人哭笑不得的事：先有某街头张贴的一个酒吧的招聘启事，内容却酷似马加爵的通缉令；后有网站上唱起了声情并茂的"马加爵之歌"，在短短几天内就如同水银泻地般广为传唱："想用一把刀把自己灭掉/好让你们停止疯狂行为/到处贴我照片/我经过的地方/都会被狂热警民所包围/一时冲动杀了几个哥们儿/二十万通缉我真是狼狈/……"随之而来的"马加爵之诗"，更是将人民纪念周总理的严肃诗篇涂鸦上嬉皮笑脸的外衣，"我们的20万/你在哪里呵/你在哪里/你可知道/我们想念你/祖国的人民想念你……"[1] 在媒体的媚俗起哄之中，在一阵为娱乐而混乱的搞笑之后，社会的良知和责任以及深刻的反思均化为了"快感"。

第二，媒体丧失监测能力。从传播学的角度来说，传媒的功能是环境监视、社会协调、社会遗产传承以及提供娱乐等。环境监测是首要的功能。新闻事业的产生，使新闻传播成为有目的、有系统、有组织有相当数量的专门从业人员、有日益完善的设备和手段的大规模的社会活动。这种有组织的社会性的新闻传播媒介，每日每时向人们提供客观世界运动变化的各种信息，使人们认识世界和履行世界的能力不断提高，从而促进了生产的发展和社会的进步。而履行新闻传媒这个最重要功能，就是新闻的真实而客观的报道。新闻的低俗化会将公众的注意力引至琐碎的名人趣事、体育新闻、花边新闻，甚至煽情性、刺激性的犯罪新闻、暴力事件等新闻，忽视对人们的切身利益有着重大影响的有关公众利益的劳动权利、生态环保、高新科技、行业危机等重大而严肃的问

---

[1] 参见陈慕瑜《新闻娱乐化现象探讨》，硕士学位论文，暨南大学，2005 年。

题。媒体就丧失了赖以生存的立身之本。在 2003 年 7 月世界足球豪门皇马来华献技期间，云南省大姚县刚发生了 6.2 级强烈地震，统计出死伤几百人，估计直接经济损失在 10 亿元以上。媒体对这起与人们生活密切相关的事只是例行报道，而将全部的精力投入一场对"皇马"空前的"新闻大战"中。①

三 新闻低俗化与社会消费

学者们将产生中国"新闻低俗化"的原因归结为：（1）西方、中国港台地区传媒观念的侵蚀和影响。研究者认为改革开放以来，尤其是近年来，随着中国内地传媒与西方和中国港、澳、台地区传媒交流逐步开展和深度结合，西方资产阶级的传媒观念、文化理念和媒体经营思想大量涌入国内，尤其是在传媒内容的贸易中，通过引进的节目而学习西方、港台的制作理念和方法，比如许多电视娱乐节目，从内容到形式和表达方式上，基本都是照搬港、澳、台的，报纸娱乐新闻的做法也基本上是香港狗仔队的套路。② 西方经济的扩张直接导致了全球经济一体化，在这个一体化的进程中，各国开放其经济市场的同时，也不可避免地使其媒介市场经历了严峻的考验。跨国媒介集团的一个突出影响是使许多国家的媒介难以坚持自己的"媒介主权"，也就是说，跨国媒介集团依靠着所谓的国际统一媒介模式迫使许多国家的媒介失去自己的特征。③ （2）传媒市场不良竞争的恶果。研究者认为有统计数字表明，中国传媒业的数量是世界第一。中国传媒机构的数字如此庞大，种类如此繁多，而且都是齐步走向市场，经营的手段却如此单一。全国媒体 95％ 左右的收入都是来自广告，这就使得广告僧多粥少，行业内的竞争呈现出无序和不良状态。曾经一直遭我们

---

① 参见张名章在《新闻娱乐化现象探论》中有专节论述此问题。硕士论文，广西大学，2004 年。
② 杨同庆：《对传媒低俗化的理论思考》，www. people. com. cn，2005 年 1 月 12 日。
③ 刘宏：《中西比较：市场经济与大众传媒》，《国际新闻界》2000 年第 2 期。

批判的资本主义新闻法则，如今却被有的媒体重新拾起作为市场竞争的法宝。①（3）部分传媒从业者素质不高的结果。研究认为目前的传媒业现状是，一方面媒体数量在不断地增加，部分传媒素质不高，记者、编辑以至于个别媒体的负责人的理论修养不到家，把关不严；渴望一夜成名，急功近利，一心想走捷径，为一己私利而不惜炮制、炒作虚假新闻等。凡此种种，为传媒业的低俗化起到了推波助澜的作用。②（4）对"受众"的误读。③将新闻低俗化归于迎合受众的需求。在实际操作中，媒体常常将受众、大众、公众这三个概念混同使用，对受众的误读导致了为新闻娱乐化大开其道。有观点认为在传播领域里，大众是未经细分的受众，是所有受众的统称，而对于特定的媒体来讲，受众是媒体所要服务的对象，是经过细分且相对固定的群体。相应的，大众口味是复杂、短暂而多变的，而受众需求则呈多层次、多元化且相对稳定的特点。媒体只有根据自身的受众定位，满足特定的"小众"市场的需求（即满足特定的受众需求）才能真正获得市场。同样新闻媒体要在新闻信息传播中维护公众利益就必须坚持以下五个原则，即"全面——满足不同层次、不同口味的受众的需求；多元——反映不同的观点，照顾少数人的兴趣；独立——在政治上不为政府或其他利益集团所左右；平等——受众不分等级享受同样的服务；不迎合——不追求最大的受众数，不一味迎合受众，而是通过节目来培育民主精神，提高公众的文化品位。只要其中一条原则被违反，就意味着公众利益受侵害。"④从定义可以看出，迎合大众口味或满足特定受众需求的媒介内容并不等于就符合了公众利益。

在笔者看来，新闻的低俗化是新闻业走向市场的"附赠品"，是新闻市场必然会存在的现象，尤其是在中国社会的转型与新闻业的转轨双重作用下，传

① 杨同庆：《对传媒低俗化的理论思考》，www.people.com.cn，2005年1月12日。
② 同上。
③ 陈慕瑜：《新闻娱乐化现象探讨》，硕士学位论文，暨南大学，2005年。
④ 赵月枝：《公众利益、民主与欧美广播电视的市场化》，《新闻与传播研究》1998年第2期。

统新闻思想与传播新语境、集权与分散、传统媒体与新媒体发生冲突而产生的矛盾的一种矫枉过正的表现。传媒经济是注意力经济，随着市场经济的确立，媒体逐步走向市场，成为市场的竞争主体。媒体的商业化发展可能导致传播者对获利性比对思想性更重视。媒体的娱乐功能能抢更多受众"眼球"，也获得了众多广告商的青睐。于是，新闻的低俗化成为一些媒体的"自觉行为"。笔者想强调的是（1）新闻低俗化是市场不正当竞争行为的产物。媒体间的竞争需要完善的政策、机制以及强大的人才、资金、技术支撑，恰恰是传媒市场的不成熟，导致许多媒体"资源缺失"，转而降格以求，选择难度低、花费小、市场大、经济效益佳的软性内容和技巧，以求在激烈的市场中求生存、求发展；（2）新闻低俗化在实践操作的层面其实是一种"度"的把握。在当下语境中，必须通过新闻管理规范的制定和加强新闻队伍的管理，提高新闻从业人员的素养，才能有效遏制这种现象的蔓延。

第五章　新闻与消费研究的多维理论视野

本章利用多种理论资源对新闻与消费作不同角度的进一步的审视，以获得新闻具有消费性的当代理论基础和当代存在的合法依据，为后面的中国现实语境中的主流新闻话语建构坚实的理论平台。

第一节　新闻与消费的意识形态分析

一　新闻与意识形态

新闻是一种反映客观事实的活动，这包含着两层意义：一是新闻的历史定义；二是本书所界定的"新闻场域"。就第一个层面来看，关于新闻的历史定义，本书选取目前学界达成共识的陆定一的"新闻是新近发生事实的报道"和宁树藩的"新闻是经报道（或传播）的新近事实的信息"两种为代表，它们所揭示出的含义是新闻是"一种人类对客观事实的反映活动"。显而易见，事实是“新闻”的来源，却不是“新闻”本身；它虽然客观地存在着，但没有人的主观意识的作用新闻就不可能被传递，新闻就不可能成为新闻。

新闻是一种对社会事实的“反映”，是新闻制作和传播者对“事实”的选取、写作（制作）和利用有效途径进行传递的成果，这个过程就暗含了许多的“过滤”、“把关”和“建构”的意识形态化的行为。新闻是一种“新闻工作者借助一定的物质手段报道新闻事实，并表达他对社会生活的认识评价，以影响社会舆论的一种特殊的社会意识形态。”①霍尔把这种实践活动本身看做一种政治实践。他视媒介产品为现实的建构而非现实的反映，因而认为诉诸事实性的新闻真实性问题是一个伪问题。② 也就是说新闻产品不简单的是事实的“镜子式”展示（本书用“展示”的客观性来区别于“反映”的主观性），而是人们对社会生活或社会事实认识的结果，是一种“意识形态的建构”，并且这样的“建构”从一开始就存在于新闻本身的活动当中，是一种“无意识”的“意识形态”。正如马克思所认为的人不能离开社会而存在，人的意识从本质上看都是社会意识，“正是从这个意义上讲，新闻这种意识活动具有社会意识的性质”；“社会意识……一般称为社会意识的多种形态”；“因此，从本质上说，新闻也是一种社会意识形态”。③

二　意识形态含义的诠释

众所周知，意识形态这个概念非常复杂，在不同的语言中都有很长的历史，并且以不同的方式被使用。阿尔图塞（Louis Althusser）认为，意识形态是一个诸种观念和表象的系统，它支配着一个人或一个社会群体的精神。伊格

---

① 吴高福：《新闻学基本原理》，武汉大学出版社 2004 年版。
② ［英］霍尔：《“意识形态”的再发现：媒介研究中被压抑者的重返》，见唐维敏等译《文化，社会与媒介：批评性观点》，远流出版事业股份有限公司 1994 年版。
③ 《马克思恩格斯选集》第 4 卷，人民出版社 1972 年版，第 10 页。

尔顿（Terry Eagleton）则认为是特别指涉在表意层面上展开的权力斗争的方式，认为意识形态常常通过设置一套复杂的话语手段，把事实上是党派的、论争的和特定历史阶段的价值，显现为任何时代和地点都确乎如此的东西。

而马克思却将意识形态概念定义为：在阶级社会中，适合一定的经济基础以及树立在这一基础之上的法律和政治的上层建筑而形成起来的，代表统治阶级根本利益的情感、表象和观念的总和，它的根本特征是自觉地或不自觉地用幻想的联系来取代并掩蔽现实的联系。在阶级社会里意识形态具有阶级性。因此有学者研究认为马克思基本上是在否定意义上使用"意识形态"这个概念的，[①] 或者说，马克思的意识形态就是"阶级的意识形态"、"政治的意识形态"，"报纸最大的好处，就是它每日都能干预运动，能够成为运动的喉舌，能够反映出当前的整个局势，能够使人民和人民的日刊发生不断的、生动活泼的联系"，[②]"在大国里报纸都反映自己党派的观点，它永远也不会违反自己党派的利益。"[③] 后来，恩格斯强调无产阶级政党的党报是党的旗帜，党的报刊的任务是阐发和捍卫党的原则。不仅如此，这种政治的意识形态一经传入中国就成为中国的"意识形态本体"，成为指导中国新闻活动的一以贯之的指导思想和工作原则：毛泽东的"马克思列宁主义的普遍真理一经和中国革命的具体实践相结合，就使中国革命的面目为之一新"的观点揭示了马克思主义在中国的绝对的垄断控制力，这种影响可以从中国新闻发展的历程中看见：

1957 年 3 月 10 日，毛泽东在《同新闻出版界代表的谈话》中指出："在阶级消灭之前，不管通讯社或报纸的新闻，都有阶级性。资产阶级所说的'新闻自由'是骗人的，完全客观的报道是没有的。"[④] 同年 6 月 14 日以《人民日报》编辑部名义写的文章中，他又指出："在世界上存在着阶级区分的时期，

---

① 俞吾金：《意识形态论》，上海人民出版社 1993 年版，第 127—129 页。
② 陈力丹：《马克思恩格斯论新闻》，新华出版社 1985 年版，第 259 页。
③ 同上书，第 227 页。
④ 中共中央文献研究室：《毛泽东新闻工作文选》，新华出版社 1984 年版，第 84、191 页。

报纸又总是阶级斗争的工具。"1957 年 7 月份，毛泽东在上海干部会议上的讲话中明确指出："报纸，这是属于意识形态范围的。"① 于是，出现了坚持实事求是原则，维护新闻真实性；坚持新闻事业的无产阶级党性原则；把握正确的舆论导向；以及遵循为人民服务、为社会主义服务的方针等马克思主义新闻观的一系列原则方针。

邓小平把新闻看做精神产品，把新闻业列入意识形态部门。1980 年年初，在党和国家工作中心转折关头，邓小平重申，"党报党刊一定要无条件地宣传党的主张"，以利于党引导、组织人民群众，建设有中国特色的社会主义。1981 年，在邓小平的肯定下，党中央作出了《关于当前报刊新闻广播宣传方针的决定》。这一决定着重指出："报刊、新闻、广播、电视工作者必须坚持党性，增加党性。党性是无产阶级阶级性的最高表现。……决不能把党性要求降低到一般群众的水平。"② 1983 年，邓小平在《党在组织战线和思想战线上的迫切任务》的讲话中又再次指出："所有共产党员都要增强党性，遵守党的章程和纪律。"他批评了"把民主同党的领导对立起来，在党性和人民性的问题上提出违反马克思主义的说法。"③

1989 年，江泽民在新闻工作研讨班上的讲话中指出：社会主义的新闻事业，作为意识形态领域的组成部分，必须遵循"为社会主义服务，为人民服务"的"基本方针。"他还说："现在，为社会主义服务同为人民服务，是完全一致的。离开了社会主义道路，也就从根本上脱离了人民，违背了人民的最高利益。"④ "在国际上还存在着社会主义和资本主义的对立，在国内阶级斗争还在一定范围内存在的情况下"，新闻"自由就不能不带有阶级性"。⑤ "我们的新闻工作是党的整个事业的一个重要组成部分。因此不言而喻，必须坚持党性

---

① 毛泽东：《毛泽东选集》第五卷，人民出版社 1977 年版，第 444 页。
② 中宣部新闻局：《中国共产党新闻工作文献选编》，人民出版社 1990 年版，第 49 页。
③ 邓小平：《邓小平文选》第三卷，第 42、46 页。
④ 中宣部新闻局：《中国共产党新闻工作文献选编》，人民出版社 1990 年版，第 187 页。
⑤ 同上书，第 191 页。

原则。""但是，近几年来，有的人在这样根本性的问题上竟然发生了疑问，有的甚至主张所谓人民性高于党性。""坚持党性原则，也就是坚持工人阶级和人民群众的根本利益的原则，两者是完全一致的。提出人民性高于党性，实质就是要否定和摆脱党对新闻事业的领导。"① 1996 年，江泽民《在视察人民日报社时的讲话》中指出："新闻舆论，作为上层建筑、意识形态的一个重要组成部分，由于其自身的特点和优势，同社会政治、经济、文化生活的各个领域都有密切的联系，都会产生广泛而深刻的影响。"② 马克思主义领导人，都把无产阶级、社会主义新闻事业，看做党达到社会主义革命目的、实现为人民服务宗旨的有力新闻宣传工具，重要新闻舆论手段，锐利新闻思想武器。

第二节　新闻与消费的政治经济学分析

一　传媒的发展与社会的政治经济日益融合

早期的效果研究集中在对个人的心理学研究上，比如约瑟夫·克拉伯（Joseph T. Klapper，1960）的"有限效果论"就认为媒介宣传效果的实现必须经过包括个人的心理倾向性和选择、个人所处的群体及群体规范以及舆论领袖的信息加工和过滤等中介因素中才能真正得以实现。卡茨（E. Katz，1974）则认为大众媒介的效果部分是为传播对象怎样使用它们来决定的，如果大众媒介满足受众接触媒介时的动机需要，则传播是有效的。政治经济学家认为媒介

---

① 中宣部新闻局：《中国共产党新闻工作文献选编》，人民出版社 1990 年版，第 188 页。
② 中共中央宣传部编：《讲学习（讲政治）讲正气》，学习出版社 1996 年版，第 371 页。

的重要意义远非对个人产生的效果、个人的使用和满足等内容所涵盖，它还必须涉及媒介与其他社会机构、经济以及社会意识形态构成之间的关系，是一个复杂的、呈辐射状的持久的刺激—反应系统，比如马克思的经济基础和上层建筑的关系；在阿多诺和霍克海默的"文化工业"中，上层建筑转变成了经济基础；霍尔认为媒介是符号代码控制下的相对独立的"意识形态机器"等。

（1）文森特·莫斯可（Vincent Mosco）的传播政治经济学范式。文森特·莫斯可在他的《传播政治学》一书中对政治经济学作了狭义和广义的两种定义。在狭义上，他认为："政治经济学研究社会关系，特别是权力关系，这些关系的相互作用构成了资源（包括传播资源）的生产、分配和消费。"[①] 由此，作为对社会研究的一种范式，政治经济学进入了传播学的领域。莫斯可概括了作为一种研究范式的政治经济学有三个基本的特征：一是强调对社会改革和历史改革的研究，像经济学的鼻祖斯密、密尔以及马克思等人将社会的沿革和变迁作为其研究的对象和内容，用于媒介的研究表现为媒介制度及其背景的分析，将人的发展放在整个人类社会发展的语境中进行研究。二是政治经济学关注"社会整体"，从社会的政治、经济、文化所构成的社会关系中寻找研究的视角。同时它致力于研究道德哲学，"对社会道德价值标准和道德原则感兴趣"。莫斯可为把政治经济学应用于传播提供了三个"结合性"概念："商品化"（commodification，将物品和服务的使用价值转化为商品的市场交换价值的过程）；"空间化"（spatialization，打破社会正货中的时空限制的过程）；"结构化"（structuration，将能动力量、社会过程和社会实践等观念整合为对结构的分析）。[②]

（2）希勒（Schiller）则认为随着现代化在全世界范围的推进，西方资本

---

① ［英］奥利弗·博伊德—巴雷特、克里斯·纽博尔德编：《媒介研究的进路——经典读本》，汪凯、刘晓红译，新华出版社 2004 年版，第 227 页。

② 同上书，第 228 页。

主义国家生产尤其是文化生产由国内向国外市场的扩张，媒介在文化或媒介帝国主义过程中将发挥重要的作用，并最终导致"媒介私有化和商业化的进程。"① 最有启示意义的是希勒提出的随着媒介资本的输出，广告剧烈增加；广告的巨大力量使得"人类在大多数时间都被受操纵的需求'消费化了'"，尽管这样的观点并不被全部认可，但它却为我们提供了关于市场中的受众分析的研究思路。

（3）戈尔丁（Peter Golding）和默多克（Graham Murdock）认为大众媒介政治经济学起源于将媒介看成是"生产和分配商品的企业性或商业性组织"这样一种认识，认为不能孤立地看待传媒部门，因为它们是社会整体的一部分；只有将传媒机构放到一个社会的经济环境中，将其作为社会的一个经济元素，参考这个社会的经济背景，才能理解传媒行为，"媒介分析也必须延伸到媒介在传播关于经济和政治结构的思想过程中产生的意识形态效果"②，媒介的政治经济学不仅关注商品的生产和分配，更充分考虑这些商品的特殊本质及其意识形态效果。

（4）达拉斯强调媒介、受众和广告商之间的经济关系使媒介作为生产者，不仅生产娱乐产品，而且生产受众。受众作为商品被卖给广告商。受众通过把他们的时间用来消费广告信息和购买其他商品来为广告商创造剩余价值。

（5）20世纪90年代，哈梅林克（Hamelink，1994）从政治经济学的思想中获得了对政府与媒介之间管理机制的问题的研究动力，他认为世界传播有四种重要的发展趋势：数字化、兼并、解除管制和全球化。显然，这样的预言在当今的世界中，无论是在发达的西方社会还是在管制严重的中国都正在变成现实。

---

① ［英］奥利弗·博伊德—巴雷特、克里斯·纽博尔德编：《媒介研究的进路——经典读本》，汪凯、刘晓红译，新华出版社2004年版，第229页。
② 同上书，第230页。

二　传播的政治经济学是对早期的媒介效果研究的一个回应

传播的政治经济学研究主要是从政治经济学的视野来考察传播现象，研究传播过程中生产资料的占有与控制及对财富的分配，以及由此而形成的生产关系和社会关系。传播的政治经济学研究起源于 20 世纪 30 年代的北美，有学者把这一学派兴起的原因总结为三条，即，传播媒介从小规模的、家庭经营的企业发展成为 20 世纪的新型大工业；国家政权作为传播过程中的生产者、分配者、消费者和控制者的日益参与；传播大工业和资本主义国家利益的扩张所造成的世界范围内的传播的不平等和"文化帝国主义"现象。[1] 进入 20 世纪 90 年代，世界传播逐渐出现四种重要的发展趋势：数字化、兼并、解除管制和全球化。也就是说，传媒的发展与社会的政治经济日益融合，与"政治经济学的研究"逐渐趋于一致，其核心就是传媒与商业的结合；文化工业的发展与传媒意识形态协同对世界的影响力越来越巨大。传统的政治经济学介入传媒带来了新的研究视角、新的世界观和媒介观。

三　新闻与消费的政治经济学认识

我们可以借鉴传播的政治经济学研究框架，认识分析当下我国媒介产业的发展。

1. 莫斯可（Vincent Mosco）的商品化、空间化和结构化三个概念涉及整个传媒活动的范围，它提供了一种将传媒从生产以及对生产的控制影响因素到接受以及对接受环节产生影响和限制的因素到分析完整的循环过程以及分析基础和分析的可能性。空间化将传媒活动纳入社会的整体性活动中，在社会的政

---

① 李琨：《传播的政治经济学研究及其现实意义》，《国际新闻界》1999 年第 3 期。

治、经济、文化所构成的社会关系中寻找研究的视角；商品化就是以市场交换的原则看待传媒产品的制作和发行。

2. 希勒（Schiller）则强调在西方资本主义国家的由内向外扩张的文化生产过程中，媒介起着重要的作用，并最终导致"媒介私有化和商业化的进程"，在走向世界和世界走向中国的进程中，这样的影响和趋势将同样推动中国传媒的商业化进程。

3. 在戈尔丁（Peter Golding）和默多克（Graham Murdock）的视野中，媒介的商品化生产与社会意识形态的建构关系密切，它揭示出在商品经济中的媒介有可能形成新的话语霸权而成为主流文化，这样的意识有助于我们正确认识传媒文化的合理化建构问题。

今天的传媒被戈尔丁和默多克所定义，社会的传媒行为也更多地受到以默多克为代表的传媒思想和传媒行动框架的影响，他们关注公共传播中符号尺度和经济尺度之间的相互作用，并"开始说明文化产品的不同融资方式和组织方式怎样对公共领域中的话语和表达的范围、受众对文化产品的使用产生了可描述的后果。"这样的研究思路为"怎样通过生产者和消费者的具体行动制造或再制造"的问题的理解提供了深刻的理解和解决的路径。

4. 哈梅林克（Hamelink）对政府与媒介之间管理机制的问题分析，揭示在当今的世界中，无论是在发达的西方社会还是在管制严重的中国都正在变成现实，它所揭示出来的意义在于一方面社会正受到来自数字化技术的改变，随着数字化为传媒提供的技术的日益成熟，传媒的生产方式和传媒的产品形态发生前所未有的改变；兼并形成生产集团；为了维持集团的权利和经济的增长率，集团公司会向政府施加压力来达到解除管制和媒介的私有化。

正如施拉姆（Wilbur Lang Schramm）所说，"新闻事业是一种双重性格的事业。站在为公众普及教育的立场来说，大众传媒是一所学校。但是，站在为投资者赚钱的目的而言，大众传媒是一家企业。任何传媒的负责人如果一方面要尽校长之职，另一方面又要尽经理之职，便要陷入两难的处境，很多时候是互相矛盾的"。① 在市场经济条件下，中国的大众传媒不再是单纯的事业机构，它同时具有经营性质，必须兼顾社会效益和经济效益。目前，全国各电视台在非新闻时政栏目的操作与经营上已经走向市场，观众不喜欢看的节目就没有收视率，没有收视率就没有广告赞助商，没有广告赞助栏目就没有收入。严肃的正统的新闻节目也同样面临艰难的生存危机。

第三节　新闻与消费的文化研究视角

一　文化研究的含义

文化研究发端于 20 世纪 50 年代英国伯明翰一批具有平民精神知识分子的研究，雷蒙·威廉斯认为文化是一种整体的生活方式，文化研究则是对这一整体生活方式的完整过程的描述。威廉斯在《文化分析》一文中提到"文化的意义和价值不仅在艺术和知识过程中得到表述，同时也体现在机构和日常行为中"。② 这使得那些在经典的、资产阶级精英式的研究中被长期忽视的内容，在文化研究中凸显出来。威廉斯使文化研究进入较为广阔的社会领域，除了日常的生活外，还涉及生产组织以及社会生产、交流等制度性的结构。尽管威廉斯的文化定义受到后起的文化研究者的批评，认为他过于重视经验分析，而忽视了个人经验受制于社会总体结构，受制于意识形态的因素，但是威廉斯为文化研究初期的"文化主义"倾向定下了基调③，这意味着"以影视为媒介的大

---

① 参见郝黎《传播理论发展的人性化思考》，《新闻与传播》2004 年第 8 期。
② ［英］雷蒙·威廉斯：《文化分析》，赵国新译，《外国文学》2000 年第 5 期。
③ 张意：《文化研究的理论冲动》，《中华读书报》2001 年 4 月 4 日。

众文化"以及大众文化中蕴涵的权力关系及其运作机制可以在跨学科甚至超学科的状态中被研究。"然而,文化研究之于中国的意义,与其说是又一种西方、美国左翼文化理论的'登陆',不如说刚好相反,它不仅表现了我们对繁复且色彩斑斓的中国文化现实的关注远甚于对某种新学科、新理论的关注,而且表现了我们寄希望于这种关注与文化考察自身构成对既定理论与先在预期的质疑以至颠覆"①。

在新闻学的研究领域,长期以来是以马克思的新闻观作为理论研究甚至实际研究的标准,这是不言自明的,中国新闻学长期以来一直以图解新闻政策为目标,对他们来说根本不存在任何批判的想法和话语空间,所以,在实际的新闻学研究中,主要使用的方法就是经验总结法和国家新闻政策的阐释法,不涉及新闻活动的传播体制,只作单纯的传播技巧研究,对传播效果的研究也只停留在对受众接受行为和能力的探讨,忽视对受众在接受传播内容时受到的来自传播者、信息以及媒介的交互影响中的复杂性的研究,导致目前传媒的"收视率"决定一切的低水平的传播观照系统以及由此而产生的低水平的传媒内容。新闻活动所涉及的传播效果应该包括心理效果,即传播对受众认知、态度和行为的影响;社会效果,传播对社会稳定和发展的影响;以及文化效果,传播对真、善、美、正义、自由和平等的影响等多个方面,是一个处于动态的、受宏观体系影响着的复合系统。心理效果研究关涉社会成员的社会认知和社会行为的培养;社会效果关涉信息沟通对社会稳定和推动发展的力度;文化效果关涉社会意义在何种层面上的建构等。由此可见,新闻活动本身不是一个单纯的意识形态宣传体统,而是涉及由社会受众心理到社会行为培养到民族文化现代性建构的"深层结构"系统。文化研究的诸多理论至少可以使我们超越狭隘的"意识形态分析"的局限,使新闻学获得更为适合新闻的作为社会实践文本的科学合理的研究。

---

① 戴锦华:《文化研究的理论旅行与现实观照》,http://gadfly1974.nease.net/articles/。

二 文化研究的解读

(一)社会文化建构的"主体性"

1. "主体性"(subjectivity)是文化研究的核心概念之一,与传统认识不同的是,阿尔都塞认为社会中的"主体"并不是一个统一的、完全个性化的和独立的,而是一个在社会历史和环境发展变化中建构起来的新的"自我","事实上,我们是依赖于教育我们的语言和意识形态来看待自己的社会身份,来成为一个主体,我们对自我的看法不是由我们自己产生的,而是由文化赋予的"①,阿尔都塞的这一观点可以启示我们,作为新闻研究的内涵本身,构成内容和对象的"受众"概念也不应该被看做一个封闭的、独立自在的结构,而是一个在不同的历史时期和阶段被社会文化建构的不断变化的"主体",文化研究理论对受众研究的启示是"我们又可以发现受众都具有一种两重性"。一方面,受众是具体传播活动的产物,信息发出者把一定的信息内容传送给信息接受者,这些信息接受者正是在这一过程中成为了受众,离开了这一传播过程,受众的概念也无从谈起。但从更宏观的层面来看,受众又是一定社会历史情境的产物。他们的兴趣爱好、受教育程度、政治态度、宗教信仰这些社会特质都会影响到他们在传播过程中所扮演的角色及所理解的信息,同时,所有这些又是以其个人经历所历史地形成的,因而受众在传播过程中不是一个单纯的即时的概念,它具有更为深远的社会的及历史的内涵②,在这个意义上,研究"受众主体性"就是研究社会文化和社会意识形态对受众主体性的建构,这样一来,"受众主体性"建构研究就应该包括以下内容:一是新闻内容以及所携带的意识形态对受众的影响;二是承载新闻内容的媒介的差异性影响,这种差

---

① 罗刚:《文化研究读本》,中国社会科学出版社 2000 年版,第 12 页。
② 蔡琪:《多维视野中的受众研究》,http://media.china.net,中华传媒网 2004 年 3 月 12 日。

异不仅表现为传统传媒与网络传媒的技术性差异，更表现为"作为信息本身"
（麦克卢汉）的媒介所带来的"社会新尺度、新标准和新的价值观"①；三是新
闻"把关人"与"受众"在接受信息时社会制度、文化等环境所产生的影响；
四是新闻传播媒介既是社会文化的传播者更是文化的制造者，新闻传播媒介所
创造的文化本身以及对主体性的影响应该成为"主体性"研究的重要内容。那
么，受众按照常规定义中的传播过程中信息的接受者，是读者、听众和观众的
统称这一"简单的概念"，在文化研究视角下就演变成为"受众主体性"，而对
受众的研究就扩展成了"受众主体性"研究，这对于理解今天的"受众"为什
么成为了新闻传媒的市场主体，受众的新闻消费行为的合理性以及怎样寻找新
闻内容与受众的契合点，建构有价值的新闻信息的"意义生产"行为②是有相
当积极的意义的。

作为主体性的受众研究的具体含义，有学者将其归纳为：一是它从社会意
义的角度来理解传播现象，认为受众接触媒介后参与了意义的建构；二是它认
为解读是支配性意识形态与受众的替代性、反抗性意义之间的斗争，不是受众
个人的随机活动，是传媒生产者与消费者之间权力博弈的过程；三是它借鉴了
社会学，把个人看做社会结构的一部分，是包含了许多次团体与亚文化的复杂
类型，这些因素以及解读活动的具体情境会影响人们的解码方式。而使用与满
足理论从考察个人的心理需求出发，从心理层次来解释人们对媒介和讯息的
使用。③

（二）"合意"的生产

根据阿尔都塞的观点，一个国家要维持其统治秩序，必须要有维持、形成
和创造社会"合意"的机制或"装置"，过去这种"装置"主要是由学校、家

---

① ［加］麦克卢汉：《理解媒介》，何道宽译，商务印书馆 2000 年版。
② 霍尔针对大众传播过程提出了著名的编码及解码理论，他认为，媒介传播者与受众要使用由文
化建构的规则来解读文字及图像符号，并了解它们所传播的意义；意义是由传播的信息和受众的解读
共同生产出来的，受众不再是被出售的商品，而是一种文化及意义的解码者。
③ 蔡骐、谢莹：《英国文化研究学派与受众研究》，《新闻大学》2004 年第 2 期。

庭和教会来充任的，在现代社会其重心则移向了大众传媒；霍尔等文化研究学者认为，大众传媒之所以能够作为"国家意识形态装置"从事"合意"的生产与再生产，是因为它有一种"赋予意义"（signification）的独特功能。[①] 大众传媒通过新闻与信息的选择、加工、结构化等活动，每日每时地都在为社会事物赋予这样那样的"意义"，但"赋予意义"活动并不是客观中立的，其背后有着利益和意识形态的驱动。这样的研究视野给予我们这样的提示：（1）大众传媒的社会"合意"的生产过程，就是在规定社会关系、行使政治统治的意识形态功能，这种功能有相对的独立性和影响力；（2）大众传播由文化产品的生产过程和文化产品的消费过程构成，前者是媒介选择和加工象征性事物，并对它加以"符号化"和"赋予意义"的过程，后者是受众对符号进行解读、解释其意义的过程，而且由于符号的多义性和受众背景的复杂性，导致受众对文本的解读是积极主动的，这种主动性可以导致对传播者意义的解构和重建；（3）在大众传媒的符号过程中，支配阶级的价值体系可以占有主导的地位，或者说一般占有主导的地位，大众传媒通过日常的新闻报道、宣传和广告活动，把支配阶级的特殊利益描述为社会的"普遍利益"，其目的是操作形成"同意"或"社会合意"，将支配阶级的"意识形态"自然化，因此控制好传媒的文化生产过程，控制好社会"合意"的生产是传媒的管理的重要内容。

（三）"公共领域"以及建构

根据哈贝马斯的理论，公共领域（public sphere）指一个国家和社会之间的公共空间，市民们假定可以在这个空间中自由言论，不受国家的干涉。[②] 他认为，"公共领域"是大众传媒运作的空间之一，大众传媒自身就是公共领域的一部分。也就是说，大众传播媒介在其功能上应该有提供公共交流平台的作用，在这个平台上，不受国家权力机关把持，不受个人垄断控制，是十分理想

---

① 郭庆光：《传播学教程》，中国人民大学出版社 1999 年版，第 273 页。
② 陆杨、王毅：《大众文化与传媒》，上海三联书店 2000 年版，第 89 页。

化的中间力量。在哈贝马斯那里，公共空间是一个讲坛，在这里市民就他们的公共事务进行协商，进而引起一种话语的相互作用。它最突出的特征是在阅读日报或周刊、月刊评论的私人当中，形成一个松散但开放和弹性的交往网络。通过私人社团和常常是学术协会、阅读小组、共济会、宗教社团这种机构的核心，他们自发聚集在一起，在剧院、博物馆、音乐厅，以及咖啡馆、茶室、沙龙等场所。公共领域之所以成为世界范围的研究课题是因为现代社会的文化环境所具有的三大特点，即认同多元化、社会关系表面化以及符号环境传媒化①，所有这三点都与电视产业在 20 世纪 80 年代发生的全球性巨变密切相关：美国三大电视网的垄断、欧洲政府对保护性电视政策的解禁、第三世界电视工业的崛起，以及有线电视和卫星电视的挑战等②对当时世界传媒格局的改变产生了影响。这也为今天我们能将"公共领域"用于分析中国的传媒与公共舆论构建找到了社会现实的契合点。

在中国的社会建设和发展中，大众传播媒介作为"公共领域"的一部分提供意见交流平台十分必要，尤其在构建和谐社会的战略中，大众传播媒介通过建构"公共领域"的功能是实现民主法治、人与自然和谐相处的重要策略之一。一方面是中国社会转型带来的社会结构日益分化，各种利益群体纷繁复杂，从而导致国家对社会的管治异常困难，需要通过传媒加强社会联系，促使公众自觉形成公共意识，缓和社会矛盾，成为解决社会各阶层冲突的平台；另一方面是市场经济体制使得信息的需求、传播和传媒环境发生了重大变化，最突出的特征是国家对传媒和私人领域控制性的减弱，传媒对市场和受众的尽可能地"满足"，比如传媒在格局上的市场化布控；传媒内容的消费特性显现等。从某种意义上讲，中国今天的传媒所面临的变化正来自"市民社会"的凸显和传媒的市场化要求，传媒如何在制造统治阶级的"合意"的同时，兼顾好"大

---

① 参见陆杨、王毅《大众文化与传媒》，上海三联书店 2000 年版，第 90 页。
② 同上。

众性",也正是中国传媒在新的媒介环境中遭遇的困惑。

中国的传媒从集权中走来,带有明显的大众服务性,那么在走向市场的今天,怎样才能既符合支配阶级制造"合意"的工具,又能迎合市场的需要;寻求传媒的意识形态化与大众文化产品生产市场化,网络媒体是否有特殊功能等,尽管"公共领域"没有可能提供我们现实的解决方案,但哈贝马斯认为的民主政治领域应与经济和政治领域分离,政治利益不能化解为物质利益的观点,依然可以和正在成为今天中国传媒实践的指导原则,并取得了巨大的成绩。

第四节 新闻与消费的消费文化理论审视

一 由"两种经济理论"[①] 引发的

自从法兰克福学派在战后美国的垄断资本主义消费社会中发现了文化与工业生产的关系以后,文化与消费的研究就进入了人们的研究视野。约翰·费斯克(John Fiske)承接"文化工业"的理论思想,利用马克思政治经济学的商品交换价值和使用价值理论,对大众传播媒介,尤其是电视产业进行研究分析后得出,电视作为商品的生产系统,运行于"两种经济"系统和阶段中:一是"金融经济"系统和阶段;二是"文化经济"系统和阶段。他认为在资本主义社会里,电视节目作为商品,生产和发行存在于这两种平行而且共时的经济系统和阶段之中,其中第一系统和阶段是电视节目作为商品的买卖,与其他金融

---

① 陆杨、王毅:《大众文化与传媒》,上海三联书店 2000 年版,第 111 页。

经济系统一样，是将做好的节目直接卖给电视台或消费者，好比现在的节目营销和付费报纸，在此阶段，系统注重节目的交换价值，与金钱和利润挂钩；第二系统和阶段是电视台为了广告而将观众作为"商品"进行出售，广告商成为消费者，在此系统和阶段中，文化经济注重的是电视的使用价值，沟通的是"意义、娱乐和社会认同"①。费斯克认为，由此说明，文化产品在商品经济的消费过程中，卷入了金钱与产品交换的经济行为之中，② 尤其是文化经济阶段中的消费活动有着隐蔽的外形，即文化经济产品的外在形式是承载着思想的节目形象和符号，通过交换快感和满足其心理需求与受众共同"生产"出意义，因此这样的消费活动就总是意义的生产活动，也因此使每一个消费者和每一次消费行为都成为了文化生产者和文化生产行为，观众也就成为了意义的生产者。

费斯克的理论从积极的层面为我们认识当下的传媒经济和传媒生产提供了借鉴。在他看来，大众文化的生产不仅仅是一个商品与利润的纯粹"文化工业"的过程，它既是一种经济行为，更是一种文化的积极建构行为，消费者同时也是生产者。

二 对消费社会的阐释

消费主义思潮起源于第二次世界大战后的欧美发达国家。一方面，西方社会战后生产力逐渐恢复并不断提高，经济迅速发展，物质财富大量增加，这与战时的物质匮乏形成鲜明对比，使得人们的乐观情绪盲目膨胀，很多人相信地球资源储量的无限性，认为物质产品的供应也是无限的。在人们的"拜物意识"的支配下，消费主义思潮应运而生。另一方面，20 世纪 20—30 年代，资

---

① ［美］约翰·费斯克：《理解大众文化》，王晓珏译，中央编译出版社 1989 年版，第 26 页。
② 陆杨、王毅：《大众文化与传媒》，上海三联书店 2000 年版，第 113 页。

本主义国家陷入一场空前的经济危机之中。英国经济学家凯斯认为，经济危机发生的根源是资本主义国家社会有效需求不足，解决经济危机应当鼓励消费和投资，于是鼓励消费的经济政策在以美国为首的资本主义国家得到广泛的重视和实践。从民众对消费的观念意识转化到国家政策对消费主义的大肆运用，消费主义最终成为支配人的消费行为的一种观念。

"消费社会"是鲍德里亚的一大发明，当许多西方学者纷纷用"后"来命名当前的社会形态时（如后现代社会、后工业社会等），他则从现代社会中人与物的关系入手，从特殊的需求理论入手，即消费者实际上是对商品所赋予的意义（及意义的差异）有所需求，而不是从具体的物的功用或使用价值的需求出发来界定了当下的资本主义社会形态。鲍德里亚认为，在我们的周围，存在着一种由不断增长的物、服务和物质财富所构成的惊人的消费和丰富现象，它构成了人类自然环境中的一种根本变化①。消费社会就是这样一个被物所包围，并以物（商品）的大规模消费为特征的社会。他进一步断定，这个社会已经不是政治、工业组织的天下，而是围绕着消费、符号、形象和虚构组织起来的"景观社会"了。鲍德里亚的消费社会理论可以说彻底颠倒了马克思和韦伯的生产主义视角，它提示我们，消费已经成为了今天社会的新的支配形式，消费主义作为一种有相当影响力的消费观、价值观、社会观，在西方社会得到普遍的认可和广泛的传播，美国著名的马克思主义学者杰姆逊（Frederic Jameson）指出，当代资本主义社会已经没有旧式的意识形态，只有商品消费，而商品消费同时就是其自身的意识形态。并且这场首先发生在西方发达资本主义国家的转变，正随着资本主义的全球化扩张，被作为先进的科学技术、高级的商业以及令人艳羡的生活方式的代表成功地推销到了世界各国。对于中国而言，一个越来越具有消费社会日常生活特征的由生产导向向消费导向的过渡阶段也已经趋于完成，到今天为止，几乎没有人会怀疑中国已经进入了消费社

---

① ［法］让·鲍德里亚：《消费社会》，刘成富、全志钢译，南京大学出版社 2001 年版，第 1—2 页。

会，因为市场经济严格说来就是消费经济。

消费成为社会新的支配形式，不仅加快了社会生产的步伐，也加快了商品的交换和消费的步伐。鲍德里亚认为："必须明确指出，消费是一种积极的关系方式（不仅于物，而且于集体和世界），是一种系统的行为和总体反应的方式。我们的整个文化体系就是建立在这个基础之上的。"随着消费越来越渗透到日常生活中，一个典型的变化出现了，就是非物质形态的商品在消费中占据越来越重要的地位，比如反映在时尚中的人们的生活方式和生活风格等，这不仅揭示了人们消费领域的扩大，更显示出消费从物质消费向服务消费的转移，于是包括教育、信息服务在内的服务业也走入了消费的领域；和传统的研究路径不同的是，消费社会理论明确揭示了当下社会行为的消费性特征，作为文化重要组成部分的新闻意义的生产自然就是消费行为的典型表现了。

消费主义思潮投射到传媒活动领域内化为新闻消费主义。新闻消费主义可以简单地概括为以下两方面内容：一是新闻传媒通过最大限度地占有新闻资源实现对其目标受众的最大限度的占有，从而实现商业利益的最大化；二是通过新闻报道对物质的强调或者对消费文化的重视，营造一个"消费社会"的氛围，从而创造或激发公众物质消费及精神消费的需求。[1]

今天的新闻在这样的语境下正在被合理地"消费化"：

（1）文化工业的机器——报纸、广播、电影、电视，必须为人们下班休息时提供娱乐和消遣，"娱乐消遣在晚期资本主义社会中是劳动的延续"[2]，"文化工业使精神生产的所有部门，都以同样的方式影响人们傍晚从工厂出来，直到第二天早晨为了维持生存必须上班为止的思想。"[3] 娱乐和消遣免去了劳动的紧张，观众没有自己的思想，在松弛的心境中，又能心安理得地去从事日常的劳动。正因为如此，文化工业在现代社会里具有特殊的地位，它成为人的社

---

① 《新闻消费主义对新闻专业主义的建构与消解》，《新闻与传播研究》2002 年第 2 期。
② ［德］霍克海默、阿多诺：《启蒙辩证法》，渠敬东、曹卫东译，重庆出版社 1990 年版，第 128 页。
③ 同上书，第 123 页。

会劳动的再生产的催化剂。娱乐新闻就是这样一种典型的代表。

（2）传播内容重点转移，一是出现了大量的包括广告在内的"生活方式报道"，对受众实施物质生活消费的诱导；二是媒介主体形象的转换，著名学者赵毅恒教授就认为，当今世界，各种影视、歌舞、体育明星等逐渐取代"生产英雄"，占据越来越显著的地位。媒介注重挖掘的是他们的生活习惯、衣着及食物的偏好，特别是有关他们的家庭、情爱、私生活的内容，对各种明星的报道，带给人们的不是深刻的思想和崇高的价值观，而是一种形体的审美、感官的愉悦与享受。

（3）媒介形式出现消费性特征：首先是根据市场需求进行媒介自我形象的重塑与包装，媒介形象传播成为当下塑造媒介品牌的重要手段。其次，传者努力通过各种手法、手段来强化媒介内容的"可售性"，如新闻炒作、新闻策划等，这一切都在相当程度上使受众对媒介能进行有效消费。再次，变革新闻产品的形式。一方面是新闻的节目形态创新，比如报纸的彩版、大量的图片、显赫的标题，广播的方言节目，电视的原生态记录等，刺激人们的消费欲望；另一方面是在新闻的结构方式上，极力追求新闻的故事性、互动性和参与性，通过受众的快感体验，唤起受众的购买行为。

第六章 对消费影响下的当代新闻的反思

本章欲从新闻的商品性、党性和公共性的关系入手，指出当下中国新闻发展的核心问题就是这三性的对立和冲突；通过对这"三性"在历史语境中的变迁以及相互关系的探究，提出了建构今天消费语境中的新闻话语的重要策略就是因势利导，将新闻与消费、商品性与党性、主流话语与消费话语结合起来；用喜闻乐见的新闻，实现三性的结合，塑造消费时代以公共性为核心的新闻话语，以顺应社会的发展。

第一节 党性、消费性、公共性

一 新闻是意识形态的建构

新闻是一种反映客观事实的活动，这里包含着两层意义：一是新闻的历史定义；二是本书所界定的"新闻场域"。就第一个层面来看，关于新闻的历史定义，本书选取目前学界达成共识的陆定一的"新闻是新近发生事实的报道"和宁树藩的"新闻是经报道（或传播）的新近事实的信息"两种为代表，它们所揭示出的含义是新闻是"一种人类对客观事实的反映活动"。显而易见，事实是"新闻"的来源，却不是"新闻"本身；事实是客观的，但事实需要借助人的主观活动并在主观意识的作用下传递，才能成为新闻。

新闻是一种对社会事实的"反映"，是传播者和新闻制作活动"事实"的选取、写作（制作）和利用有效途径进行传递的成果，并非"纯客观"的呈现，任何事实本身，并不是新闻，只有当它为人们所感觉、报道，或相互传播，才是新闻；新闻的传播既涉及大众传播技术工具的本质（不同的传播工具传递的信息意义在本质上有重大的差异）；更与传播者的"意图"有密切关联，是传播者"表达他对社会生活的认识评价，从而影响社会舆论的一种特殊的社会意识形态。"① 由此可见，客观事实成为新闻的过程就是传播者依据事实，通过"过滤"、"把关"和"建构"的一种意识形态化的行为。霍尔把这种实践活动本身看做一种政治实践。他视媒介产品为现实的"建构"而非实现的"反映"，因而在霍尔看来诉诸事实性的新闻真实性问题是一个伪问题。② 也就是说新闻产品绝不是事实的"镜子式"展示（本书用"展示"的客观性来区别于"建构"的主观性），而是人们对社会生活或社会事实的认识的结果，是一种"意识形态的建构"，并且这样的"建构"从一开始就存在于新闻本身的活动当中，是一种"无意识"的"意识形态"。正如马克思所认为的人不能离开社会而存在，人的意识从本质上看都是社会意识，"正是从这个意义上讲，新闻这种意识活动具有社会意识的性质"。"社会意识……一般称为社会意识的多种形态"，"因此，从本质上说，新闻也是一种社会意识形态"③。

① 吴高福：《新闻学基本原理》，武汉大学出版社 2004 年版。

② ［英］霍尔：《"意识形态"的再发现：媒介研究中被压抑者的重返》，见唐维敏等译《文化，社会与媒体：批评性观点》，远流出版事业股份有限公司 1994 年版。

③ 《马克思恩格斯选集》第 4 卷，人民出版社 1972 年版，第 10 页。

二　意识形态在中国语境中的异化

　　"意识形态"概念最早由 19 世纪初的法国哲学和经济学家 D. 特拉西（Destutt de Tracy）在《意识形态概论》中提出，他用"意识形态"指对人类思想的科学研究。他认为意识形态是考察观念的普遍原则和发生规律的学说，是系统地、自觉地、直接地反映社会经济形态和政治制度的思想体系。19 世纪，马克思主义的形成和发展时期，革命导师马克思和恩格斯开始使用"意识形态"这个概念。其含义是指"与生产力、生产关系不同的社会构成因素，即任何一个社会所具有的宗教、哲学、道德、政治、法律、思想和其他社会意识。它是作为特定阶级或阶层的政治合法性和思想合法性辩护的关于自身利益或者自身存在价值的观点的合理体系。"① 阿尔都塞认为马克思、恩格斯的《德意志意识形态》中的"意识形态"含义从人类发展普遍规律意义上提出的"非意识形态"② 的"意识形态"观，是一种"科学"的认识。进而 1893 年恩格斯在《路德维希·费尔巴哈和德国古典哲学的终结》中提出的"意识形态终结论"，就是指以德国古典哲学为代表的传统阶级社会的意识形态。他认为这样的意识形态将会被"终结"，被科学的"关于思维过程本身的规律的学说"所取代。③ 很明显，恩格斯在这里并没有将自己和马克思所创立的马克思主义作为一种意识形态，而是作为一种科学。中国学者也研究认为马克思基本上是在否定意义上使用"意识形态"这个概念的。④

　　中国社会对意识形态的认识源于对苏联马克思主义思想的接受，这样的思

---

　　① 孙仲：《质疑意识形态终结论》，《浙江学刊》2003 年第 5 期。

　　② 阿尔都塞使用"科学/意识形态"的二元表述，把马克思的作品断裂为"早期/后期"，即 1845 年断裂前是"意识形态"阶段，1845 年断裂后是"科学"阶段，从而论证了马克思理论的科学性。参见阿尔都塞《保卫马克思》，商务印书馆 1984 年版。

　　③ ［德］恩格斯：《路德维希·费尔巴哈和德国古典哲学的终结》，中共中央马克思恩格斯列宁斯大林著作编译局译，人民出版社 1972 年版，第 48 页

　　④ 俞吾金：《意识形态论》，上海人民出版社 1993 年版，第 127—129 页。

想有两个倾向：首先是把马克思、恩格斯关于包括资产阶级解放在内的全人类解放片面化为剥夺和消灭剥削阶级的阶级斗争理论，并强调理论的一元化，反对多元化，把国家政权变成阶级镇压的工具，①尤其是新中国成立后，苏联社会主义意识形态的影响不断扩大，并不断左右着国家的政策方向，"国有化"、"集体化"、"人民公社"、"阶级斗争"、"无产阶级专政"等，"意识形态"概念及思想体系在中国的发展出现了与西方的发展完全不同的两条路径。在中国，政治家们将它"误读"为"政治意识形态"，这种"政治意识形态理论"一经传入中国就成为中国的"意识形态本体"，成为指导中国新闻活动的一以贯之的指导思想和工作原则。或者说，马克思的意识形态就是"阶级的意识形态"、"政治的意识形态"，"报纸最大的好处，就是它每日都能干预运动，能够成为运动的喉舌，能够反映出当前的整个局势，能够使人民和人民的日刊发生不断的、生动活泼的联系"，②"在大国里报纸都反映自己党派的观点，它永远也不会违反自己党派的利益"等观点从马克思主义的整体思想中被剥离出来，被断章取义地加以使用了，"马克思列宁主义的普遍真理一经和中国革命的具体实践相结合，就使中国革命的面目为之一新"的观点揭示了马克思主义在中国的控制力。

三 党性、公共性与消费性

（一）"三性"辨识

1. 党性最早是一个哲学的概念。哲学的党性源于哲学基本问题，指一切哲学在实质上都不可避免地要对思维和存在、精神和自然界何者为第一性、何者为第二性的问题作出不同的回答并形成两大基本派别。一切哲学不是属于唯

---

① 郭文亮：《加入 WTO 与中国社会主义意识形态发展研究》，中山大学出版社 2005 年版。
② 陈力丹：《马克思恩格斯论新闻》，新华出版社 1985 年版，第 259 页。

心主义派别就是属于唯物主义派别，既不存在超乎两派之上的无党派哲学，也不存在介乎两派之间的中性哲学。任何哲学不可能是超党派的。从此意义上讲，党性是指唯心主义与唯物主义之间的对立。党报党刊的党性是由列宁在俄国的新闻实践中提出的一个重要概念，列宁指出，"严格的党性是阶级斗争高度发展的伴随现象和产物。反过来说，为了进行公开而广泛的阶级斗争，必须发展严格的党性"①。列宁关于党报党性的核心观点有三：（1）党的报刊是党的事业的一部分。党的报刊不能是个人或集团的赚钱的工具，不能是与无产阶级整个事业无关的个人事业。（2）"报纸应当成为各个党组织的机关报"②，应当主动向党报告工作情况，自觉接受党的监督。（3）党的报刊必须无条件地服从党。党的报刊必须坚定不移地贯彻执行党的精神，严格遵守和执行党的一切决议，对中央委员会认为必须刊登的文章，应该立即刊登，应当全面地、深入地、系统地宣传党的纲领、策略、路线，坚定不移地站在党的立场上，公开地、诚实地、彻底地表现自己的党性，绝不允许报刊滥用职权，打着党的招牌，散布与党的纲领、宗旨、主张不一致的非党的观点。（4）党的中央机关报应当成为全党的思想中心。列宁的党报党刊的党性原则的核心就是阶级性。

2. 公共性是哈贝马斯"公共领域"的核心要旨，在哈贝马斯看来，公共领域承担了市民社会从重商主义乃至专制主义控制之下获得政治解放的语境当中的一切政治功能，公共性原则体现了对现有权威的反对，使私人物主的旨趣与个体自由的旨趣完全一致起来。由此，公共性揭示出了公共领域的多层含义：（1）空间上的公开性和集中性，"公共领域既建立在对谈（lexis）之上——对谈可以分别采取讨论和诉讼的形式，又建立在共同活动（实践）之上——这种实践可能是战争，也可能是竞技活动。"③ （2）话题的公共性，在

---

① 列宁：《列宁全集》第 12 卷，人民出版社 1957 年版，第 123 页。
② 同上书，第 94 页。
③ ［德］哈贝马斯：《公共领域的结构转型》，曹卫东等译，学林出版社 1999 年版，第 3 页。

公共领域中，某种接近于公众舆论的东西能够在其中形成。（3）建构手段的专门性和大众化，显然，今天的报纸、杂志、广播和电视就是最主要的公共领域的媒介，哈贝马斯将报刊称为"公共领域最典型的机制"[①]，在这种公共领域中，大众传媒成为公众表达思想、批判现实和获得独立的有效手段和渠道。

显而易见，在哈贝马斯的理论中，大众媒介是公共领域得以存在的必要条件，在媒介提供的公共领域里，市民可以自由表达以及沟通意见，形成民意或公识的社会生活领域。公共领域最突出的特征是，在阅读日报或周刊、月刊评论的私人当中，形成一个松散但开放和弹性的交往网络。通过私人社团和常常是学术协会、阅读小组、共济会、宗教社团这种机构的核心，他们自发聚集在一起。剧院、博物馆、音乐厅，以及咖啡馆、茶室、沙龙等为娱乐和对话提供了一种公共空间。这些早期的公共逐渐沿着社会的维度延伸，并且在话题方面也越来越无所不包：聚焦点由艺术和文学转到了政治。"[②] 与今天不同的是传媒刊载的新闻就是各种新鲜的思想和情况的直接反映，是社情民意的表达，是普通人或老百姓的意见，是"公众舆论"的表达。它无关乎立场，是对真理性知识的追求。

3. 消费性被哈贝马斯看做近现代大众传媒的功能退化的表象。他认为19世纪中后期，大众报刊逐渐取代了具有批判意识的文学家庭杂志，它迎合教育水平较低的消费集体的娱乐和消闲需要，援引美国传播学者施拉姆（Wilbur Schramm）的术语说，即时报偿新闻（如腐败、事故、灾难、漫画、体育、娱乐、社会新闻和人情味故事）不断排挤延期报偿新闻（如公共事务、社会问题、经济事件、教育和健康），"阅读公众的批判逐渐让位于消费者'交换彼此品味与爱好'"，因而"文化批判公众"变成了"文化消费公众"，即被操纵的公众，这样，文学公共领域消失了，取而代之的是文化消费的伪公共领域或伪

---

① ［德］哈贝马斯：《公共领域的结构转型》，曹卫东等译，学林出版社1999年版，第210页。
② 同上书，第35页。

私人领域①。

哈贝马斯认为，资产阶级法制国家的建立和具有政治活动功能的公共领域在法律上得到认可帮助，具有意识批判功能的报刊业摆脱了意识形态的压力，为向商业化报刊的转变铺平了道路，乃至于商业化成为必由之路。新闻版面与广告版面越来越密不可分，报刊变成了有特权的私人利益侵略公共领域的入口。使文化具有商品形式，报刊成为拥有话语权的新权威控制思想的平台。报刊业在商业化的过程中自身越来越容易被操纵了。这样，传媒最初的基础掌握在私人手中，"不受公共权力机关的干涉"——被彻底颠覆了，传播效率越高，越容易受某些个人或集团利益的影响②。他举例说，20世纪初首先起于美国的公共关系行业表明，政府、政党和各种组织积极参与新闻活动，有计划地制造新闻或利用有关事件吸引公众注意力，大众娱乐与广告的结合具有了一种政治性质，于是出现了政治推销业，尤其是"政治公共领域在竞选时定期出现，很容易就具有资产阶级公共领域衰败的形式"。③

（二）"三性"的辩证关系

笔者要强调的是"三性"讨论的语境，即当下中国传媒的新闻实践现实。我们可以这样描述今天的中国传媒面临的语境，即党性、消费性与公共性在矛盾状态中并存。从总体上讲中国党报党刊的党性是以阶级性为表征，强调政党的利益和立场，在特殊的历史时期成为统率传媒建构先进文化的有效原则和手段。中国语境中的党性历来强调：一是在思想上坚持马列主义、毛泽东思想、邓小平理论和"三个代表"，坚持辩证唯物主义和历史唯物主义的世界观和方法论，实事求是；二是在政治上同中央保持一致，坚持四项基本原则，全心全意为人民服务；三是在组织上坚持和服从党的领导，贯彻民主集中制，遵守党的纪律。这既是新闻业的行动指南，也是执政党的纲领，这样的思维逻辑既有

---

① ［德］哈贝马斯：《公共领域的结构转型》，曹卫东等译，学林出版社1999年版，第187—205页。
② 同上书，第221—231页。
③ 同上书，第248—249页。

其历史的必然性，也有其现实的合理性；但今天社会的多元化发展，已经使得它的单一性内涵受到严重冲击。

"公共领域"是资本主义社会的产物，是建立在经济充分发展、政治充分民主以及完善的市民社会基础之上的，是资本主义政治体制的产物。同样，在中国的公共领域呈现于 20 世纪 90 年代初期，市场经济确立以后，中国传媒业界在若干影响甚巨的媒介事件，如"9·11 事件"、美伊战争直播、SARS 报道、"孙志刚事件"、刘涌案等的报道中，或"集中了大众舆论并激发关于某一给定问题或一系列问题的辩论"，或"使公共舆论中潜在的趋势具体化，使过去不明确或处于休眠状态的意图表达出来"。① 开始发挥了建构"公共领域"的作用。同样始于 20 世纪 90 年代的媒介体制改革、互联网的极速普及，不但使传媒在事实上开始了公共领域角色的实践，传媒的舆论监督功能、批判功能逐渐凸显；在政府管理中，也对传媒的和谐社会构建功能提出了迫切要求，营造了相对应的媒介生态。在这个意义上讲，中国传媒正在承担搭建"公共领域"平台的重要作用。

显而易见的是，作为市场经济的直接产物，传媒的消费性也日益凸显，与哈贝马斯所不同的是，资产阶级法治国家的建立和具有政治活动功能的公共领域在法律上得到认可，是在帮助具有意识批判功能的报刊业摆脱意识形态的压力，为向商业化报刊的转变铺平了道路；而在中国，从社会语境到传媒实践，消费性都先于公共性而产生，这恐怕就是中国通过社会转型、跨越式发展所带来的"超阶段"性特点。虽然只是时间顺序上的不同，但却产生了由公共性所建构起的民主、平等、自由和有效的沟通机制以及具有充分民主、平等思想的市民社会，于是就产生了传媒与社会、新闻与思想、客观报道与观念传播之间的认识混乱和在此基础上的传媒行为上的界限混淆，这就让我们不难理解为什么今天传媒语境存在诸多问题和困惑了。

---

① Daniel Dayan and Elihu Katz, *Media Events：The Live Broadcasting of History*, Cambridge, MA：Harvard University Press, 1992, pp. 199—200.

但是当文化以商品形式出现，报刊是否就会成为拥有话语权的新权威控制思想的平台，传媒话语的公共表达权利是否就会被彻底颠覆却受到了众多学者的质疑。不说中国，且说在英语世界中就有众多反对之声：卡尔霍恩指出，《公共领域》的主要缺点是未能对"古典的"资产阶级公共领域和"有组织的"或"当下的"资产阶级的后转型公共领域一视同仁。没有认真对待 20 世纪一流思想家的成果，恢复其作品中在意识形态方面被扭曲的真相，而这正是他对 17—19 世纪的研究所表现出来的特点。相反，他没有看到自由资本主义时期的那些既无理性、也无批判性的庸俗出版物、大肆刊登耸人听闻的犯罪和丑闻故事的小报。其结果也许是夸大了公共领域在 20 世纪的退化。此外，公共在大众传媒中的地位也不一定像《公共领域》一书中所指称的那么消极，就可选择的民主性媒介战略而言，也许其空间比哈氏所意识到的要大。英国中央伦敦理工专科学校的尼古拉斯·加纳姆也认为哈贝马斯将家庭和经济排除在公共领域之外；夸大了文化工业控制者的操纵力量，忽视了信息领域中国家干预的公益模式；在信息与娱乐之间画上了一条过于鲜明的界线，忽略了两者的联系，这一点在思考当代民主社会中大众传媒的角色时具有特殊的重要性（Garnham，1992）。①

第二节　新闻党性原则与消费话语的结合

一　消费文化形成话语霸权

"话语"（Discourse）在福柯那里被认为是人们滥用了的一个概念，的确，

---

① ［德］哈贝马斯：《"公共领域"理论与传媒》，《中国青年政治学院学报》2002 年第 2 期。

如福柯所言，话语是一个复杂的由多层次的内涵构成的概念体系，包括"表达、句子和命题的扩散与分配原则、陈述的扩散与分配的原则以及符号序列的整体"等综合的内涵。福柯的定义是想表达出"某种描述的可能性，勾划出它可能占有的范围，确定它的界限和它的自律性。"[①] 本书借用福柯对"话语"的认识观，将话语看做一种文化的"陈述"。同时，福柯又提出"权力话语"的概念，认为人类的一切活动知识都是通过"话语"获得的，任何脱离"话语"的事物都不存在，人与世界的关系是一种话语关系，"话语意味着一个社会团体依据某些成规将其意义传播于社会之中，以此确立其社会地位，并为其他团体所认识的过程。"[②] 由此可见，传媒作用于受众的一切活动都是以话语形式进行的，无论文字还是图像，各种新闻、电影、电视剧、广告等话语方式组成了一个几乎无所不包的话语世界。这种话语关系表现为：一是传媒和现实的话语关系；二是传媒与受众的话语关系，体现为消费中的使用与满足。在本书中，"话语"一词主要指后者——一种消费文化的言说方式、言说动机及言说后果。

"霸权"（Hegemony）一词是安东尼奥·葛兰西（Antonio Gramsci）在20世纪30年代详细阐述并用于文化研究中的概念，它"主要是指统治阶级在某些历史时期实施社会与文化领导权的能力，通过这种方式——而不是对下层阶级的直接高压统治——以保持他们在国家经济、政治与文化方面的权力"，"霸权将历史上属于某个阶级的意识形态予以自然化，使之成为一种常识。其要害在于权力不是作为强权而是作为'权威'而得到行施"[③]。霸权观念的特殊意义在于让个人心甘情愿地参与并被同化到支配阶级的世界观中去，"倘使统治阶级在这方面做得成功，就无须使用强制武力手段"[④]。本书中，将"霸权"

---

① ［法］福柯：《知识考古学》，谢强，马月译，生活·读书·知识三联书店2003年版。
② 王治河：《福柯》，湖南教育出版社1999年版，第159页。
③ ［美］约翰·费斯克：《关键概念：传播与文化研究辞典》，李彬译注，新华出版社2004年版，第122—123页。
④ 陆扬、王毅：《大众文化与传媒》，上海三联书店2000年版，第39页。

概念移植到消费文化中，用于说明以大众媒介为核心形成的消费文化如何控制了人们的衣食主行，改变了人们的社会关系和生活方式乃至人类社会整体的价值观和世界观。

以广告为例：广告是一种利用经济手段宣传和推销产品的劝服行为，只要广告主愿意付费，就可以把广告放在一切他想表达的媒介中，并且指定版面、位置或时段。广告带着经济资本，再与大众媒体合谋，并随着大众传媒对社会全面的覆盖，越来越多地对社会生活和社会行为产生无以复加的影响。在中国，广告这种影响力以及话语霸权形成，可以从近20多年全国广告收入神话般飙升的事实中得到佐证。1983—2006年上半年，20多年里，中国广告总营业额由2.34亿元增长到1555亿元，增加了约664倍；其中仅2006年1—6月的电视广告投放就达到1192亿元，报纸210亿元，而户外广告为103亿元。①令人瞠目的数字说明在改革开放20多年间，"广告时代"的产生。从某种意义上讲，20余年的中国经济历史，正是广告从边缘话语走向中心话语、霸权话语的过程。广告作为一种话语霸权，"可以影响话语受者将来的行动。它的权势基础在于经济资本，或一般地说，在于大公司和官方机构。这种权势是经过传播媒介向大众施展的。因此，修辞手段（重申、议论）可以获得人们的顺从。当然它们还要受到一般市场机制的支持。"②广告话语霸权的最终目的，就是采用独语化的方式，不仅通过欲望的生产充分调动消费者，而且通过受众对欲望的满足性追求对受众进行完全的心理垄断，从而通过消费行为让受众自愿与生产的完全控制达到完美的统一。鲍德里亚指出，现代消费社会中关于竞争的意识形态已让位于所谓"自我实现"的哲学，新的主题不再是获取物品，而是通过消费达到个性的实现。美国广告大师厄内斯特·迪希特（Ernest Dichter）就曾直言不讳地说："我们现在所面对的问题就是要让一般的美国人

---

① 根据 CTR 央视市场研究媒介智讯 2006.8.83638 发布的数据。
② ［荷］冯·戴伊克：《话语心理社会》，施旭、冯冰编译，中华书局 1993 年版。

即使在调情、在花钱、在买第二辆、第三辆小汽车的时候也感到是心安理得的。繁荣的根本问题之一就是要允许享乐，使享乐有理，要让人们相信，让他们的生活美满是道德的，而不是不道德的。一切广告、一切旨在促销的计划，它的一项根本的任务就是要允许消费者自由地享受生活，让他知道他有权将凡是能使他的生活丰富、愉快的产品都放到他的周围。"①

二　中国新闻的党性原则

如前所言，党性最早是一个哲学的概念，是唯物主义与唯心主义的不同立场的代名词。但自从列宁提出了党报党刊的"无产阶级党性原则"之后，党性传入中国就成为中国执政党阶级性的最高而集中的表现。中国共产党是中国工人阶级的先锋队，是中国各族人民利益的忠实代表，是中国社会主义事业的领导核心。它所固有的明显的区别于其他政党的特性，构成了我们党的党性。②刘少奇对此有透彻的说明，党性就是无产者阶级性最高而集中的表现，就是无产者本质的最高表现，是无产阶级利益最高而集中的表现，概括起来主要包括：（1）坚持以马克思列宁主义、毛泽东思想、邓小平理论和江泽民"三个代表"重要思想为行动指南；（2）为实现共产主义远大目标而奋斗终生；（3）把全心全意为人民服务作为根本宗旨；（4）自觉遵守和维护党的团结统一和组织纪律；（5）始终同人民群众保持密切联系；（6）勇于开展批评与自我批评，坚持真理，修正错误。

社会主义新闻事业的党性是无产阶级阶级性的体现，也是中国共产党党性的集中表现。社会主义新闻事业的党性原则，就是指无产阶级政党和社会主义国家对新闻事业的地位、性质、任务、作用等总的看法和纲领性的意见。党性

---

① 曲文香、王虎：《当代电视广告中的话语霸权及其反思》，《青年记者》2006 年第 23 期。
② 范平：《中国共产党党章教程》，中国方正出版社 2003 年版。

突出具体地表现为三个方面的内容：一是在思想上坚持马列主义，毛泽东思想，邓小平理论和"三个代表"，坚持辩证唯物主义和历史唯物主义的世界观和方法论，实事求是；二是在政治上同中央保持一致，坚持四项基本原则，全心全意为人民服务。三是在组织上坚持和服从党的领导，贯彻民主集中制，遵守党的纪律。党性要求中国传媒事业要发挥党、政府与广大人民群众联系的桥梁和纽带作用，必须全面正确地理解和坚持新闻工作的党性原则。正如江泽民同志指出的："我们的新闻工作是党的整个事业的一个重要组成部分。因此不言而喻，必须坚持党性原则。"[①] 中共十五大报告也提出："新闻宣传必须坚持党性原则，坚持实事求是，把握正确的舆论导向。"高举邓小平理论的伟大旗帜，把建设有中国特色的社会主义事业全面推向 21 世纪，这是中国共产党今后一个世纪的最大和最高的党性要求。

三 寻找党性原则与消费文化的契合

中国自改革开放，尤其是确立市场经济为基本体制之后，社会生产力有了飞速的发展，随着人民的生活水平的大幅度提高，中国逐步进入了消费社会。在社会主义市场经济与消费社会条件下，不仅社会意识形态的内容发生了很大变化，而且它的传播手段和受众群体也产生了很大变化。经济和文化的多样化使执政党单一的文化管理思路遭遇到前所未有的挑战：经济全球化推动中国加入世贸组织，参与国际经济大体系的运行；政治多极化形成国内的民主政治和多元思想；文化在充分尊重不同民族、不同宗教和不同文明的多样性前提下，寻求各种文明的相互交流、借鉴，以求共同进步；科技的高速化发展推动文化的创新等，当大众文化和文化产业已经客观地成为意识形态的重要存在形态和传播路径的时候，当文化市场已经客观地成为没有区域限制的价值观念竞争阵

---

① 江泽民：《关于党的新闻工作的几个问题》，《人民日报》1990 年 3 月 2 日第 1 版。

地时，当公众从被动的文化受体变为文化自觉主体时，[①] 执政党自觉意识和转变执政理念、领导方式和执政方式就是迫在眉睫之事了。

　　怎样在坚持新闻的党性原则同时，兼顾新闻的消费属性，存在着种种认识误区，有研究者总结为：（1）如果强化新闻宣传，频道的收视和创收就上不来，品牌的竞争力就会大受影响；（2）如果强化特色和品牌定位就只能考虑新闻宣传，媒体的社会责任只能边缘化；（3）只有大量的新闻专题才能体现媒体的责任，而娱乐、综艺节目难以承载。[②] 也就是说当下中国媒体的困惑在于媒体做品牌，应该如何处理好承担产业责任与政治责任的问题。显而易见的是，媒体只有先获得生存权，才谈得上影响力的发挥；只有先获得受众，才能制造"合意"；区分党管意识形态和国家文化事业管理，把政府管理文化的职能性工作权力还给政府。政府依法行政，依法管理一切文化事业；把文化产业的主体地位还给企业，确立起作为市场主体的法律地位；把应该属于市场调节的那一部分权力还给市场，发挥市场在资源配置中的基础性作用，[③] 才是明智的选择。

　　（一）笔者认为，问题的关键首先是中国共产党的文化领导权问题。文化领导权的概念是葛兰西首先提出的。英语 hegemony 在中文翻译中多译为"霸权"，如被普遍使用的"文化霸权"、"话语霸权"等。笔者理解，文化领导权就是社会文化的始终控制和引领权，它是社会政治民主的根本原则，是建立在民众同意基础上的领导权。葛兰西的"领导权"理论中，"市民社会"是一个至关重要的概念。在他看来，强制、统治、暴力属于国家；而同意、领导权、文明则属于市民社会，他说，"我所谓市民社会是指一个社会集团通过像社会、工会或者学校这样一些所谓的私人组织而行使的整个国家的领导权。"[④] 因此，市民社会是指不

---

　　① 丁言：《文化生产力理论的实践价值》，《中共四川省委党校学报》2006 年第 2 期（季刊）。

　　② 欧阳常林：《"首届全国电视台台长论坛"系列——湖南电视台台长欧阳常林主题演讲》，2006 年 8 月。

　　③ 丁言：《文化生产力理论的实践价值》，《中共四川省委党校学报》2006 年第 2 期（季刊）。

　　④ 《葛兰西政治著作选》（1921—1926），1978 年伦敦版，第 57—58 页，参见李青宜《"西方马克思主义"的当代资本主义理论》，重庆出版社 1990 年版，第 139 页。

受国家干预的相对独立的社会组织，没有市民社会，文化领导权也就不能诉诸实施。同样的道理，国家也并不等于强权政治，它还必须有为民众认同的伦理基础，这就是葛兰西所说的"道德国家"、"文化国家"① 的概念。同时他也分析了在市民社会的道德和文化领导权的建立状况。他的具体解释是，"一个社会集团通过两条途径来表现它自己的至高无上的权力：作为'统治者'和作为'文化和道德的领导者'。一个社会集团统治敌对集团，它总想'清除'他们，或者有时甚至动用武力对他们进行镇压；它领导着与它亲近的和它结成联盟的集团。一个社会集团能够，的确也必须在取得政府权力之前已经在行使'领导权力'（这的确是赢得这种权力的基本条件之一）；接着当它行使权力的时候，它就变成统治力量，但是即使它牢牢掌握权力，也仍然继续'领导'"，② 也就是说，社会主义在取得革命成功之前，必须取得文化领导权；但在革命成功之后，并不意味着"领导权"永远掌握在自己的手中，它仍处在被认同的过程中，仍有旁落的危险。这样的理论和认识对于我们今天的文化建设同样具有非凡的启迪力量。

（二）中国共产党在从取得社会主义成功之前到社会主义整个的建设过程中始终控制和引领着中国的文化和文明的方向，这是不争的事实。这种文化权的建立既有作为"统治者"强权的"强制"因素，也有作为"文化和道德的领导者"的主导性引领，更有人民"同意"的积极维护作用。但当中国进入了21 世纪以后，国家实现了全方位的转变，从国家到市民社会建立起来的"大一统"的"文化权威"，在"激进的'新文化想象'在以经济建设为中心的意识形态覆盖下，几近自行崩解。"③ 经济利益成为主要动力，娱乐性节目和报刊有惊人的收视效率和发行量，巨额的商业广告拉动着传媒疯狂地制造消费欲望；传媒通过符号的制造，在创造快感和无深度意义的同时，消解了严肃的思

---

① 《葛兰西文选》，人民出版社 1992 年版，第 439 页。
② 《葛兰西政治著作选》（1921—1926），1978 年伦敦版，第 57—58 页。参见李青宜《"西方马克思主义"的当代资本主义理论》，重庆出版社 1990 年版，第 137 页。
③ 孟繁华：《传媒与社会主义文化领导权》，http：//www.sina.com.cn，人民网 2004 年 10 月18 日。

想性、文化性，解构着"非市场性传媒"的社会地位，形成了一种隐形的消费文化"领导权"。原先毛泽东时代铁板一块的"国家/民族/执政党三位一体"一统天下的意识形态体系宣告瓦解，转而代之由"国家/民族/执政党意识形态"主导下，"市场/消费主义意识形态"、"精英/白领意识形态"、"百姓/平民意识形态"并存的多重复合的新意识形态。① 民生新闻、新闻娱乐化的勃兴就是"百姓/平民意识形态"影响的直接结果。

从根本上说，今天"国家/民族/执政党意识形态"的核心理念仍然是决定新闻发展的核心力量：在2005年全国新闻类节目收视市场中，竞争主要还是在中央级频道与省级频道，特别是省级非上星频道之间展开。省级卫视频道和省级非上星频道的市场份额合计为34％，中央电视级频道的市场份额为48％，中央级频道依然具有明显的优势。② 从年鉴的统计可见，到2005年年底全国电视新闻类栏目收视率排名前十五位的几乎都是中央电视台的新闻频道。这些现象显示党的文化领导权在当下社会中的强大的实现能力，因为它满足了民众对重大的国家政策和权威消息生存性需要；同时也是新闻主动适应市场，根据受众需求，在日常新闻的制作播出中从形式到内容尽可能大众化，自觉地体现"国家/民族/执政党意识形态"的主流意识形态的结果。

（三）如何在其中寻找一个契合点，这是解决问题的关键。现代国家强烈而有效的统治，应该是国家强制性机器与意识形态统治的完美统一，即所谓国家硬力量与文化软力量的充分结合。③ 当然，它的实现基础来自我们对新闻工作党性原则的当代性认识④。邓小平曾深刻地指出："科学社会主义是在实际斗争中发展着，马列主义、毛泽东思想是在实际斗争中发展着。我们当然不会

---

① 隋岩：《多重复合的当代中国电视文化意识形态》，《中国人民大学学报》2002年第5期。

② 王桂兰：《中国电视收视年鉴2006年》，中国传媒大学出版社2006年版，第112页。

③ 周炯：《意识形态梳理与主流媒体构建——新意识形态下的中国电视民生新闻》，世纪中国网站，http：//www.zhongjiong.blogchina.com/51088.html，2004年10月29日。

④ 时统宇：《新闻工作党性原则在本质上永远是当代的》，http：//media.people.com.cn/GB/221001/69502/4735347.html，2006年8月23日。

由科学的社会主义退回到空想的社会主义，也不会让马克思主义停留在几十年或一百多年前的个别论断的水平上。"① 朴素的唯物主义思想告诉我们，将马克思主义关于党报工作的基本原理，同时代实践紧密结合，用新的思想、新的观点、新的方法继承和发展新闻工作的党性原则依然是我们今天认识新闻党性原则的基本指导思想。将新闻工作的党性原则看做发展的、开放的、与时俱进的体系，根据时代的发展去转变党管理意识形态的执政方式。

2003 年开始的文化体制改革，可以称为在市场经济下的"国家主流意识形态重构工程"，它首次认可文化的商品属性，以文化的"公益性"和"产业性"构建全新的国家意识形态框架，体现了意识形态与社会主义市场经济规律结合的思路：(1) 明确提出坚持党对文化工作的领导，坚持马克思主义在意识形态领域的指导地位，坚持社会主义先进文化的前进方向；(2) 围绕中心，弘扬主旋律，提倡文化形式多样化；(3) 以受众为中心，贴近实际、贴近生活、贴近群众；(4) 鼓励经营性文化产业的发展，确立市场机制在经营性文化产业中的重要地位等，这一切为市场经济中的新闻实践活动的发展奠定了坚实的理论基础，提供了新闻多元发展的有力保障，可以说也就是今天新闻党性原则发挥与市场经济结合的有效途径。

第三节 娱乐化语境下的新闻话语建构

一 雅各布森的"主导"概念及其理论

诺曼·雅各布森是 20 世纪 20 年代布拉格结构主义语言学派的代表之一。

---

① 《邓小平文选》第 2 卷，人民出版社 1994 年版，第 179 页。

在布拉格时期，雅各布森对俄国形式文论的主要观点进行了总结，并从结构主义语言学的角度加以提高，创立了早期的结构主义诗学。《主导》是他一系列的论文和演讲中的一篇。雅各布森将"主导"的含义定义为"一件艺术品的核心成分，它支配、决定和变更其余成分"。① 雅各布森把俄国形式主义首先提出的"主导"概念放在结构主义的系统观上进行考察，提出了艺术是"有规则有秩序的等级系统"，艺术的演变不仅仅是艺术手法的简单替代，而是各种功能地位发生的变化，是新的主导代替旧的主导的结果。尽管他的研究与其他结构主义理论一样，并没有揭示出促使价值系统内各要素变化的社会因素，但这一理论却创造性地揭示出了言语行为功能要件的结构性可变特质，为当下新闻言语行为的分析提供了一个崭新的研究视角和理论路径。

雅各布森认为，言语传达是一个系统，各个因素相应于传达过程的不同功能构成一定的"功能序列"，而当不同的功能在序列中属于支配地位时，我们就有了不同的文体。雅各布森提出的艺术是"有规则有秩序的等级系统"，艺术的演变不仅仅是艺术手法的简单替代，而是各种功能地位发生的变化，是新的主导代替旧的主导的结果，就是说不同的言语行为本身是一个由各种功能要素构成的价值系统，而不同的言语形态其实就是同一系统中的各功能的转化而成的结果。他举例说，在 14 世纪的捷克诗里，诗的主要特征不是音节而是押韵；而在 19 世纪后期捷克的现实主义的诗里，押韵不是必须的手段，音节安排倒是一种强制性的不可分割的成分，没有它，诗就不成其为诗；在今天，自由体诗既不非要押韵；也不必非要有音节，语调成了诗体的主导成分。正是这些独特的因素界定了其余成分的作用和结构。②

雅各布森由语言现象在空间和时间中的扩展问题，注意到了言语事件或语言传达行为的结构性呈现，由此他提出了各艺术之间是相通的观点，

---

① 赵毅衡：《符号学文学论文集》，百花文艺出版社 2004 年版，第 8 页。
② 同上书，第 9 页。

认为"这样一种见解不仅对于语言艺术适用，而且适用于各种不同的语言，——甚至同所有其他符号系统的性质（符号特征），都有着许多类似之处"。① 这就为本书将雅各布森的符合学分析理论由文学引入新闻领域进行分析提供了理论合法性和研究方法的可能性，也使得作为一种"超语言的实体"的新闻同样获得了雅各布森符合学分析意义上的价值而走入了本书的分析视野。

雅各布森说，"毫无疑问，在任何一个言语社团内部和对于任何一个讲话者来说，都存在着一种语言的统一性，然而这样一个全面的信码又代表着一种语言的统一性，每一种语言都包含着几个同时并存的样式，每一个样式又都具有不同的特征"②。在此基础上，雅各布森将一般的言语行为解构为六种相互关联的"并存的样式"，即发送者、接受者、信息、语境、接触性信息和信码等。也就是说，这六种功能构成一个言语行为的等级系统，同时"在这六因素之中，每一种因素都会形成语言的一种特殊的功能"③，又构成一个"有规则有秩序的等级系统"。每一种功能又都不仅仅只有一种功能，每一种功能的存在取决于另一种功能内部的规则和秩序的地位变化，某种信息使用何种语言结构，首先要看占支配地位的功能是什么，这些功能要素支配地位的改变就会形成不同的文学文体。14 世纪的捷克诗，强调押韵而不是音节于是形成了"无节奏"诗体；而在 19 世纪后期捷克重视音节安排而不是押韵，自由诗体出现。正是系统中功能秩序的地位变化决定了每一种文体的特征。雅各布森举例说，在旧系统中为人轻视的，甚至就是歪门邪道的，或者颓废的和毫无价值的东西，在新系统中，则可能作为一种积极的价值来采用，比如，各种各样的私人文学形式——书信、日记、笔记、旅行见闻等，在某个时期就可能成为文学的重要组成部分。

---

① 赵毅衡：《符号学文学论文集》，百花文艺出版社 2004 年版，第 171 页。
② 同上书，第 174 页。
③ 同上书，第 175 页。

　　新闻和诗歌都是一种言语行动：一方面作为一种"陈述"，"新闻"作为社会文化生活的直观反映，是一个由两个层面的价值系统构成的"有规则的等级系统"：一是由新闻内容、报道形式以及新闻的社会功能等要素构成的宏观系统，新闻内容、报道形式以及新闻的社会功能分别是价值体系中的功能性构件；二是每个功能性构件本身又是一个价值体系，它由各子功能构件组成，比如新闻的内容由各种类别的新闻构成；新闻报道形式有消息、通讯、专访等；新闻的社会功能就由宣传、传递信息、提供娱乐等构建。另一方面新闻实践是一个信息的传递过程，存在发送者、接受者、信息、语境、接触性信息和信码等因素，是一个"有秩序的价值结构系统"。这就形成了我们认识的两个层面：（1）由于新闻与社会的密切关系，新闻的各功能性构件会受到社会外部环境的深刻影响并产生相应变化。一个社会阶段起核心作用的功能构件在另一阶段就会完全不起作用，甚至被忽略；而在一个社会阶段中完全不可能存在的功能构件在新的社会阶段中就会成为主导的成分，发挥重要的作用，甚至改变这个社会文本的价值系统，比如在新闻领域一向遭到排斥的非严肃性的话题和讲故事的娱乐形式如今正在和已经成为新闻，尤其是严肃新闻的常用手段，其实质也就是新闻的娱乐功能成为主导因素的结果。（2）雅各布森的言语行为六个要素同样存在于新闻传播活动之中：首先是传播者将新闻信息传递给接受者；其次是信息被受众解读、接受，其中受众对信息解读的最大效用性取决于传受双方具有的"通用信码"的比率，也就是说信息必须在两者具有的"共同的经验范围"内才能被真正地接受；最后某种接触性的信息用来确保两者的信息传受活动的持续进行。这六要素不仅组成了新闻传播的基本环节，更暗含着新闻各功能性要素会在不同语境下演变的隐喻。比如20世纪80年代以前，中国新闻以执政党传播者为主导，新闻就是中国共产党的思想宣传品；80年代以内容为主导，新闻本身就成为信息的一个种类；90年代中期开始，以受众为主导，新闻开始成为消费品；而进入21世纪，新闻的日益娱乐化和低俗化则显示出"接触性的信息"开始成为了主导。

　　本书着重关注的是雅各布森语言传达行为构成六要素中的"某种接触"①。本书称之为"接触性的信息",意指没有"意义"的连接性要素。这个要素雅各布森解释为"主要用来确定延长或中断传达的,有些则专门用于检验通路是否畅通,有些则用于吸引对话者的注意或他们注意力的延续的"②。本书认为"接触性信息"的实质即是仅仅能起到保持联系作用的要素,它本身没有实际的意义,但却是实现言语行为必不可少的重要因素,缺之,就不能实现言语的有效交流。但需要我们注意的是,这样的"接触性信息"本身并没有携带"意义",是一种"无意义"的存在,如果"接触性信息"成为主导,就会导致无深度、"无意义"信息的产生。

　　在新闻实践中,人们往往将新闻分为硬新闻和软新闻。前者是指影响大众的生活得失、事业成败、生存安危的新闻,比如战争、灾难等;软新闻是指街谈巷议的奇闻趣事,比如体育新闻、娱乐新闻等。本书认为软新闻就是一种"接触性信息",它对大众的日常生活没有决定性的影响力,只是提供一种消遣。今天,传媒中大量的"娱乐节目"、"娱乐新闻"以及"严肃新闻的软处理",尤其是"明星绯闻"等内容,严格来讲与老百姓的实际生活并无密切关联,是一种"接触性信息",现在却成为越来越大肆渲染,占据重要版面和众多时间的传媒内容,换句话说,传媒中的这些接触性信息,在今天正逐步成为了新闻的主导。这样就将"新闻是社会客观发生的事实的报道"演变成了"新闻是一种娱乐"的情感的宣泄,与"事实"无关,大量的新闻(尤其是地方传媒的新闻)都通过"策划"而产生,许多艺术的手段,比如音乐、地方方言、图画、电影、动漫等都成为了用来提高"新闻报道"收视率的必用手段,新闻娱乐化了。正如赵毅衡教授撰文指出的一样:先前的社会,邻里串门,飞短流长,每个人都是本村名人。现在的城市居民,需要隐私距离,互相不便接近。

----

　　① 雅各布森解释为在发送者和接受者之间的物质通道和心理联系。借助这样的"接触",两者进入和保持在传达过程中。参见赵毅衡《符号学文学论文集》,百花文艺出版社 2004 年版,第 175 页。
　　② 赵毅衡:《符号学文学论文集》,百花文艺出版社 2004 年版,第 178 页。

于是电视报刊代替三姑六婆，"实拍节目"代替了窥视邻居。最后，大家都认识的人物，只能是娱乐明星。[①] 明星成为名人，名人成为主导，这就是当下新闻娱乐化或低俗化的本质。

二　两个经典案例的解析

（一）师洋现象及反思

1. 师洋是东方卫视"我型我秀"娱乐节目 2006 年度的"人气冠军"。《南方周末》的一个记者独家专访。这就为本书的分析提供了两个有价值的文本：一个娱乐形象的文本；一个是"新闻报道"的文本。为了分析的方便，本书摘取片段，以窥其概貌：

如果说师洋和其他选秀明星有什么不同的话，那就是，他的明星梦来得猛烈而久远，深刻入骨髓。

他 12 岁时就开始设计自己的明星签名。

他对着厕所镜子练习各种有魅力的表情。

他一次次发自肺腑地喊出："我会红！我会红！"

一个西北工人家庭的孩子，从小渴望"星光璀璨、万众瞩目、凡走过路过必风吹草动"的大日子，用尽心思，历时 8 年，终于把自己从常人世界推入了一道强光。

"我型我秀"是一场歌唱比赛，师洋却展出了歌艺之外的十八般武艺：演唱蔡依林的《舞娘》，戴假发，挥舞彩带，大幅度扭腰翘臀，展现女人般的曲线。评委黄安最初看到这种表演时，扔过去一个矿泉水瓶子，"这孩子是不是有神经病？"

---

① 赵毅衡：《舞到对岸：名人如何获得知名度?》，http://www.ycwb.com/gb/content/2004 - 07/26/content_ 730713. htm。

实际上很多人看这节目就是冲着师洋去的,只是追看的理由不同。"他是我们'80后'年轻人的反映和代表:乐观,积极,很勇敢地秀出自己。"年轻人说。而一些年长的人却说:"我就是要看他下场还能耍什么宝还能怎么过关。"

3个月比赛,师洋一次次走上PK台。评委们频亮红灯准备淘汰他,可场外沸腾的短信支持又让他化险为夷一次次复活。据说他的"格格"有80万。①

全文一共七千三百字,这篇报道从报道内容到报道文本本身值得我们作进一步的分析。

2. 对师洋现象的反思

其一,对形象文本的反思。师洋成为娱乐"超级明星",是当前娱乐文化的典型表现,就如尼尔·波兹曼在《娱乐至死》一书中揭示的一样:"奥威尔害怕的是那些强行禁书的人,赫胥黎担心的是失去任何禁书的理由,因为再也没有人愿意读书;奥威尔害怕的是那些剥夺我们信息的人,赫胥黎担心的是人们在汪洋如海的信息中日益变得被动和自私;奥威尔害怕的是真理被隐瞒,赫胥黎担心的是真理被淹没在无聊烦琐的世事中;奥威尔害怕的是我们的文化成为受制文化,赫胥黎担心的是我们的文化成为充满感官刺激、欲望和无规则游戏的庸俗文化。"②。师洋成为众人追捧的娱乐明星,这一现象是否正表明,中国正逐步走向"赫胥黎担心"的那个时代,作出结论或许为时尚早。但从当今传媒文化日益广泛的视觉化和娱乐化趋势来看,师洋现象反映的正是在传媒文化影响下的社会的"集体幻想",它一方面反映出当下的传媒通过大量制造"接触性信息",而造成了社会成员对历史、深刻和理性的漠视和对快感、趣味和感官刺激的集体性追逐。"在电视上,话语是通过视觉形象进行的,也就是说,电视上会话的表现形式是形象而不是语言。政坛上形象经理的出现以及与此相伴的讲稿作家的没落证明了这样一点,就是:电视需要的内容和其他媒体

---

① 以上材料均来自师欣《师洋:出名修炼这8年》,《南方周末》2006年10月26日。
② [美]尼尔·波兹曼:《娱乐至死》,章艳译,广西师范大学出版社2004年版,前言。

截然不同。电视无法表现政治哲学,电视的形式注定了它同政治哲学是水火不相容的。"① 有人调查得出,师洋的粉丝或是喜欢师洋的人中,居然思想成熟,非常有主见的成人占绝大多数,甚至大学生都非常接受师洋②,可见,当下社会以电视为核心的娱乐文化已经被建构成形。

其二,对"新闻报道"文本的反思。师洋受追捧,是以电视为核心的传媒影响的结果。麦克卢汉的著名观点:"媒介即讯息。"③ 就解释了作为信息交流的工具,不同的媒介在影响话语形式上的决定性作用。师洋是通过电视出名的,在一定意义上,师洋是"我型我秀"节目"制造出"的明星。这当中电视的独特传播方式功不可没,电视制造形象符号,传递图像,作用于人的感觉,但它同样以议程设置的方式安排着社会的顺序、轻重和色彩,隐含着对社会文化的控制力量;媒介通过制造当下消费社会的"符号"创造了"消费娱乐的神话","整个消费话语……就是通过这种寓言化的神话系列明确表达出来的,一个人被赋予了需要,这种需要'引导'他去获取物,从而'给予'他满足感。"④ 可以说,只要有类似"超级女声"、"我型我秀"的电视节目,就一定会出现李宇春、师洋这样的明星。因此,即使今年没有师洋这个人参加,"我型我秀"节目同样也会制造出另一个"师洋"来。

(二)电视学术论坛——学术的通俗化呈现

1. 电视的学术论坛

2001 年 7 月 9 日,一档集聚专家、学者讲演的《百家讲坛》在央视 10 套正式开播,"以中国传统历史文化为内容定位,让那些没法在大学课堂听课的观众得到知识的享受"。与此同时,一批电视学术论坛节目陆续开播:央视 12

---

① [美]尼尔·波兹曼:《娱乐至死》,章艳译,广西师范大学出版社 2004 年版,前言。

② 同上。

③ 马歇尔·麦克卢汉(Marshall McLuhan, 1911—1980),加拿大传播理论家,认为计算机、电视等传播手段对社会及艺术、科学、宗教等产生强烈影响,著作有《人的延伸》、《媒介即信息》。

④ [美]马克·波斯特:《让·鲍德里亚文选》,Cambridge:Polity Press;Setanford:Stanford University Press, 1988,第 39 页。

频道《西部论坛》、央视2套《经济大讲堂》，中国教育电视台《学术报告厅》和《名家论坛》，上海东方电视台《东方大讲堂》，上海教育电视台《世纪讲坛》等节目都纷纷出炉，电视讲坛这种新兴的节目样式一步步走向观众，终于在世纪初蔚然成风。① 至此，在21世纪初，由《千年论坛》、《世纪大讲堂》、《百家讲坛》作为中坚力量架构的电视学术生态图景最终成形，并进而演变为一种全新的思想文化传播模式。

2. 传媒对商业逻辑的阐释

电视学术讲坛开办的宗旨无一例外都以"学术一样让你听懂"为总原则。顾名思义，就是将严肃学术话题与故事性、通俗性以及互动性的讲解与电视形式相结合，将传统的严肃性、严谨性的学术知识以形象化、通俗化的形式呈现（非教学性的接受）在大众面前。这是传媒对精英文化的商业性阐释：

（1）以市场为导向的栏目宗旨：《千年论坛》以名人的影响力来传播科学、思想和学术；《百家讲坛》选取既有学术价值，又为大众关心的题目，以现代人的视点、时尚而独特的语言表达和评书演员般的演绎，使人们在任何地方都可以自由聆听学者的研究心得；《世纪大讲堂》以"学术一样让你懂"的宗旨将严肃话题通俗化；《MBA大讲堂》传递"您为精彩互动，我为财富加油"的经济传播理念，通过解读经典案例，传授工商管理知识；《东方大讲坛》构筑没有围墙的学术讲堂是当下快速发展的社会对高端知识和信息的市场需求而设定的。尽管不少人斥责这是知识分子的"媚俗"，但我们却无法抹杀其强大的市场号召力。冷静地思考它的意义，我们不难发现，电视学术讲坛将严肃的学术话语和深刻的学术思想的学习和接受与普通大众相结合，将高深严谨的学术思维和科学精神与娱乐性的电视传媒结合起来，使学术走下了神圣的讲坛，走向了平凡的观众，它不仅解构了千年传统演绎下的"学术话语"精英性传承模式，实现了精英教育与平民教育的对接，更直接针对全民科学文化素质的提

---

① 罗锋：《对电视"学术论坛"现象的冷思考》，《新闻记者》2006年第10期。

高，探寻出了传统文化的当代建构和当代文化深度构建的有效模式。

（2）以受众为中心的栏目定位：电视学术讲坛都以普通受众为其传播对象，寻求与最为广泛的受众的对接：《百家讲坛》以中学以上学历人群为其目标受众，以大学生层次为核心人群；《世纪大讲堂》以当代大学生、网友和广大观众为沟通对象；《MBA 大讲堂》是 60 所高校的 47000 学院为基本受众市场[①]，以机关、企事业单位各阶层管理人员、白领和大学生为受众群，这些足以支撑起电视受众的大半壁江山，形成了以普通老百姓为核心的电视学术讲坛观众市场。内容选取涵盖科技、人文、社会中的"大家最感兴趣、最前沿、最吸引人的部分"。重视互动传播，让受众参与到节目中，实现了真正意义上的文本意义的生产性传播。

（3）以娱乐为手段和目的讲坛设计：各电视学术讲坛在讲坛的传播形式上都注重通俗、娱乐和感官性接受。电视学术讲坛以教学方式为其传播形式，"采用互动教学，可允许学生提问，不同的观点之间进行争论，师生间有挑战、有交流，使课堂变成一个轻松、活泼、吸引人的地方。"[②] 既采用了受众的教育"惯习"，也补充以现代互动传播的新理念；以"故事为核心"，利用形象化的制作手段吸引观众，将严肃的、深刻的学术问题情节化、悬念化和视觉化；以"引导他、打动他、吸引和感染他"为目的，将"接受教育"的严肃思想隐藏在娱乐的观点之中。

三　娱乐成为主导与反思

不管怎样说，有两个现象已经呈现：其一，今天我们生活在传媒主导生活的时代。铺天盖地的传媒覆盖了生活的方方面面，既让人无可逃遁，又让人不

---

① 欧阳国忠：《媒体活动实战报告》，南方日报出版社 2005 年版，第 43 页。
② 同上书，第 28 页。

自觉地跟随着它。其二，传媒正"无可挽救"地日益走向娱乐化。娱乐成为电视的一般表达方式。一切公众话语都日渐以娱乐的方式出现，并成为一种文化精神。一切文化内容都心甘情愿地成为娱乐的附庸，而且毫无怨言，甚至无声无息，"其结果是我们成了一个娱乐至死的物种"。[①] 不仅如此，媒体的一个重要作用就是利用其表现形式来定义（暗示）现实世界，特定的媒介形式偏好特定的内容和精神状态，通过这样的方式媒介塑造整个社会的文化的特征（媒体即隐喻）[②]。因而，当"娱乐"随着大众传媒时代的到来而成为普遍现象，甚至可以说是社会整体性的"精神需要"和"欲望核心"时，我们就应该开始反思社会的文化建构问题了。

1. 娱乐成为新闻的主导，是新闻文体流变的当下特征，是一种新的新闻存在形式

从结构主义的角度来考察，新闻的娱乐化其实就是过分注重新闻传播的"娱乐"功能要素，在传播信息的同时过分突出了娱乐因素，这样就导致了新闻功能的异化，即：放大了新闻的娱乐功能在新闻功能中的地位，放大了新闻价值中的人情味、趣味性因素，新闻成为一种娱乐言语。娱乐成为新闻的主导，从本质上消解了新闻的理性，改变了传统新闻固定的表达形式、改变了依存于重要性、严肃性和简练性的传统新闻价值的构成成分，最终也改变了新闻作为"与人们的日常生活联系密切的、作为行动指南"的实用性价值系统的性质，成为以视觉刺激和感官享受为主的感性价值系统。

这样一种新的价值系统在媒介走向市场的途中，受到受众的心理需求引导，就发生了雅各布森意义上的言语行为或者语言传达行为的六种功能（即发送者，接受者、信息、语境、接触性信息和信码）以及这六种功能的每一种功能本身所具有的"有规则有秩序的等级系统"的改变。如雅各布森指出的"艺

---

① ［美］尼尔·波兹曼：《娱乐至死》，章艳译，广西师范大学出版社 2004 年版，第 4 页。
② 同上书，第 10 页。

术价值系统中的连续转换暗指不同艺术现象的评价中的连续转换。在旧系统中为人轻视的，或被认为是完全不善的、弄着玩玩的、歪门邪道的，或简直是错误的东西，或者异端邪说的、颓废的号毫无价值的东西，在新系统中，则可能作为一种积极的价值来采用"①。娱乐成为新闻的主导，就是新闻价值系统中存在的娱乐因素的提升，原来是次要变体的功能要素现在跻于前列，而典范的功能如重要性、严肃性等要素被推到了后面。这就是新闻文体流变的当下特征，是一种新的新闻存在的方式。

2. 新媒体成为主导建构了新的社会话语形态

毋庸置疑的是，媒介对文化的建构力超出了我们能把握的程度。尼尔·波兹曼提出的媒介即隐喻②的观点，即是将媒介对社会话语的形塑作用上升到了认识论的哲学层面，这和麦克卢汉的媒介即信息有着异曲同工之妙。麦克卢汉认为，社会的发展甚至每一种社会的新形态都是由媒介的进步和创新所带来的。他认为每一种媒体都会为社会创造新的价值尺度和规范，从而影响和塑造新的社会行为方式和思维，并进而构建出新的社会文化和思想。尼尔·波兹曼则认为媒体可以设置新的社会秩序和颜色，这样，随着一种新媒介的产生，比如由口头语言转向书面语言，由印刷媒介转向虚拟数字，人类的知识形态就会发生巨大的变化，新的社会文化话语建构形态就会产生。

今天以电视、网络为核心的新媒体成为知识传播手段的主导，新媒体将社会生活进行图像化、虚拟化的呈现，消解了知识传递和表现中的时间顺序和历史语境，将由印刷时代建构起的严谨的、系统的知识和深邃的思想捣碎成图片；在画面瞬间的快速转换中消解了顺序和理性，知识的娱乐性生成。从这个意义上说，今天的广播、电视、网络以及各种新媒体从内涵到结构，从表层到

① 赵毅衡：《符号学文学论文集》，百花文艺出版社2004年版，第13页。
② 〔美〕尼尔·波兹曼：《娱乐至死》，章艳译，广西师范大学出版社2004年版，第3页。

深层，全面地建构了当代社会的"娱乐业时代"。① 毫无疑问，中国将也不可避免地走向"娱乐业时代"：一方面是因经济发展建构而成的新媒体时代以及中国正走向世界的惯性力会对中国社会产生巨大的形塑力；另一方面更是新闻实践的规律使然，新闻娱乐化符合了观众视听习惯的需要，满足了受众多样化、个性化、专业化的要求，或者可以这样说，新闻娱乐化就是媒体力图通过降低受众的心理代价以获得最佳的传播效果的有效途径。按照费斯克的观点，严肃新闻如果要传播到大众中去，除必须满足相关性这一基本条件之外，还必须满足生产性条件，即新闻的意义不是媒体告诉大众的，而是在传播过程中产生的。皮亚杰也提出，新闻的接受是通过刺激与反应心理由传播的信息与受众的接受共同生成的。因此，新闻尤其是严肃新闻更需要激励性传播，通过提高吸引力，让受众有兴趣和机会参与，在互动中（身体或者思想的）才产生新闻的完整意义。因而，新闻的娱乐化不仅提高了媒体的亲和力，有效地发挥了媒体在社会文化教育中的积极作用，更能真正实现媒体的舆论监督作用和对社会文化的积极建构作用。所以娱乐化在当前的发展阶段上一定是一个不能更改的趋势，它正带着当下社会受众对新闻全新的阐释而走向新的新闻文体时代。

3. 数字化生存下新的文化话语形态建构

显而易见的是，如果任由传媒充斥着娱乐，只关注新闻的娱乐功能，沉溺于传媒所提供的五彩缤纷而又子虚乌有的梦幻世界，这样的"拟态环境"将使受众更加偏离现实，走入万劫不复的境地。毋庸置疑，当下社会的娱乐新媒体在不断产生，并且疯狂地改变着人们的行为和习惯，比如电视手机使人们可以随心所欲地浏览和欣赏图片、新闻以及观看电影，改变了资料的调用和阅读是一件安静的、严肃和有准备的心理调适过程；手机的动感和灵巧让使用者更加随意、自由、私密和灵动，更加彰显娱乐性，再配合上它的高度互动性，社会

---

① 尼尔·波兹曼将印刷机统治下的时代称为"阐释年代"：富有逻辑的复杂思维，高度的理性和秩序，超常的冷静和客观以及等待观众反应的耐心。而"娱乐业时代"以图像为核心，在它们的语言中，没有关联、没有语境、没有历史，没有任何意义，他们拥有的是用趣味代替复杂而连贯的思想。

将个性张扬、空间感将超越时间，随之而来的秩序和规律将遭到强烈的冲击，人们将更加随心所欲。郝胥黎的预言不需用太多的事实即可证明。同时，新闻娱乐化倾向还会导致传媒在商业利益的驱动下，一味追求将假、恶、丑现象公之于众，勾引受众猎奇心理，而把全面的社会引导作用抛至脑后，最终获得暴利，使新闻成为沽名钓誉的工具而走入歧途。但是如果一味地将其视为"洪水猛兽"，看成是当下社会经济和传媒经济发展的"负效应"；是传媒业的"堕落"①；是受众低级趣味的迎合，这无疑会陷入一种历史的虚无主义而否认其在当下文化发展中的积极创建作用，也会使传媒再次走回到意识形态"工具性"的老路上去。

正如波兹曼所说，"有两种方法可以让文化精神枯萎，一种是奥威尔式的——文化成为一个监狱，另一种是郝胥黎式的——文化成为一场滑稽戏。"②中国刚从前一种危机中走出来，是否会陷落到另一种危境中值得我们深思。因此，探寻数字化生存下的文化话语新形态的建构理念和原则是防止当下新闻过度娱乐化（低俗化、庸俗化）和建构良好的传媒文化的积极态度，笔者认为以下观点是应该采取的：

一、科学界定"新闻娱乐化"的概念，清晰区分新闻的大众化、通俗化、娱乐化与新闻的低俗化、庸俗化的本质区别。混淆概念往往导致认识和行为的错误。目前对于"新闻娱乐化"的认识存在不同程度的"偏见"：首先就是将新闻的大众化与硬新闻的软化混为一谈，笔者认为新闻的大众化是指新闻内容与百姓的日常生活的紧密关联性，包括名人趣事、日常事件及体育新闻、花边新闻等内容，比如民生新闻等，它与刻意追求刺激性的犯罪新闻、暴力事件、灾害事件的娱乐性不在同一层面上，否则就会将新闻的有趣和大众化与低俗化、庸俗化等同起来，进而就会出现认识上的泛低俗化现象而导致新闻落入思

---

① 冯瑄：《浅析都市报新闻娱乐化现象——从市场、受众、和意识形态谈起》，http：//media. people. com. cn/GB/22114/51231/51271/3576668. html，人民网 2005 年 7 月 28 日。

② ［美］尼尔·波兹曼：《娱乐至死》，章艳译，广西师范大学出版社 2004 年版，第 201 页。

想意识形态宣传工具的巢穴；硬新闻的软化是指新闻的故事性和情节性展现，这和运用多种艺术手段（音乐、电影、动漫等）来设置悬念达到煽情、刺激目的"游戏新闻"、"娱乐新闻"全然不同，否则，同样会将新闻报道形式的合理创新与追求奇诡的谬论相等同，扼杀掉中国新闻近20年的改革成果。笔者认为新闻娱乐化应该是指新闻的日常性与故事情节化，即新闻内容的大众性、新闻表现角度的百姓姿态以及新闻表现手法的随意、轻松和自然（重大和有教育作用的新闻除外），这样才能使中国刚刚开始收获的新闻市场获得更富于成效的推动。

二、娱乐是大众媒体众多功能中的一项，娱乐要素成为新闻的主导，是传媒的市场化、受众趋向于本能满足的快乐追求以及政治、文化的默许等综合社会因素变化的结果，这种趋势是不可避免的。但是新闻业发展的根本动因是受众对真实、客观的外界信息的需要。当市场经济发育程度越来越高，受众越来越成熟，对可以消除认识上不确定性的硬性参考信息的需求趋势越来越旺盛之时，娱乐化新闻必然会让位于以真实、迅速、权威、客观、公正取胜的严肃新闻，新闻低俗化、庸俗化在一定程度上被合理的节目形态所修正，比如目前中国电视新闻就形成了两大节目形态：一是以各省市电视台开播的各种常态性新闻为代表，包括各类新闻联播，以百姓民生为主要内容，轻松、随意、有趣；一类是以中央电视台的《焦点访谈》、《新闻调查》等为主的各种时政要闻类的新闻，题材重大、严肃、深刻，这两类新闻内容风格各异，但同样都具有很高的市场收视率。一份城市社会接触大众传媒状况的调查报告显示，"反映群众的呼声"、"客观地报道新近发生的重大事件"、"帮助人民了解党和政府的决策"以及"报道最大多数群众感兴趣的新闻"等，依然是市场和受众需求的最大热点，像2002年对"非典"报道、2003年对美伊战争的直播、2003年对"神州5号"的报道、2004年的印度洋海啸、北京昌平的游园踩踏事件、审计署审计长李金华掀起审计风暴等严肃、深刻的社会新闻都能获得极高的收视率。这些都显示了市场或者说受众对严肃而重大事件的强力的关注。因此，如果能营造良好的社会民主环境；加强好媒介从业人员队伍的自身管理，提高其新闻职业素养；传媒能真正实现及时、准确而又真实的客观报道，那么市场对传媒的影响力就会逐步产生良性的积极的作用，新闻的合理形态与市场的接受度之间的平衡就能逐步实现，新闻的低俗化和庸俗化就可以获得纠正的机制而呈现健康态势。由此可见，娱乐化并不是新闻业发展的终极，新闻主导成分的变化将随着人类社会发展和进步而再变化，新的主导必然会代替旧的主导。

第四节　数字化生存与整合传播

本节欲从以网络传播为核心的新媒体新闻对社会产生的巨大影响力以及传统传媒在新闻传播领域的权威性的分析入手，强调现在社会的新闻传播行为应该是整合传播。

一　"整合传播"的概念

（一）"整合传播"与"融合新闻"

"整合传播"概念来自 20 世纪 80 年代美国的营销界，原意为"整合营销传播"，英文译为"integrated marketing communications。"1989 年，全美广告业协会（AAAA）作出的定义如下："imc 是一个营销传播计划概念，它注重以下综合计划的增加值，即通过评价广告、直接邮寄、人员推销和公共关系等传播手段的战略作用，以提供明确、一致和最有效的传播影响力。"[①] 然而这个定义很容易被理解成是从传播者角度观察接受者的单向式传播。20 世纪 90

---

① 申光龙：《论整合营销传播》，http：//lw. yeewe. com/44/1232316962. html，2003 年 8 月。

年代以后，imc 理论的发源地——美国西北大学的研究组把 imc 定义成，"imc 把品牌等与企业的所有接触点作为信息传达渠道，以直接影响消费者的购买行为为目标，是从消费者出发，运用所有手段进行有力的传播的过程"。这一研究组的先驱者舒尔茨（schultz）教授对此作了如下补充说明，"imc 不是以一种表情、一种声音，而是以更多的要素构成的概念。imc 是以潜在顾客和现在顾客为对象、开发并实行说服性传播的多种形态的过程。imc 的目的是直接影响听众的传播形态，imc 考虑消费者与企业接触的所有要素（如品牌）。imc 甚至使用以往不被看做传播形态、但消费者认为是传播形态的要素。概括地讲，imc 是为开发出反映经过一定时间可测定的、有效果的、有效率的、相互作用的传播程序而设计的"。[①] 1998 年此概念开始在我国营销、广告界流传。"营销即是传播，传播即是营销"的提法已被营销广告界业界人士认同。

"融合新闻"（convergence journalism）是产生于 21 世纪初美国新闻实践中的一个概念，又称为"复合化新闻"（Multiple-journalism），是指建立在多媒体基础上的新闻传播活动。大众媒介从各自独立经营转向多种媒介联合运作，尤其是在新闻信息采集发布上联合行动。今天的数字技术与网络传播，成为各类型媒介实现会聚和融合的重要途径和手段，从传统的报刊新闻、广播新闻、电视新闻，到网站新闻、手机短信新闻、手机报纸新闻、电子报纸新闻、电子杂志新闻，以及基于 RSS 的聚合新闻、基于 WEB2.0 技术的博客新闻等，都是孕育培养"融合新闻"的土壤。"融合新闻"可以包含两个方面的含义：一是各种媒介（组织）之间的合作模式；一是各类型媒介通过新介质实现的会聚和融合，是一种独立运行、流程完整、操作规范的新闻生产。[②] 随着数字技术以及各种新媒体的产生和普及，"融合新闻"正成为新闻传播的主流，传统新闻媒介通过数字技术与新媒介逐步在实现整合传播。

① 申光龙：《论整合营销传播》，http://lw.yeewe.com/44/1232316962.html，2003 年 8 月。
② 蔡雯：《媒介融合前景下的新闻传播变革——试论"融合新闻"及其挑战》，《国际新闻界》2006 年第 5 期。

二 新闻传播领域的"整合传播"

本书提出"新闻整合传播"概念,是基于两个方面的原因:

一是随着新闻机构的市场化改革的推进,作为新闻产品的生产机构,正越来越多地具有了"市场主体"的属性,本书所提"整合传播"就是从这个思路上获得的启示,并赋予它"研究通过何种方式和渠道向别人有效并高效地传递信息,以致最终改变人的认识和行为"的理论内涵。也就是说,为了达到"有效",就必须了解对方想了解什么信息,什么样的信息最容易使其接受,并最终影响到其行为的产生。为了达到"高效",就必须把多种传播方式、手段整合起来,达到传播的最佳效果。具体来说,"整合传播"就是解决"对谁传播"、"传播什么"、"怎么传播"、"在何时、何处传播"以及"如何使传播更为有效"等一系列问题的。

二是今天中国传媒市场面临的"受众注意力"稀缺的困境。因为受众资源是有限的,地面频道的收视率逐年下降,与之相对应的是,电视收视份额和广告价值逐渐向卫星频道靠拢,根据专家预测,未来真正具备全国影响力的卫视频道不会超过 15 个,其中毫无疑问中央电视台将至少占据半壁江山,因此对于诸多省级卫视来说,所面临的生死存亡的问题就是如何竞争占有剩余有限的席位。而相比于其他行业的品牌集中度越来越高的情况,一些电视台制度僵化、节目雷同、资源浪费、重复建设的不良现象普遍存在。[1] 同样,报纸在规模竞争中平均化报业市场份额,使报纸出现"微利化"的趋势。而这一情况在南京、成都、广州等城市均已出现。[2] 中国传媒的实际情况显示,完全创造性的产品开发很难,耗费了大量的财力、人力,结果产品却是"一次性销售",

---

① 徐浩然、于毅:《电视品牌栏目的成本与收益构成分析》,《现代经济探讨》2006 年第 1 期。

② 陈竹:《中国报业呼唤科学的市场调研》,http://www.chuanboxue.net/list.asp?unid=1294,2005 年 4 月 25 日。

因而非有相当的市场利润不足以支持其持续性地开发；中国传媒大学的苗棣教授对电视节目有长期深入的研究，他认为："在国内，为了借鉴思路，直接让制作人员'扒'国外的节目是一个比较普遍的想法。"① 即使开发出新产品，由于技术的发达，仿制品也会很快上市，产品的先占效果也很难实现，加上传媒产品"易脆性"的特点，要保持媒体在市场中的利益何竞争优势就必须另辟蹊径。

三是"整合传播"强调基于数字传送基础上的传媒资源整合。在"整合传播"的基础上一方面大众媒介由各自独立经营转向多种媒介联合运作，可以避免当下语境中传媒因产品单一和单独运营而面临的巨大生存风险，比如报纸因为电视、网络媒介等新媒体的出现而导致的市场萎缩和广告销量下降；另一方面则可以实现资源的共享和整合，减低媒体在新闻信息采集、制作和发布上的人力、资金和设备的新闻生产成本；能充分发挥不同类型媒介的优势，创造出更加多样化的新闻信息产品，获得传媒企业持续创造价值的竞争优势。

三 整合传播带来新闻传播革命性的变革

"整合传播"的核心在于不仅是针对消费者的传播，更是在从业人员、投资者、社区、大众媒体、政府、同行业者等各种关系因素"整体性融合"基础上的多维沟通；不是对这些对象进行一次性整合，而是分阶段一步步地进行的在有效的资源配置基础上的持续性传播，因而整合传播会带来新闻传播革命性的变革。具体体现为：

（1）整合传播将使新闻信息源结构与新闻传播主体发生变化。新闻传播主体由职业新闻工作者独家垄断转变为职业人员与社会公众共同分享；新闻

---

① 北方网：《中国电视节目：国外同类节目的"超级模仿秀"》，http：//www. enorth. com. cn，2005 年 9 月 24 日。

信源发生了结构性变化，来自民众的新闻和言论在新闻传播中占据越来越大的比重。[1] 整合传播的主体既可以是社会组织，也可以是传媒机构，甚至可以是个体，这体现了"网络时代"传播主体的"大众化"特质，只要想向别人有效、高效地传递信息，并最终改变人的认识和行为就是在进行传播，而将多种传播方式、手段整合起来，达到最佳效果的传播方式就是整合传播。所以整合传播与其说是一种传播策略，不如说是一种传播的理念和手段。从民生新闻到新闻的故事化；从节目营销到网络文体，都可以说是一种整合传播的理念指导下具体的新闻传播行为。在此基础上的传播效果更受制于受众市场以及市场的变化，新闻媒介组织对新闻传播的控制也越来越难。

（2）新闻媒介组织结构与工作流程发生变化。整合传播通过新闻产品的"聚合"生产改变传统媒体的组织结构与工作流程，出现类似"多媒体新闻制作中心"、"网络新闻中心"等新的媒介机构。传统意义上的报业集团可以说是最早的整合传播样态，报业集团作为一个整合传播形态具有以下优势和功能：第一，报业集团在市场交易中具有比单一报纸更强的价格承受能力，能够利用大批量采购来降低纸张成本，可以利用集团地位来提升媒介的广告价格；第二，报业集团可以通过合理配置实现集团内资源的充分有效利用，从而降低印刷成本、管理成本和采访编辑成本；第三，报业集团可以通过创办多样性的报纸和进行多元化经营来降低集团风险；第四，报业集团可以在一定地域内形成相对垄断地位，从而获得较高利润。[2] 在传统理念中，报业集团是各个独立媒体的"组合"，整合传播理念中的报业集团将是基于数字技术和数字传播平台上的"融合"。

（3）整合传播将使新闻载体性能与新闻传播方式发生本质的变化。传统的新闻传播方式是以媒体为主导的单向式传播，传受双方在传播地位和资源上处

---

① 蔡雯：《媒介融合前景下的新闻传播变革——试论"融合新闻"及其挑战》，《国际新闻界》2006 年第 5 期。

② 魏先努：《报业集团发展的生态学思考》，《青年记者》2006 年第 24 期。

于明显的不对等状态，新闻是一种"宣传"；整合传播则是专业媒介组织与普通公民共同参与的分享式、互动式，大众传播与人际传播更加紧密地结合与汇流。一方面，新媒介在不断加盟新闻传播阵营，从商业门户网站到功能强大的搜索引擎，纷纷借助传统媒体的新闻生产力，通过会聚新闻信息，在新闻传播中扮演着重要角色。手机短信、个人媒体等新媒体越来越成为新闻传播的作用手段；另一方面，传统媒介在新闻传播活动中更多地融于新媒介中，如用计算机辅助新闻报道、通过手机短信获取新闻线索、利用手机和网站搭建受众参与直播节目的平台、将博客内容转载（播）到传统媒介上等。更进一步，传统媒介通过数字化技术和网络传播途径，直接衍生出了新媒体，如电子报纸、手机报纸、电子杂志、网络广播、网络电视等。这些新媒体本身已经是"融合媒介"的成果。

本书提出的传播方式的整合的含义还在于在新闻节目的制作中，为了达到吸引人的效果，将多种新闻和艺术表现手法融会贯通的制作技巧。有学者总结近几年产生巨大影响力的"民生新闻"在表达上的特点就是"新闻体裁和文学体裁特点融合，常常不按照新闻的结构来表达，语言带有文学化的色彩或更加口语化"[①]，它包含两个方面的含义：

新闻节目的多元素组合：一条新闻中利用多种艺术手法，将音乐、电影、动漫、图画等艺术手段综合运用于新闻中，产生"戏剧性"的传播效果。比如近年来兴起的"读新闻、说新闻、演新闻"等播报方式在传递新闻内容的同时，加入了许多娱乐的成分，增加了"表演"的性质，使得整个新闻播报轻松、亲切，更容易为观众所接受。

法制类节目的影像化和故事化制作：在我国经济高速发展的十年，政治改革、经济改革的不断深入，带来人们观念、意识的变革和冲突，法律意识、法律知识亟待加强，法制类电视节目也应运而生。我们看到法律节目的制作形式

---

① 李舒、胡正荣：《"民生新闻"现象探析》，《中国广播电视学刊》2004 年第 6 期。

也由过去的"主持人案情叙述"和"嘉宾评论"演变为以"电视剧形式重现剧情"为核心的各种新形态：有以案说案的，以案论法的《今日说法》（中央电视台）、《道德与法》（四川电视台）；有模拟现场全过程的《与法同行》（福建电视台）；也有法庭记录，展示控辩双方唇枪舌剑的《庭审纪实》（北京电视台）、《法庭传真》（郑州电视台）等。这样的"整合传播"带来了法制节目在收视市场上的突出表现。如北京电视台的《法治进行时》，日播30分钟，一周七天分别采用不同的表现形式，如《现场交锋》、《现场提示》、《法网追踪》等，自1999年开播以来，收视稳步上升①，再如重庆电视台的《拍案说法》，以案说法、以法断案、纪实性叙述风格展示案发现场，注重节目的悬疑性、娱乐性，在重点案例中加入短剧形式进行演绎，使节目具有更强的观赏性，如今，这档节目已成为重庆卫视的品牌栏目。

（4）受众的整合带来"受众概念"的消亡。在整合传播的视野中，受众作为一个"有层次的符合体"，是以传播主体（个人或组织）围绕一个或多个内容将听众、观众和读者细分为大众媒体、政府、同行业者、从业人员等多种类型，再将多类型受众作为传播的对象统一在整体性的传播框架中，也就是窄播受众市场的"大融合"。在未来的传播活动中，受众会再一次被"娱乐"、"故事"和"民生"新闻统合在一起；会再一次回归到"大众"中去，因为"娱乐"、"故事"和"民生"这些元素就是"人性"的组成部分。新闻传播活动本来就缘起于原始社会时期人类的生存需要，而在麦克卢汉预言网络技术会让世界重新回到原始部落的同时，人们的社会活动其实也在逐步回到"原始的状态"。受众对新闻"娱乐②"、"故事"和"民生"的需求就是具体的表现。波

---

① 龙长缨：《收视率与中国电视媒体市场价值分析（1996—2006）》（上），《收视中国》2006年第4期。

② 有学者在分析娱乐为什么成为一种经济现象时认为娱乐经济是一种体验经济，消费者个人效用最大化的方式不再是被动娱乐，而是主动娱乐，在一种集体的狂欢中得到自我实现的快感。同时它是双赢的经济，老百姓找到了乐子，电视台赢得了收视率和利润，品牌持有者挖掘出了未来的娱乐明星，赞助商也做足了广告，电信运营商也赚得了短信分成，甚至连广告商也从中分得一羹。参见张悦《"选秀"娱乐经济主宰中国新世纪?》，《市场报》2006年5月17日。

兹曼在他的《娱乐至死》曾说过，"在这里，一切公共话语都日渐以娱乐的方式出现，并成为一种文化精神。我们的政治、宗教、新闻、体育、教育和商业都心甘情愿地成为娱乐的附庸，毫无怨言、甚至无声无息，其结果是我们成了一个娱乐至死的物种。"① 但在笔者看来，这无疑是从相反的角度揭示了受众对"娱乐"的不可逆转的强烈需求。通过"娱乐"、"故事"和"民生"的形式，受众在此基础上得到了重新的整合。

随着受众在传播中地位的提升，受众在传播中主体地位的确立以及受众越来越成为信息的发布者，传统传播学中"受众"与"传播者"的界限在逐渐消失，尤其是在新媒体的传播语境中，从网络博客、DV 制作到原生态新闻，普通大众成为新闻的制作者、提供者合发布者，受众与传播者的身份与地位混淆，严格意义上的受众在传播行为的整合逐渐消失。

（5）客观事件、人物与传播时机的整合。整合传播还是新闻事件各要素的有效"整合"。传统的新闻是以"重要性"、"显著性"为主要标准的内容的传播，而"整合传播"则强调内容的"大杂烩"，比如目前的民生新闻就是关注老百姓的生活琐事，如房屋渗水、看病就医、买菜购衣、就业上学、物价上涨、好人好事、服务态度、消费意识等，将日常生活进行整体、全真式呈现。尽管不少学者担心这样的"家长里短"新闻消解了"通过对重大时政新闻的深入全面解析，使公众了解其相关利益所在；通过对地方基本建设与经济活动的连续深度报道，关照公众的知情权与参与热情；通过对市民生活所承载的深层地域文化的把握与表达，获得观众的认同与信赖；通过对道德失范的严肃批评与良好态势的表扬激励，促进社会道德建设的自觉与规范"的新闻生存之基与发展之本。② 但也不得不承认这样的新闻却实现了"以为百姓服务、满足观众需求为其价值的出发点和落脚点，融入深厚而真切的社会关怀而并非简单定义

---

① ［美］尼尔·波兹曼：《娱乐至死》，章艳译，广西师范大学出版社 2004 年版，第 4 页。
② 张洪波：《电视新闻本地化若干问题解析》，http://media.people.com.cn/，2006 年 12 月 25 日。

上的人道关怀和相对浅显的人本关怀，而是同社会安定、社会秩序、社会公正的全局观念结合起来的以人为本、以民为主体的新闻理念，从基本价值观上认同百姓。"①

第五节　平民话语与中心话语的共同建构

一　"话语"的内涵

为了简单地说明本节标题的含义，本书借用福柯的话语理论（discourse theory）来阐明作为社会文化话语表现形式的"新闻话语"在达成社会共识方面所产生的巨大影响。在福柯的哲学方法中"话语"作为核心概念是一个关涉知识起源和性质的复杂而晦涩的概念体系。既完全不同于索绪尔的语言和言语，是一种抽象语言的封闭性存在的语言系统；它也不完全指巴赫金意义上的"表述"，是"意识形态充盈物"（Ideological Impletion）。福柯认为，话语是一种实践，是一个匿名的、历史的、有确定时空定位的规则体系。所有的社会现象都是依照一定的符码和规则建立起来的建构物，这样的"话语"（discourse），实质上就是"隶属于同一的形成系统的陈述整体"②，一种文化意义建构的法则，"这些法则指在一定文化传统、社会历史和文化背景下所形成的思维、表达、沟通与解读等方面的基本规则，是意义的建构方式和交流与创立知识的方式。"③　由此可见，西方的所谓科学、哲学、宗教、法律等"知识"，

① 张洪波：《电视新闻本地化若干问题解析》，http://media.people.com.cn/，2006年12月25日。
② ［法］福柯：《知识考古学》，谢强、马月译，生活·读书·知识三联书店2003年版。
③ 曹顺庆：《中外比较文论史·上古时期》，山东教育出版社1998年版，第335页。

都可视为在权力的支配下，经过不断冲突和积淀而逐渐形成的不同专业领域的话语系统，是历史延续下来的庞大话语集群，在此意义上，福柯认为"话语正是在权力、统治和斗争的关系内部被建立起来并发挥作用的"。话语是社会权力关系控制的产物，话语即权力的话语。

本书认为"新闻话语"作为一种社会话语，是新闻传播者与社会、公众、事件以及这些要素共同存在的历史背景和社会环境相互沟通、对话的所形成的意义建构物；新闻作为一种独特的话语形态是当下社会政治、经济和文化权力不断地相互冲突，经过积淀以后形成的人类思想的"陈述整体"；在社会知识学的意义上，新闻话语同样表现出了权力斗争的全部内涵。本书正是在此意义上来展开对新经济环境中携带不同资本的权力在新闻场域中冲突的论述，探讨社会主流话语在新语境中的重新建构的问题。

本节将阐述的"平民话语"是指一种"在政治上刻意迎和普通民众的意识形态，反对精英和拒绝以牺牲普通民众的现实利益来实现的历史进步"① 的政治意识以及建立在此基础上的"陈述"。② "平民话语"的基本特征是反对规范，反对中心和个体性。

二 平民话语凸显与对"中心话语"的消解

意识形态领域与符号领域相一致。哪里有符号，哪里就有意识形态。符号的意义属于整个意识形态，话语作为必不可少的成分，伴随着整个一般意识形态创作。话语伴随和评论着任何一种意识形态行为，话语的所有特点——它的纯符号性、意识形态的普遍适应性、生活交际的参与性、成为内部话语的功能

---

① 孙立平：《平民主义与中国的改革》，http://jingyingwang.com/politics/html/2007/01，2004年8月27日。
② 本书也仅取福柯对"陈述"的以下限定："陈述"不是命题、句子或讲话行为；"陈述"作为一种功能，它的意义存在于运动之中，即存在于它赖以存在和运动的句子、命题或与其他各种"陈述"的关系之中；陈述的主体是代表着一种话语主体的"位置"。

性，以及最终作为任何一种意识形态行为的伴随现象的必然现存性。——"所有这一切使得话语成为意识形态科学的基本研究客体"①。

（一）话语是一种权力的表现

福柯曾围绕权力对社会进行了分析。他所说的"话语即权力"，深刻地揭示了"话语—权力"之间的关系，即话语隐含了权力，而权力的载体往往就是话语。在他看来，社会发展即"知识"的更替和进步，而知识却是占社会主导地位的群体的思想、意志的集中体现，是社会权力以及权力在社会中的控制成果。福柯认为这种"话语"，就是一个权威主体，话语为一定的利益集团服务，话语权力与这个利益集团的实力成正比。比如说中国在改革前占支配地位的意识形态中，以精英主义的成分居于主导，"对反对群众中的落后意识和要求的强调，对教育群众的工作的提倡，对所谓尾巴主义的反对，以及时时刻刻对党的先锋队组织的作用的强调等，无疑都具有反平民主义或精英主义的深刻含义。"② 在当下的中国来看，这样的所谓"精英话语"因其具有的话语主体位置为"领导者"，所以可视为"权威话语"或者"主流话语"，本书称之为"中心话语"。传统意义上的"中心话语"是中国执政党利用其独有的社会控制权力而形成的具有"独裁"性质的话语，它在计划经济时代发挥了高度的融合力、强大传播力和广泛的认同感的作用，是过去那个时代凝聚人心和稳定社会的主要和重要的精神力量。但今天，中国社会的"权力"结构发生了新的变化：一方面是以网络为载体的"市民社会"的兴起，改变了"政治精英"建构的主流社会结构，尽管到今天，中国是否有"市民社会"还是一个颇具争议的问题，但放在网络的环境中，这样的现实以及它对中国现实社会的巨大影响力却是不容置疑的；另一方面，中国社会中的经济资本对社会政治和文化的冲击，改变了过去政治以及意识形态一统天下的话语霸权格局；其次还有来自西

---

① 《巴赫金全集》，河北教育出版社 1998 年版，第 350—357 页。
② 孙立平：《平民主义与中国的改革》，http：//jingyingwang. com/politics/html/2007/01，2004 年 8 月 22 日。

方强大思潮的影响。这样多元的社会"权力",必然改变固有的话语形式以及话语建构的固有途径,建构新的社会话语。

(二)平民话语凸显与对"中心话语"的解构

1. 中国改革进入市场经济以后,新闻报道凸显"平民话语":(1)民生新闻,不仅以关注普通百姓生活状况,而且以关注城市百姓的日常生活状况为内容指向,采用平民话语方式进行新闻的叙事与表现。从大众需求出发,题材内容、传播形式以受众为核心,将受众的日常生活纳入被传统新闻排斥的头条新闻视野中;将凸显权威地位的单向传播链条解构成受众参与的平等对话双向传播模式等。不管人们会怎样来考虑它的学科归宿,民生新闻实践及其理论概括寻求到了与中国社会制度、传统文化以及主流政治的导向性与受众收视欲望之间的平衡点与融合点[1],成为"在民本思想的基础上适应相宜的政治语境,对原有新闻观念在某种程度上寻求突破的理论结晶"。[2](2)DV 制作终于打破了权力对历史影像书写的话语垄断。对时代的记录、历史的书写发生了根本性变化。DV 的新闻制作使普通人进入了"新闻话语"的垄断和权威领域,接受了传统传播者的"新闻"话语霸权;DV 制作的随意开放机制消解了传统新闻的传播"把关人"作用和严格的"把关程序";DV 制作使新闻由"重大社会事件"的"权威书写"变成为"日常生活"的"平民叙述",突破了"新闻是社会突变现象的报道"[3] 的由经典理论家建构的新闻"真理"。(3)基于网络技术而形成的网络写作的自由、独立和游戏的特性,网络文体不仅以其大众、匿名、互动、自由的发表、传播和游戏的写作形态彻底颠覆了传统写作的权威、精英、控制和线性写作,而且在表现形态上创造了全新的样式。这些特征显示网络文体相对于传统文体来说是"更加开放的、非限定性的,同时具有生产性

---

① 李舒、胡正荣:《民生新闻"现象探析》,《中国广播电视学刊》2004 年第 6 期;白小易:《"民生新闻":一种具有中国特色的大众新闻——兼论南京"民生新闻"大战》,《中国电视》2004 年第 6 期。

② 朱寿桐:《论电视民生新闻理论的可能性》,《中国电视》2005 年第 12 期。

③ 陈建云、严三九、郭建斌、吴飞:《中外新闻学名著导读》,浙江大学出版社 2005 年版,第 233 页。

和颠覆性的"①　新型话语形态。

2."恶搞"话语的文化解析

"恶搞"全称为恶劣的搞笑，简称 EG。从目前引起强烈争议的"恶搞"来看，主要指经拍摄、剪辑和拼凑的视频、图片、音乐或者文字等，它以戏谑性和反讽性的精神将人们耳熟能详的电影作品进行解构，创新出反映"大众狂欢"的"思想图景"，是以"异乡情结、焦虑心理和反叛立场为精神特征的流氓意识形态"。②　2006 年年初，胡戈制作的《一个馒头引发的血案》恶搞了由陈凯歌导演的巨片《无极》，陈凯歌拍案而起。但始料不及的是，恶搞之风非但没能刹住，反而引发了"草根性"和民间化的影像制作的迅速鹊起，《春运帝国》、《闪闪的红星之潘冬子参赛记》、《吉祥玉米》、《吉祥三宝》之馒头版、小偷版、《命衰被欺》搞笑版以及朱军版等在网络上凤传；随后有网友发表《央视名嘴帮"毕福剑"给孩子起名》的帖子，开涮央视名嘴。一种虚拟世界里新的娱乐形式和表达方式凸显出来。预示着"戏仿、反讽和解构，正在成为一种新的话语时尚"。③

"恶搞"虽因由胡戈而成为"显词"，但影视界的"戏说"却早有先例，20世纪 90 年代，周星驰的电影《唐伯虎点秋香》、《国产凌凌漆》、《大内密探零零发》等对大量经典文学和电影作品进行戏仿颠覆，就极具恶搞意识；票房惨淡的《大话西游》经由北大清华等学子的推介和流传，被罩上了后现代主义的时尚外衣，在内地咸鱼翻身，成为碟片市场追捧的热点。央视人员制作的《分家在十月》对《列宁在十月》的戏仿，网民对赵饶案录音带的戏仿，以及对四大名著和现当代文学著作的戏仿，已经层出不穷。笔者认为，"恶搞"从对电影音乐明星名人的反讽走向对红色经典作品的解构和颠覆，是一种典型的"平

①　[法] 巴尔特罗兰·巴尔特：《写作的零度——结构主义文学理论文选》，李幼蒸译，时报文化出版企业有限公司出版 1992 年版。

②　朱大可：《流氓的盛宴》，新星出版社 2006 年版。

③　同上。

民话语",是建立在高科技技术和自由、开放的网络平台上的新的"话语形式"。解构性作品(例如戏仿),通常都会使用一些原作素材,然后在新的结构和母题下进行拼贴,这是被世界艺术史所认可的创作手法,杜尚对达·芬奇的《蒙娜丽莎》的结构,就是一个著名的例子。但是在今天中国的语境下它的出现却值得我们深思。

(1)从制作者来看,他们将"恶搞"视为新型的娱乐精神和平民权利,在相对自由宽松的网络世界里解构作品颠覆现实,享受着视频剪辑和话语狂欢带来的快感。正如胡戈所说的 ——做这个东西除了好玩之外没有任何商业的企图。

(2)"恶搞"出的作品其实蕴涵着深度的思索和反讽意义。"恶搞"的作品尽管毫无艺术的"规范"、"精细",明显粗制滥造。但制作者就是有意通过一种"拼凑"来解构"精细艺术"想带给人们的"秩序"、"顺从"、"合逻辑性"和"维护"等价值理念;通过"戏仿"来反抗的现实主流话语和主流话语的霸权地位。"恶搞"与其说是人们不满现实的玩世不恭表现,不如说是"平民"的一种"话语权利"的争夺。

(3)"恶搞"成为时尚标示了"精英文化"与"大众文化"的剧烈冲突性,是网络和传统的第一次大交锋。它潜隐着一个当下中国文化的"大裂痕"。曹顺庆先生就曾在十年前就中国文艺理论研究领域存在的问题提出了一个重要的观点——"失语症",[①] 认为长期以来,中国现当代文艺理论基本上是借用西方的一整套话语,没有自己的理论,自己的声音,"长期处于文论表达、沟通和解读的'失语'状态。"[②] 在今天看来,这种"失语症",绝不仅仅是一种文学理论研究的现象,是文学领域的问题,而是整个中国文化的问题。正如曹先

---

① 曹顺庆先生所谓失语是指失去了中国文化的言说方式,只能生搬硬套西方的概念术语等。参见《21 世纪中国文论发展战略与重建中国文论话语》,《东方丛刊》1995 年第 3 辑,《文论失语症与文化病态》,《文艺争鸣》1996 年第 2 期。

② 曹顺庆:《文论失语与文化病态》,《文艺争鸣》1996 年第 2 期。

生在其后深刻分析的一样，产生这种文化"病态"的根本原因是民族心态的失衡，也就是说当我们在"革命"声中开始重新审视传统时，却发现我们根本不懂得传统；时时刻刻反对全盘西化，却见整个国家的意识形态原本就来自西方。在此情形下，中国失落了传统文化，与西方文化又存在"隔阂"，所以，当今中国文化呈现"空洞性"特征。笔者认为中国在没有来得及整理好自己文化传统的时候，就突然进入了西方的后现代社会中了，"恶搞"就是典型的表现。

三　平民话语与中心话语的共建

现代高新科技革命对人类当代文化的发展正在产生着以往所无可比拟的巨大影响。文化生产方式改变、主导新闻形式的革新和新兴文化形态的崛起引起了原有文化艺术生态格局的全面变化，封闭的，落后的，狭隘的文化和缺乏竞争力的文化，都将在文化市场中被文化消费者遗忘。在现代社会里，中心话语是在社会发展中形成的，具有高度的融合力、较强大传播力和广泛的认同的文化形式，是凝聚人心和稳定社会的精神力量。而"平民话语"所代表的大众文化既是主流文化的营养源泉，又是主流文化的异化力量。一个民族的价值观和道德文化都是通过大众文化的传承而得以生存和发展的，并在此基础上逐步形成社会普遍认同的主流文化。

"平民话语"用"反常"的手段，以满足人们好奇心为目的在传播着一种"社会平等"的共同价值观念的同时，也渲染着违背传统、违反秩序和仇恨现实的极端化倾向，对社会造成极大的负面影响，误导民众。因此，"平民话语"传播的意识形态消极影响力量强大，对民族文化和主流文化会形成的巨大的威胁。

正确处理好"平民话语"与"中心话语"的关系依然是建构当代社会话语的关键。福柯认为，如果话语是完全中立的，全社会所有利益集团都能接受时，这对整个社会是最有利的。因此他认为，如果话语权力一旦成为类似垄断的力量时，对整个社会都没有好处，无论是"平民话语"还是"中心话语"都应该有各自"言语"的空间和时间，或者还不如完全出于竞争状态好。对于现代社会而言，福柯提出的解决方案是，制定宪法规则，对所有话语和话语者实行公正公平，对某些有霸权的话语进行限制，就如同在有健全法制的市场竞争中，制定出反垄断法以限制垄断一样。

"守土有责"是中心话语的社会责任。然而，当"土"已经发生了历史语境的变迁，更出现了全新的"物种"的时候，依然沿袭固守传统的思想意识、运营模式和管制手段，就会背离社会发展。"中心话语"只有不断提高自己的创新能力，保持与大众文化的"沟通"，甚至"中心话语"平民化，增强话语的融和力、亲和力和整合力，才能提高"中心话语"的先进性、普适性和认同感，得社会文化的掌控权，并最终获得全球化文化市场竞争的优势。

结　语

综上所述，笔者认为今天中国的传媒出现的复杂语境是市场经济确立以来社会消费日渐繁荣影响的结果；同样也是中国新闻走向新传播时代的重要契机。从本质上来讲，新闻是对社会事实的"认识"，是一种影响社会舆论的特殊社会意识形态的建构。传统体制下的中国新闻受制于政治意识形态观的影响，成为政治教化的工具；以数字化为核心的传播时代造就了中国新闻传播的全新语境，逐步融入世界经济一体化的中国新闻传播再一次面临变革的新挑战。

笔者认为，市场经济时代就是消费时代，尤其在中国社会和经济转型时期，新旧体制的交错以及经济的快速增长和世界经济一体化的推动都使得中国的新闻实践面临重大转机。在这样的语境中，文化领导权的持续巩固是当下执政党能否继续带领社会走向繁荣以及未来的关键。当下中国新闻传播实践面临的困境其实质就是党性、商品性和公共性的冲突和对立。在怎样坚持新闻党性原则的同时，兼顾新闻的消费属性；传媒怎样继续发挥在消费时代社会文化建构的积极影响，中国社会从新闻业界到理论界存在着不少认识误区，比如认为，如果强调传媒的市场主体性，重视传媒产品的消费性，传媒就只会在受众市场的牵引下，一味追求经济利益而将媒体的社会责任边缘化；同样媒体对社会的舆论导向作用也只有通过大量的新闻专题或者严肃的新闻形态才能体现出来，轻松和非庄重的新闻形态尤其是综艺娱乐节目难以承载社会文化和主流话语。因而，怎样实现既发挥传媒在国家管理中的舆论导向作用，又能遵循传媒自身发展的规律，以市场生存为其发展基础，一方面通过党领导下的传媒建构符合当下社会新的消费文化，实现对社会的文化领导权；又能顺合民情民意，推动社会的发展等问题成为当下中国新闻传媒发展的重大障碍。

显而易见的是，媒体只有先获得生存权，才谈得上影响力的发挥；只有先获得受众，才能制造文化"合意"；区分党管意识形态和国家文化事业管理，把政府管理文化的职能性工作权力还给政府。政府依法行政，依法管理一切文化事业；把文化产业的主体地位还给企业，确立起作为市场主体的法律地位；把应该属于市场调节的那一部分权力还给市场，发挥市场在资源配置中的基础性作用，才是明智的选择。传媒的党性原则是中国新闻业发展的根本，但只有将党性视为发展开放的系统，将人民性、大众性和公共性融入其中，才能获得现时代发展的动力，产生影响力；商品性是新闻的生存之根本，但商品性与消费的结合也会带来经济利益对社会利益的侵蚀，产生新闻的扭曲而危及新闻的生存；同时还会在消费文化的"虚幻景观"中让"人类文化精神枯萎"[①]；"公共领域"是资本经济社会的产物，其自由、民主和共同参与的思想既是社会高度文明发展的必然产物，也是中国当下数字传播飞速发展以及由此形塑而成的新传播语境的现实需求。只有顺应新的历史变化，因势利导，将新闻与消费、商品性与党性、主流话语与消费话语结合起来；用喜闻乐见的新闻，塑造消费时代以公共性为核心的新闻话语，才能顺应社会的发展。

---

① ［美］尼尔·波兹曼：《娱乐至死》，章艳译，广西师范大学出版社 2004 年版，第 201 页。

参考文献

阿诺德：《文化与无政府状态》，韩敏中译，上海三联书店 2002 年版。

阿芒特·马特拉：《世界传播与文化霸权》，陈卫星译，中央编译出版社 2001 年版。

阿瑟·阿萨·伯杰：《通俗文化，媒介与日常生活中的叙事》，南京大学 2002 年版。

阿特休尔：《权力的媒介》，华夏出版社 1989 年版。

安吉拉·默克罗比：《后现代主义与大众文化》，中央编译出版社 2001 年版。

奥利弗·博伊德—巴雷特、克里斯·纽博尔德编：《媒介研究的进路——经典读本》，新华出版社 2004 年版。

包国强：《媒介营销理论·方法·案例》，清华大学出版社 2005 年版。

鲍德里亚：《物体系》，上海世纪出版社 2001 年版。

鲍德里亚：《后现代性的哲学话语——从福柯到赛义德》，马海良译，浙江人民出版社 2001 年版。

贝姆：《组织中的传播和权力：话语、意识形态和统治》，中国社会科学出版社 2000 年版。

尼尔·波兹曼:《娱乐至死》,章艳译,广西师范大学出版社 2004 年版。

布尔迪厄:《信仰生产:为符号商品经济而作》,曾军译,生活·读书·新知三联书店 2001 年版。

蔡帼芬:《国际传播与媒体研究》,北京广播学院出版社 2002 年版。

《中国报业集团发展研究》,南方日报出版社 2004 年版。

曹顺庆:《中外比较文论史·上古时期》,山东教育出版社 1998 年版。

曹顺庆:《比较文学学》,四川大学出版社 2005 年版。

曹鹏:《中国报业集团发展研究》,新华出版社 1999 年版。

陈建云:《中外新闻学名著导读》,浙江大学出版社 2005 年版。

陈力丹:《世界新闻传播史》,上海交通大学出版社 2002 年版。

陈作平:《新闻理论新思路——新闻理论范式的转型与超越》,中国传媒大学出版社 2006 年版。

陈立旭:《都市文化与都市精神》,东南大学出版社 2002 年版。

戴扬、卡茨:《媒介事件》,麻争旗译,北京广播学院出版社 2000 年版。

戴锦华:《书写文化英雄——世纪之交的文化研究》,江苏人民出版社 2000 年版。

丹尼尔·戴扬、伊莱休·卡茨:《媒介事件:历史的现场直播》(1992),北京广播学院出版社 2000 年版。

道格拉斯·凯尔纳:《媒体文化——介于现代与后现代之间的文化研究、认同性与政治》,商务印书馆 2004 年版。

道格拉斯·凯尔纳:《媒体奇观——当代美国社会文化透视》,史安斌译,清华大学出版社 2004 年版。

凤凰卫视之:《DV 新世代》栏目组《DV 新世代》,中国青年出版社 2003 年版。

弗兰克·秦格龙:《麦克卢汉精粹》,南京大学出版社 2000 年版。

傅平:《传媒变革——中国传媒集团组织转型与重塑》,上海文化出版社

2005 年版。

顾潜:《中西方新闻传播:冲突、交融、共存》,复旦大学出版社 2003 年版。

宫志刚:《社会转型与秩序构建》,中国人民公安大学出版社 2004 年版。

郭镇之:《中国电视史》,中国人民大学出版社 1991 年版。

郭庆光:《传播学教程》,中国人民大学出版社 1999 年版。

哈贝马斯:《公共领域的结构转型》,曹卫东译,上海学林出版社 1999 年版。

哈森:《世界新闻多棱镜》,新华出版社 2000 年版。

贺善侃:《当代中国转型期社会形态研究》,学林出版社 2003 年版。

黄匡宇:《电视新闻语言学》,中国广播电视出版社 2000 年版。

霍克海默、阿多诺:《启蒙的辩证法》,重庆出版社 1993 年版。

姜秀珍:《新闻统计学》,新华出版社 1998 年版。

杰姆逊:《后现代主义与文化理论》,陕西师范大学出版社 1986 年版。

居伊·德波:《景观社会》,南京大学出版社 2006 年版。

俞吾金:《意识形态论》,上海人民出版社 1993 年版。

黄升民、丁俊杰:《媒介经营与产业化研究》,北京广播学院出版社 1997 年版。

兰斯·班尼特:《新闻:政治的幻象》,杨晓红、王家全译,当代中国出版社 2005 年版。

凯尔纳:《媒体奇观当代美国社会文化透视》,史安斌译,清华大学出版社 2003 年版。

雷蒙德·威廉斯:《文化与社会》,北京大学出版社 1991 年版。

雷蒙德·威廉斯:《电视:科技与文化形式》,冯建山译,台北远流出版事业有限公司 1994 年版。

李特·约翰:《人类传播理论》,史安斌译,清华大学出版社 2004 年版。

黎斌、蒋淑媛：《中国电视广告经营模式创新研究》，中国传媒大学出版社2005年版。

陆杨、王毅：《大众文化与传媒》，上海三联书店2000年版。

李西建：《重塑人性：大众人性中的审美嬗变》，湖北人民出版社1998年版。

李良荣：《新闻学概论》，复旦大学出版社2001年版。

李希光：《转型中的新闻学》，南方日报出版社2005年版。

李希光：《畸变的媒体》，复旦大学出版社2003年版。

李希光、孙静惟：《下一代媒体》，南方日报出版社2002年版。

林晖：《未完成的历史——中国新闻改革前沿》，复旦大学出版社2004年版。

刘士林：《变徵之音：大众审美中的道德趣味》，湖北人民出版社1998年版。

刘小枫：《个体信仰与文化理论》，四川人民出版社1997年版。

刘华蓉：《大众传媒与政治》，北京大学出版社2001年版。

刘海贵：《中国现当代新闻业务史导论》，复旦大学出版社2002年版。

刘斌：《中国广播产业制度创新》，中国传媒大学出版社2005年版。

刘建明：《舆论传播》，清华大学出版社2001年版。

刘勇：《媒体中国》，四川人民出版社2000年版。

刘国光、王洛林、李京文：《2006年：中国经济形势分析与预测》，社会科学文献出版社2005年版。

陆小华：《整合传媒》，中信出版社2002年版。

陆晔：《电视时代——中国电视新闻传播》，复旦大学出版社1997年版。

陆地：《中国电视产业发展战略研究》，新华出版社1999年版。

罗宾斯、莫利：《认同的空间》，司艳译，南京大学出版社2000年版。

罗杰斯：《传播学史》，殷晓蓉译，上海译文出版社2002年版。

罗钢、刘象愚：《文化研究读本》，中国社会科学出版社2000年版。

罗钢、王中忱：《消费文化读本》，中国社会科学出版社2003年版。

罗兰·巴尔特：《神化——大众文化诠释》，上海出版社1999年版。

罗以橙：《中国媒体发展研究报告 2003—2004 年卷》，武汉大学出版社 2005 年版。

罗伯特·G. 皮卡德、杰弗里·H. 布罗迪：《美国报纸产业》，中国人民大学出版社 2004 年版。

李铁映、江蓝生：《中国人文社会科学前沿报告（2000 年卷）》，社会科学文献出版社 2002 年版。

马尔库塞：《单向度的人》，重庆出版社 1993 年版。

马戎、周星：《二十世纪：文化自觉与跨文化对话》，北京大学出版社 2001 年版。

马歇尔·麦克卢汉：《理解媒介——论人的延伸》，商务印书馆 2000 年版。

马庆平：《讲述的权力——大众媒体在经济发展中的作用》，中国财政经济出版社 2005 年版。

迈克·费瑟斯通：《消费文化与后现代主义》，译林出版社 2000 年版。

迈克·费瑟斯通：《消费社会》，南京大学出版社 2001 年版。

密苏里新闻学院写作组：《新闻写作教程》，圣马丁出版社 1980 年版。

亨廷顿：《文明的冲突与世界秩序的重建》，新华出版社 2002 年版。

孟繁华：《众神狂欢——当代中国的文化冲突问题》，今日中国出版社 1997 年版。

孟繁华：《传媒与文化领导权——当代中国的文化生产与文化认同》，山东教育出版社 2003 年版。

默克罗比：《后现代主义与大众文化》，田晓菲译，中央编译出版社 2001 年版。

莫利：《电视、受众与文化研究》，史安斌主译，新华出版社 2005 年版。

《马克思恩格斯全集》第 26 卷，人民出版社 1972 年版。

《马克思恩格斯全集》第 27 卷，人民出版社 1972 年版。

《马克思恩格斯全集》第 29 卷，人民出版社 1972 年版。

《马克思恩格斯全集》第 28 卷，人民出版社 1973 年版。

《马克思恩格斯全集》第 46 卷，人民出版社 1972 年版。

《马克思恩格斯全集》第 48 卷，人民出版社 1985 年版。

《马克思恩格斯选集》第 1 卷，人民出版社 1972 年版。

《马克思恩格斯选集》第 2 卷，人民出版社 1972 年版。

《马克思恩格斯选集》第 4 卷，人民出版社 1972 年版。

《马克思恩格斯论新闻》，新华出版社 1985 年版。

《毛泽东新闻工作文选》，新华出版社 1985 年版。

《列宁全集》第 12 卷，人民出版社 1957 年版。

南帆：《双重视域》，江苏人民出版社 2001 年版。

尼克·史蒂文森：《认识媒介文化——社会理论与大众传播》，王文斌译，商务印书馆 2001 年版。

尼古拉斯·阿伯克龙比：《电视与社会》，张永喜等译，南京大学出版社 2001 年版。

欧阳国忠：《媒体活动实战报告》，南方日报出版社 2005 年版。

欧阳宏生：《电视批评论》，中国广播电视出版社 2000 年版。

潘知常、林玮：《传媒批判理论》，新华出版社 2002 年版。

潘知常、林玮：《大众传媒与大众文化》，上海人民出版社 2002 年版。

彼得斯：《传播思想史：交流的无奈》，华夏出版社 2003 年版。

皮埃尔·布尔迪厄：《关于电视》，许钧译，辽宁教育出版社 2000 年版。

翟惠生：《中国新闻奖作品选》，新华出版社 2006 年版。

赛弗林、坦卡德：《传播理论：起源、方法与应用》，郭镇之等译，华夏出版社 2000 年版。

斯道雷：《文化理论与通俗文化导论》（第二版），南京大学出版社 2001 年版。

施拉姆：《报刊的四种理论》，华夏出版社 1989 年版。

施拉姆：《大众传播媒介与社会发展》，华夏出版社 1990 年版。

孙燕君：《期刊中国》，中国社会科学 2004 年版。

泰勒·威利斯：《媒介研究：文本、机构与受众》，吴靖、黄佩译，北京大学出版社 2005 年版。

汤林森：《文化帝国主义》，上海人民出版社 1999 年版。

屠忠俊：《当代报业经营管理》，华中理工大学出版社 1998 年版。

童清艳：《信息时代媒介受众认知结构研究》，中国广播电视出版社 2002 年版。

王逢振：《电视与权力》，天津社会科学院出版社 2000 年版。

王兰柱：《中国电视收视年鉴 2006》，中国传媒大学出版社 2006 年版。

王君超：《媒介批评——起源·标准·方法》，北京广播学院出版社 2001 年版。

王宇：《传媒巨子和他们的王国》，中国国际广播出版社 2006 年版。

王岳川：《中国镜像：90 年代文化研究》，中央编译出版社 2001 年版。

威廉·E. 布隆代尔：《华尔街日报是如何讲故事的》，徐杨译，华夏出版社 2006 年版。

文硕：《这就是娱乐经济》，中国广播电视出版社 2002 年版。

文森特·莫斯可：《传播政治经济学》，胡正荣等译，华夏出版社 2000 年版。

吴予敏：《多维视角》，北京大学出版社 2001 年版。

沃克：《报纸的力量——世界十二大报》，新华出版社 1987 年版。

吴飞：《大众媒介经济学》，浙江大学出版社 2000 年版。

吴郁：《节目主持艺术探》，北京广播学院出版社 1999 年版。

吴高福：《新闻学基本原理》，武汉大学出版社 2004 年版。

吴素玲：《中国电视剧发展史纲》，北京广播学院出版社 1997 年版。

王东、石军、叶舟、赵文玉：《古今中外争鸣集粹》，中国社会科学出版社 1995 年版。

吴信训、金冠军：《中国传媒经济研究——1949—2004》，复旦大学出版社2004年版。

武汉大学媒体发展研究中心：《中国媒体发展研究报告》（2003—2004卷），武汉大学出版社2005年版。

新闻出版署政策法规司：《中华人民共和国现行新闻出版法规汇编》，人民出版社1991年版。

小野秀雄：《新闻学原理》，中国人民大学新闻系内部铅印本1960年版。

徐耀魁：《西方新闻理论评析》，新华出版社1998年版。

徐培汀：《中国新闻传播学说史》，重庆出版社2006年版。

阎克文、江红译：《李普曼公众舆论》，上海人民出版社2000年版。

杨魁、董亚丽：《消费文化——从现代到后现代》，中国社会科学出版社2003年版。

衣俊卿：《20世纪的文化批判——西方马克思主义的深层解读》，中央编译出版社2003年版。

尹鸿：《世纪转折时期的中国影视文化》，北京出版社1998年版。

尹鸿、冉儒学、陆虹：《娱乐旋风》，中国广播电视出版社2006年版。

喻国明：《变革传媒——解析中国传媒转型问题》，华夏出版社2005年版。

喻国明：《一个传播学者的实证研究》，北京广播学院出版社2004年版。

喻国明：《解析传媒变局——来自中国传媒业第一现场的报告》，南方日报出版社2002年版。

喻国明：《传媒影响力》，南方日报出版社2003年版。

余虹、邓正强：《中国当代广告史》，湖南科学技术出版社2000年版。

袁方：《社会研究方法教程》，北京大学出版社1997年版。

约翰·汤姆林森：《文化帝国主义》，冯建三译，上海人民出版社1999年版。

约翰·汤姆林森：《全球化与文化》，郭英剑译，南京大学出版社2002年版。

约翰·菲斯克：《解读大众文化》，杨全强译，南京大学出版社2001年版。

约翰·费斯克：《电视文化》，祁阿红、张鲲译，商务印书馆 2005 年版。

约翰·斯道雷：《文化理论与通俗文化导论》，杨竹山等译，南京大学出版社 2001 年版。

约翰·菲斯克：《理解大众文化》，中央编译出版社 2001 年版。

詹姆逊：《后现代与消费社会》，中国社会科学出版社 2000 年版。

詹姆逊：《时间的种子》，王逢振译，漓江出版社 1997 年版。

詹姆逊：《后现代主义与文化理论》，唐小兵译，北京大学出版社 1997 年版。

詹姆逊：《快感：文化与政治》，王逢振译，中国社会科学出版社 1998 年版。

詹姆逊：《文化的转向》，胡亚敏译，中国社会科学出版社 2000 年版。

詹姆逊：《晚期资本主义的文化逻辑》，张旭东编，陈清侨等译，生活·读书·新知三联书店 1997 年版。

詹姆逊：《政治无意识》，中国社会科学出版社 1999 年版。

《中国共产党新闻工作文献选编》，人民出版社 1990 年版。

曾华国：《媒体的扩张》，南方日报出版社 2004 年版。

张国良：《新闻媒介与社会》，上海人民出版社 2001 年版。

张国良：《20 世纪传播学经典文本》，复旦大学出版社 2005 年版。

张桂珍：《国际关系中的传媒透视》，北京广播学院出版社 2000 年版。

张京媛：《后殖民理论与文化批评》，北京大学出版社 1999 年版。

张锦华：《传播批判理论》，黎明文化事业公司 1994 年版。

张锦力：《解密中国电视》，中国城市出版社 1999 年版。

张晓明、胡惠林：《2006 年：中国文化产业发展报告》，中国社会科学出版社 2005 年版。

张颐武：《从现代性到后现代性》，广西教育出版社 1997 年版。

赵玉明：《中国现代广播简史》，中国广播电视出版社 1995 年版。

赵化勇、孟建：《电视媒介经济学》，华夏出版社 2004 年版。

赵毅衡：《符号学文学论文集》，百花文艺出版社 2004 年版。

中国新闻获奖评选委员会办公室：《中国新闻奖作品选》，新华出版社 2004 年版。

周浩然：《市场经济与文化发展》，中国经济出版社 1994 年版。

周小普：《广播新闻与音响报道》，中国人民大学出版社 2001 年版。

周鸿铎：《传媒经济"三论说"》，社会科学文献出版社 2005 年版。

周鸿铎：《传媒经济导论》，经济管理出版社 2003 年版。

朱效梅：《大众文化研究——一个文化与经济互动发展的视角》，清华大学出版社 2003 年版。

朱国华：《权力的文化逻辑》，上海三联书店出版社 2004 年版。

佐藤卓己：《现代传媒史》，诸葛蔚东译，北京大学出版社 2004 年版。

部分参考论文：（以在文中注释出现的先后为序）

邓正来：《中国社会科学的再思考——学科与国家的迷思》，《南方论坛》 2000 年第 2 期。

方明：《新闻转轨刍议》，《新闻知识》1986 年第 6 期。

任中南：《新时期的新闻观念——从适应商品经济角度剖析》，《新闻知识》 1987 年第 2 期。

钟沛璋：《一个目的，四个回顾，五个转变——在深度和广度上推进新闻改革》，《新闻知识》1987 年第 3 期。

桑荫：《商品经济与新闻转轨》，《新闻知识》1987 年第 12 期。

傅汉章：《浅谈市场学和广告学》，《中国广告》1982 年第 2 期。

张建成、赵立德：《浅谈市场调研在广告中的地位与作用》，《国际广告》 1985 年第 8 期。

梁世斌：《运用市场营销原理指导广告实践》，《国际广告》1987 年第

6 期。

沈如钢：《试论我国新闻体制改革的目标模式》，《新闻学刊》1986 年第
3 期。

黄旦：《全球化：中国新闻传播学者的理解与构想》，《新闻记者》2002 年
第 10 期。

复旦大学新闻学院、新闻研究所：《广州报业集团对中国报业发展的启
示》，《新闻大学》1999 年第 9 期。

喻国明：《略论资本市场与传播产业结缘的机遇、操作方法与风险规避》，
《新闻与传播研究》1999 年第 4 期。

黄升民：《重提媒介产业化》，《现代传播》2000 年第 5 期。

里查德·科恩：《新闻公司化与利润最大化》，余红、杨伯淑编译，《国际
新闻界》2001 年第 2 期。

李良荣：《娱乐化、本土化——美国新闻传媒的两大潮流》，《新闻记者》
2001 年第 3 期。

吴飞：《现代传播、后现代生活与新闻娱乐化》，《浙江大学学报》2002 年
第 5 期。

吴洪霞、葛丰：《新闻专业主义与传媒消费主义之张力分析》，《人文杂志》
2004 年第 1 期。

方苏、张薇：《新闻消费主义对新闻专业主义的建构与消解——由〈一名
新记者的困惑〉引发的关于新闻消费主义与新闻专业主义关系的思考》，《新闻
记者》2004 年第 11 期。

孙旭培：《入世对我国新闻业的影响和对策》，《国际新闻界》2001 年第
3 期。

丁柏铨、胡菡菡：《"入世"对我国新闻传播业生存环境的影响》，《现代传
播》2003 年第 5 期。

段京肃：《定位——重组：媒体应对 WTO》，《国际新闻界》2001 年第

5 期。

曾庆洪：《轰响新机制的黄钟——论广播的产业化与机制创新》，《现代传播》2002 年第 6 期。

罗霆：《湖南电视产业发展模式研究》，《现代传播》2002 年第 4 期。

魏永征：《中国传媒业利用业外资本合法性研究》，《新闻传播与研究》2001 年第 2 期。

黄必烈：《世纪初中国传媒业与资本市场：政策与机会》，《现代传播》2003 年第 3 期。

张光前、潘可武：《关于电视制片人制建立及制作播出分离的几点思考》，《现代传播》2000 年第 1 期。

曲红：《关于提高我国传媒核心竞争力的思考》，《现代传播》2004 年第 2 期。

张志：《电视媒介市场供求经济学分析》，《国际新闻界》2001 年第 4 期。

彭健：《媒介两级交易》，《现代传播》2003 年第 6 期。

徐光春：《在全国新闻工作会议上的讲话》，《新闻战线》2000 年第 2 期。

袁爱中：《默多克传媒消费主义研究》，http：//www. 51lunwen. com/literature/2009/0619/lw200906191317511664 - 12. html。

马编译：《马克思论新闻是商品的历史事实》，《新闻界》1994 年第 5 期。

张铭清：《报纸的商品属性与新闻的非商品属性》，《新闻与写作》1994 年第 8 期。

《关于若干历史问题的决议》，http：//theory. people. com. cn/GB/40557/42608/4555501. html，1981 年 6 月 27 日。

郑亚楠：《美国商业报刊体系解析》，《北方传媒研究》2006 年第 2 期。

邹军：《从便士报的发展史看中国都市报的走向》，《新闻爱好者》2005 年第 1 期。

孙旭培：《都市报：中国报业最有意义的改革》，http：//www. oursee.

com/html/sunxupei/2006＿01＿17＿16＿46＿196＿3．html。

白贵、赵晖：《从无到有：中国受众研究20年——"全国第三届受众研究学术研讨会"综述》，《新闻记者》2001年第12期。

王立强：《多频道环境下的频道专业化研究》，《中华新闻报》2004年3月22日。

侯迎忠：《电视民生新闻研究综述》，《现代传播》2006年第5期。

国家统计局：《文化及相关产业分类》，《青年记者》2006年第5期。

李欧梵：《当代中国文化的现代性与后现代性》，《文学评论》1999年第5期。

杨乃乔：《后现代性、后殖民性与民族性》，《东方丛刊》1998年第1期。

翁杨：《学术话语与新闻学创新》，《理论探索》2004年第5期。

芮必峰：《新闻学研究的不同领域》，《现代传播》2004年第1期。

刘建明：《传统新闻价值观的自我颠覆》，《新闻界》2002年第6期。

辛华：《中国新闻史研究的黄金时代——中国新闻史学会会长方汉奇教授访谈录》，《现代传播》2002年第5期。

张毓强：《新媒体：威胁还是机遇》，《中国记者》2005年第8期。

韩永进：《我国文化体制改革历程》，http：//www．china．com．cn/chinese/zhuanti/whbg04－05/793495．html，中国网2006年4月3日。

范帆：《对当前传媒产业改革发展的思考》，《新闻记者》2006年第11期。

邢建毅、刘文明：《我国资本市场与传媒产业的融合与发展趋势研究》，《现代传播》（中国传媒大学学报）2002年第2期。

《中共中央关于深化新闻出版广播电视业改革的若干意见》，2001年。

翁杨：《我国传媒产业国际竞争力的政府要素分析》，《传媒经济》2005年第4期。

杨伯淑：《从国际传播到全球传播：跨国公司的介入及其影响》，《新闻与传播研究》2003年第3期。

尹鸿：《霸权与多元：新世纪电视文化随想》，《电视研究》2000 年第 1 期。

秦志希、刘敏：《新闻传媒的消费主义倾向》，《现代传播》2003 年第 9 期。

国家统计局：《文化及相关产业分类》，2004 年 4 月 1 日。

陈刚：《传媒集团扩张的三种模式》，《新闻战线》2003 年第 5 期。

李岚：《国有广电传媒集团的产业链接和品牌运营——上海文广新闻传媒集团总裁黎瑞刚访谈录》，《视听界》2004 年第 4 期。

袁莉：《构建以整体营销为导向的节目制作体系》，《新闻记者》2004 年第 8 期。

董天策：《民生新闻：中国特色的新闻传播范式》，《西南民族大学学报》（人文社科版）2007 年第 6 期。

孟建、刘华宾：《对"电视民生新闻"现象的理论阐释——以安徽电视台〈第一时间〉为例》，《中国广播电视学刊》2004 年第 7 期。

路璐：《解析电视民生新闻的资源优势》，《传媒观察》2004 年第 6 期。

李舒、胡正荣：《"民生新闻"现象探析》，《中国广播电视学刊》2004 年第 6 期。

方永明：《电视民生新闻兴起的背景分析》，《中国新闻研究中心》，http://www.cdde.net/shouwnews.asp? newsid: 7667，2004 年 12 月 8 日。

白小易：《"民生新闻"：一种具有中国特色的大众新闻——兼论南京"民生新闻"大战》，《中国电视》2004 年第 6 期。

周立顺：《由〈世界报〉看美国"黄色新闻"的另一面》，《青年记者》2006 年第 23 期。

黄祖松：《副刊与新闻》，http://www.gxnews.com.cn/channel/shushi/hzs/hzs_02.html，2009 年 7 月 2 日。

《对当前中国报业的基本认识》，http://blog.sina.com.cn/u/4a2947d001000531。

《广告新闻化的思考》，http：//www.textcn.com/Article/wenkelunwen/lunlidd/200609/15489.html，2006 年 9 月 12 日。

《电视新闻故事化刍议》，《中国广播电视学刊》2002 年第 5 期。

闵大洪、曾凡斌：《中国新闻传播专业网站评析》，《新闻与传播研究》2002 第 4 期。

吕新雨：《在乌托邦的废墟上——新纪录运动在中国》，http：//www.cul-studies.com/old/bbs/read.asp？boardid=42&bbsid=220，2008 年 6 月 20 日。

吕新雨：《我们为什么需要纪录片？——中国电视纪录片发展现状的反思》，《南方电视学刊》1999 年第 1 期。

程素琴：《另一种记忆：对独立纪录片的反思》，http：//www.oursee.com/html/jilupian/2006_01_04_14_12_744_3.html，2006 年 1 月 4 日。

《DV 纪录片——技术发展带给艺术创作的变革》，http：//www.ourdv.com，2005 年 9 月 6 日。

何静：《从"平民化的新闻表达"谈"方言说新闻"》，《新闻界》2006 年第 4 期。

俞虹、金姗姗：《直面方言播报主持》，《现代传播》2005 年第 1 期。

邵培仁、潘祥辉：《新闻媒体"方言言说"的社会成本分析》，《现代传播》2005 年第 2 期。

韩鸿：《方言影视的文化解析》，《新闻与传播研究》2003 年第 1 期。

韩永进：《我国文化体制改革的历程与新进展》，《出版参考》2005 年第 1 期。

张海涛：《走中国特色的广播电视数字化发展之路》，《世界广播电视》2004 年第 10 期。

黄升民：《2003：生死存亡——分析广电媒介变局的五个观点》，《现代传播》2003 年第 5 期。

冯婷：《频道专业化发展的"瓶颈"浅析》，《新闻传播》2004 年第 1 期。

章彦：《必视性才是重要的——兼谈 CCTV 新闻频道的传播理念》，《新闻传播》2005 年第 2 期。

牛鸿英：《央视新闻频道节目组合模式初探》，《电视研究》2004 年第 10 期。

黄升民：《出路在于内容产业化》，《传媒》2003 年第 5 期。

方汉奇：《十四大以来的中国新闻事业》，《郑州大学学报》1994 年第 2 期。

李良荣：《十五年来新闻改革的回顾与展望》，《新闻大学》1995 年第 1 期。

喻国明：《当前中国传媒业发展客观趋势解读》，《现代传播》2004 年第 2 期。

张恩超：《从民生新闻到公共新闻》，《南方周末》2004 年 11 月 4 日。

谢静：《协商规范——美国媒介批评与新闻专业规范之建构和解构》，《新闻大学》2003 年秋季号。

郭镇之：《传播经济学理论泰斗达拉斯·斯麦兹》，《国际新闻界》2001 年第 3 期。

高雁鸿：《有偿新闻是对媒体公信力的透支》，《当代传媒》2005 年第 8 期。

张小争：《有偿新闻的实质危害》，http://media. news. hexun. com/1646_650985c. shtml，新传播资讯网 2003 年 4 月 23 日。

杨保军：《虚假新闻表现的三个层次》，《今传媒》2006 年第 2 期（下月刊）。

丁柏铨、周楠：《论新闻传播中的隐形失实》，《新闻与写作》2004 年第 9 期。

毕一鸣：《传媒生命力解析》，《当代传播》2005 年第 1 期。

马黎萍：《中国报纸娱乐新闻研究》，硕士论文，南京师范大学 2002 年。

柯涛：《新闻娱乐化根源探析》，硕士论文，郑州大学 2004 年。

王欣：《传播政治经济学视野中的新闻娱乐化》，硕士论文，武汉大学

2005 年。

　　杨金鹏：《新闻娱乐化及其负面影响研究》，硕士论文，南昌大学 2005 年。

　　陈慕瑜：《新闻娱乐化现象探讨》，硕士论文，暨南大学 2005 年。

　　涂琳：《当代中国新闻娱乐化浅析》，硕士论文，华中师范大学 2005 年。

　　柯涛：《新闻娱乐化根源探析》，硕士论文，郑州大学 2004 年等论文。

　　参见陈慕瑜《新闻娱乐化现象探讨》，硕士论文，暨南大学 2005 年。

　　刘宏：《中西比较：市场经济与大众传媒》，《国际新闻界》2000 年第 2 期。

　　杨同庆：《对传媒低俗化的理论思考》，www. people. com. cn，2005 年 1 月 12 日。

　　陈慕瑜：《新闻娱乐化现象探讨》，硕士论文，暨南大学 2005 年。

　　赵月枝：《公众利益、民主与欧美广播电视的市场化》，《新闻与传播研究》1998 年第 2 期。

　　李琨：《传播的政治经济学研究及其现实意义》，《国际新闻界》1999 年第 3 期。

　　雷蒙·威廉：《文化分析》，赵国新译，《外国文学》2000 年第 5 期。

　　张意：《文化研究的理论冲动》，《中华读书报》2001 年 4 月 4 日。

　　戴锦华：《文化研究的理论旅行与现实观照》，http：//gadfly1974. nease. net/articles/。

　　蔡琪：《多维视野中的受众研究》，《中华传媒网》，http：//academic. me-diachina. net/article. php？id＝4387，2004 年 3 月 12 日。

　　哈贝马斯的"公共领域"理论与传媒《中国青年政治学院学报》2002 年第 2 期。

　　曲文香、王虎：《当代电视广告中的话语霸权及其反思》，《青年记者》2006 年第 23 期。

　　隋岩：《多重复合的当代中国电视文化意识形态》，《中国人民大学学报》

2002 年第 5 期。

周炯：《意识形态梳理与主流媒体构建——新意识形态下的中国电视民生新闻》，http：//zhongjiong. blogChina. com/51088. html，2004 年 10 月 29 日。

时统宇：《新闻工作党性原则在本质上永远是当代的》，http：//media. people. com. cn/GB/22100/69502/69503/4735347. html，2006 年 1 月 9 日。

罗锋：《对电视"学术论坛"现象的冷思考》，《新闻记者》2006 年第 10 期。

申光龙：《论整合营销传播》，http：//lw. yeewe. com/44/1232316962. html，2003 年 8 月。

蔡雯：《媒介融合前景下的新闻传播变革——试论"融合新闻"及其挑战》，《国际新闻界》2006 年第 5 期。

魏先努：《报业集团发展的生态学思考》，《青年记者》2006 年第 24 期。

李舒、胡正荣：《"民生新闻"现象探析》，《中国广播电视学刊》2004 年第 6 期。

龙长缨：《收视率与中国电视媒体市场价值分析（1996—2006）》（上），《收视中国》2006 年第 4 期。

参考网址：

http：//www. zjol. com. cn/05cjr/system/2002/07/31/001193891. shtml。

http：//blog. sina. com. cn/u/49a3bbed010003uu。

http：//www. zjol. com. cn/05cjr/system/2002/05/22/001043658. shtml。

http：//theory. people. com. cn/GB/40557/42608/4555501. html。

http：//www. sina. com. cn。

中华传媒网：

http：//www. storychina. cn。

www. blogchina. com。

http：//www. people. com. cn。

http：//www. xinwenren. com。

http：//ruanzixiao. myrice. com。

英文文献：

Brown，H.，（ed. ）*Television and Women's Culture*，London：Sage，1990.

Dahlgren，P.，*Television and the Public Sphere*：*Citizenship*，Democracy and the Media，London：Sage，1995.

Hay，J.，Grossberg，L. and Wartella，E.（eds）*The Audience and its Landscape*，Boulder，CO：Westview Press，1997.

Hall，s.，Encoding/decoding. In Hall，S，Hobson，D.，Lowe，A and Willis，P.（eds）*Culture，Media，Languagr*：*Working papers in Culture studies*，London：Hutchinson，1980，1972—79.

Mark Poster，Jean Baudrillard，*Selected Writings*，Stanford：Stanford University Press，1988.

后 记

　　此时，正值此书付梓之际，我正在美国北卡罗来纳大学教堂山分校（University of North Carolina at Chapel Hill）做访问学者。作为美国最古老的北卡罗来纳州大学系统的旗舰机构，北卡罗来纳大学教堂山分校留下的不仅仅是风景如画的校园、严谨而自由的学风、丰富而多元的校园文化，更孕育了从篮球巨人乔丹、文斯·卡特到美国总统詹姆斯·诺克斯·波尔克、北卡罗来纳州州长约翰·布兰奇等传奇人物。

　　我访问的是该校的新闻与大众传播学系（School of Journalism and Mass Communication），1972 年与 Maxwell MocCombs 共同提出传播学"议程设置"经典理论的 Donald Shaw 现在依然供职于此。不承想初次见到他，是在系里的一个常规小型学术讨论会上。在众多大义凛然的教授中，他微驼着背，静静地走进来，默默地坐着，那么随和和随性，但在淡定中你却可看见他的睿智和执著；还有 *Journalism and Mass Communication Review* 这本被美国传播学界公认为最权威、最有分量学术期刊的主编 Daniel Riffe 教授，十分庆幸 2012 年的春天我们来到这里，徜徉在大师们的学术海洋中，获得些许的浸润和启发。

　　或许是受到激发和鼓励，以"学术乃一家之言，唯有交流、激荡，才可有新思想和新观点的产生"为推引，本人想到了此书的出版。本书基本上是我的博士论文的全部，个别章节也在权威核心期刊上发表过。因为时间的关系，不能也没有作任何的修改：一是"新闻与消费"既是一个新闻理论的研究课题，更是一个新闻实践变迁的反映。受到信息各种新技术的影响，当下的新闻从观念到形态都发生了巨大的变化，比如图像制作技术的日趋完善，新闻的图像式、动漫式传播以及多手段传播越来越受到受众的青睐和新闻工作者的追逐；微博的出现，则加强了新闻主旨的显赫性和形式的随意性，要对此时代的新闻进行细致的辨析、梳理和深入研究是需要大量的实践和精力的付出，目前这对于我来说就很难做到了；二是新闻无学，我却试图利用当代西方理论资源对当下中国的新闻理论、新闻现象进行深入的分析，这要求既要掌握好当下晦涩难懂的西方文学理论；又要将它与新闻研究相结合，无论从哪一个方面来讲都是不易之举。要重新梳理和进入，这让我望而却步。

如今，唯诚惶恐地想到出版此书，究其原因可能还在于，对我过去学术生涯的纪念和眷顾吧。它既是我的体验和获得，更是众多老师、同学和朋友的智慧的凝聚。

回想四年求学生涯和完成本书的艰辛，我要发自内心地感谢曹先生给予我的学术指导和学术滋养，先生给予我的不仅有长进的学问，更有崇高之师德，这实乃我一生的幸事。回想先生为我们授课的情景，常有厚德载物的情怀萦绕心间；先生的博学与睿智；严格与包容是我一生的受益。

师母蒋晓丽教授，是一位温情可人又才华横溢的女中豪杰，更是我的良师益友。她的善解人意和精到点拨常常带给我灵感和智慧，其深情厚谊是我一生的珍藏。

在本书的写作过程中，四川大学文学与新闻学院的吴兴明教授、徐新建教授、傅勇林教授、赵毅衡教授，四川师范大学的王小盾教授、皮朝纲教授都给予了我耐心细致的指点和真诚帮助，在此表示衷心的感谢和深深的敬意。

在学习过程中，师妹谭佳、邹涛、马征、廖思梅，师弟王富、尹锡南、李世新，师兄李夫生给予了我关心和鼓励，在此致谢。常常想起我们一起探讨问题，畅谈理想，喝酒吟诗的日子，我们亲如兄妹，这段痛苦并快乐的日子会不时成为我美好的回忆。另外，我的硕士研究生史丽莉负责本书稿的校对工作，在此一并致谢！

感谢父母为我无怨无悔的付出，为我创造温馨环境，让我能静心于学海；在我烦恼、痛苦和病痛的时候，给予我精心呵护和疼爱，支撑我一路坚持走到今天；感谢我的丈夫以其宽厚的胸怀包容我的怨恨和失意，带给我恒久的定力；感谢我的儿子给予我爱的力量和精神支撑；感谢我的弟、妹对我默默的支持。

感谢那些经历过的痛苦和喜悦、孤苦和甘甜、失落与获得、批评和激励……

感谢所有与我同行的满怀奋斗精神和积极进取的人，因为只有这样人生才充满意义和价值。

谢　梅

2012 年 5 月 1 日